내 삶의 마무리 갈무리

내 삶의 마무리 갈무리

아든북

머리말

내 삶의 마무리를 생각하며

"아무래도 이제 투석을 하셔야 할 것 같습니다."

담당 의사는 단호하게 진단한다. 벌써 몇 달 채 미루어 왔으니 의사로서는 더는 미룰 수 없다는 것이었다. 심지어 나는 그 고통을 감내하느니 참다가 부르면 그냥 가겠다고까지 말하지 않았던가. 그래도 참아본다고 집에 돌아왔는데 다음 날부터는 음식을 먹는 대로 토하는 형편이니 다시 병원으로 달려갈 밖에.

"더 늦었으면 큰일 날 뻔했어요. 온몸에 노폐물이 가득 찼어요. 바로 응급실로 가세요. 조처를 하겠습니다."

이렇게 해서 나는 투석 치료를 시작했다. 내가 예상했던 것과는 달리 투석을 시작하면 곧 어떻게 되는 줄 알았는데 식욕이 생겨나고 몸이 가벼워졌다. 그러나 어차피 이제 인생의 마무리 단계에 이른 것이 아닌가. 말하자면 머지않아 데려가겠다는 예고를 한 것이 아니냔 말이다. 나는 생각이 많아졌다. 잘 가야 할 텐데. 곱게 가야 할 텐데. 그런 복이 나에게 있으려는지. 그게 제 노력으로 가능하기나 한 일인지.

 사실 80대 중반, 나는 수명의 축복을 누렸다면 누렸다고 할 수 있다. 그리고 투석 치료를 하고는 있지만 아직 두 발로 걸어 다니고, 신문을 읽고, 대화하는 데 큰 지장이 없을 정도의 청력을 가지고 있으니 감사한 일이다. 더욱이 내자를 먼저 보낸 아픔은 있었지만 새로 건강하고 마음씨 고운 내자가 들어와 마치 정겨운 간호사처럼 일거수일투족 보살펴주고 있으니 고마운 일이 아닌가. 그리고 남의 도움을 받지 않고 생활할 수 있는 연금 혜택을 받고 주변에 좋은 친지들이 있어 어울릴 수 있으니 더 욕심을 내는 것은 지나친 욕심이라 할 것이다.

 그러나 사람 욕심이라는 것이 한이 없다. 마무리를 잘 하고 싶은 것이다. 어떻게 해야 잘하는 마무리인가. 그러면서 살아있는 하루하루가 소중하다는 생각이 들었다. 그래서 생각해 낸 것이 마무리를 위한 글을 써 보자는 것이었다. 평생 가르치고 글을 써온 형편이니 이제 내가 할 수 있는 일이 결국 써보자는 이외에 선택의 여지가 없었다.

 그래서 이것저것 마무리 할 것들을 찾아보니, 꽤 있었다. 가령 그간 모여진 책은 어떻게 해야 하며, 사진 같은 것은 어떻게 정리할까. 심지어는 만약 떠난다면 갈 곳은 어떻게 할 것인가. 또 그간 써온 글들도 정리를 해야 할 것이 아닌가. 살아남은 가족들의 노고를 어떻게 하면 덜 수 있겠는가. 이런 것들을 차분히 정리하여 적어보자는 것이었다.

 마무리한다는 것은 결국 지금까지 살아온 것을 갈무리한다는 뜻이 되니 자연히 살아 온 과정을 되돌아보지 않을 수 없었다. 나는 여든 살이 되던 해에 『어쩌다 여든』이라는 제목의 에세이집을 통하여 일차 정리를 했는데 뭐 잘살았다고 또 쓴단 말인가. 망설이고 있을 때 한 친구가 자기가 보기에도 거기에 빠진 일화들이 많으니 다시 정리해도 좋겠다는 것이다. 그러면서 "벽촌, 시골 촌놈이 대전에 와서 남과는 다르게 대학까지 다니고 그렇다할 후원자도 없는데 여러 교육 기관을 거쳐 대학 교수가 되고 부총장까지 했으니 잘 정리해 놓을 필요가 있지 않을까?" 하는 것이었다. 과연 그럴까. 마무리하는 글을 쓰자니 그럴 수밖에 없을 것이라는 결론에 이르렀다.

 그래서 내 생에 마지막이 될지도 모르는 책을 쓰기로 작정하고 자판을 두들기기 시작했다.

 먼저 인생의 마무리에 대한 내 생각을 써 보고, 내가 살아 온 과정을 갈무리 해보고, 나의 인생 마무리에 대한 희망을 나열해 보기로 했다. 되돌아보니 내 나름으로는 파란만장했다. 어느 인생이 그렇지 않으랴만 그 시대가 아니면 도저히 불가능한 일들이 실제 이루어졌고, 전혀 뜻하지 않은 인연으로 내 인생의 길이 펼쳐졌던 것이다.

그 누가 나의 이러한 인생에 대하여 관심을 가지랴만, 어차피 수필이라는 것이 자기 이야기를 쓰는 작업이고, 나와 인연이 있는 사람들이 관심을 가지고 읽어줄 것이니 부끄럽지만 쓰기로 했다.

또 지난 세월에 여기저기 발표한 글들을 한데 모아 책으로 꾸민 일이 몇 번 있었는데 정년 이후에 발표한 글들이 제법 있어서 여기에 모아 넣기로 했다. 이렇게 되면 80 중반을 넘어선 나로서는 그런대로 지난 일을 갈무리하여 마무리 하는 작업이 되는 것으로 본다. 지인들의 심심풀이가 되었으면 다행이겠다. 역시 인생은 무상하더라.

지난번에 이어 이번에도 단국대 재직 시절 예술대 학장으로 많은 도움을 주셨던 방재기 화백께 책 표지를 부탁하니 흔쾌히 만들어주셔서 빛을 보게 되니 감사하다. 편집 출판을 도와준 박진용 전 대전문학관장과 이든북출판사 이영옥 사장께도 감사드린다.

2025년 9월　**송 하 섭**

목차

머리말 내 삶의 마무리를 생각하며 … 04

1부 — 인생 마무리의 언덕에서

때늦은 각오	… 016
때늦은 후회	… 021
아름다운 마무리	… 025
각종 삶의 흔적들을 앨범으로	… 029
아버님의 건강과 나의 운명	… 033
영혼의 안식처는 어찌할꼬?	… 037
내 책들의 운명	… 041
정년 후에 한 일들	… 045
대체로 고마운 인연의 인생	… 050

2부 — 꿈같았던 생애 돌아보기

유소년기의 추억 … 058

내 인생 진로의 토양 … 063

문학의 꿈, 그리고 귀향 … 067

기막힌 대학 입학과 졸업 … 072

교직에 들어서다 … 077

대학 교수의 길 … 081

3부 — 교직의 여정, 작은 보람들

젊은 열정의 고교 교사	··· 088
교육행정을 엿보았던 임시 교육연구사	··· 093
『충남교육』지를 통해 교육계를 널리 보다	··· 097
첫 대학 전임을 대전간호전문대에서	··· 102
신설 배재대 국문학과의 기반 구축	··· 106
재직 중 이런저런 사회 활동	··· 111
모교 교수 취임 여담	··· 116
학장 시절 「人文通信」으로 소통	··· 120
내 교직 생활의 마무리	··· 125

4부 — 세상만사 유감

「정성」이 주는 감동 ··· 134
"~답게" 사는 사회되길 ··· 138
감사함을 아는 사회를 ··· 141
언어생활을 생각하며 ··· 145
교사와 학생, 그리고 스승과 제자 ··· 149
이렇게 변했나, 설명절 ··· 153
지인들을 보내면서 ··· 157
상식적인 신앙심 ··· 161
공원산책과 코로나19 ··· 165
놀라운 여행체험 ··· 169
정년과 시간 ··· 173
억지 인생 ··· 177
테스형!「천국이 있습디까?」 ··· 182
참회懺悔를 생각하며 ··· 186
단골 술집 이야기 ··· 190
독서 한담讀書 閑談 ··· 194

5부 — 우리 고장의 문학 담론

교사로서의 錦汀선생님! ⋯ 200
원로 문학 언론인 안영진 선생을 생각하며 ⋯ 204
「문학의 기능」에 대한 단상斷想 ⋯ 209
나태주 시인의 감동적인 시 ⋯ 216
독자가 찾아오는 작품 쓰기 ⋯ 220
문학, 그 길을 다시 생각하며 ⋯ 225
대전문총의 내일을 위한 꿈이야기 ⋯ 231
천사의 얼굴, 악마의 얼굴 ⋯ 240
왜 예술인가? ⋯ 244
우리 고장 소설계의 큰 희망 ⋯ 249
문학비평의 활성화를 기대하며 ⋯ 253
소설가 오승재 교수의 문집을 받고 ⋯ 256
감정의 투석透析을 생각하며 ⋯ 260
잊을 수 없는 충남문협과의 추억들 ⋯ 264
한국 PEN 이사장을 탄생시킨 대전 PEN ⋯ 269
오호! 초강艸江 선생, 정녕 이렇게 떠나십니까? ⋯ 273
학산 김용호 선생님, 그립습니다 ⋯ 283

6부 — 작가·작품, 그리고 비평

순수한 서정시의 정원庭園 _최송석 시집 … 288
시인 오민석의 산거山居수필 이야기 … 299
성자聖者 같은 마음의 서정시 _김춘호 시집 … 314
동화작가의 작품세계 찾아보기 _김영훈·박진용 동화 … 326
순응하는 서정적 인생 여정의 언어 _안치호 시집 … 336
소중한 기록문학의 진가 _박경석 수필집 … 349
지적知的 에세이의 참 맛眞味 _권오덕 수필집 … 361
수필창작의 활발한 여정旅程 _박정열 수필집 … 374
기억 되살려내기와 글쓰기 _이한배 수필집 … 386
작가와 소설의 作中話者 이야기 _권중영 소설집 … 398
남계南溪의 묵향여정墨香旅程 살펴보기 … 407
매체환경의 변화와 문학의 자리매김 … 418

跋文 박진용 | 선비의 길 스승의 길 … 432

나무는 바람이 그리워서
제 몸을 흔드는 게 아니다

정년퇴임 때 여러 지인들이 보내준
글과 그림 모음집 (국판 416P)

1부

인생 마무리의 언덕에서

生也一片浮雲起

사람이 탄생한다는 것은
한 조각 뜬구름이 일어나는 것이요

때늦은 각오

마무리를 생각하며

　내 나이 어느덧 80 중반, 아무리 희망적으로 생각해도 인생의 황혼기에 이르렀다. 말하자면 마무리 단계에 이른 것이다. 만나는 친구들이 내일을 기약하지 못한다고 하소연들을 하고 있다. 이렇게 이제 언제 떠날지 모르는 형편에서 최대의 과제는 인생을 어떻게 마무리하는 것이 현명한 것인가를 생각해야 할 것 같다.
　마무리. 일의 과정이 좀 서툴다 하더라도 마무리를 잘하면 성공적이다. 어떤 일은 출발은 시원치 않은데 결말이 성공적인 일이 있고 반대로 출발은 화창했는데 결말이 엉망인 경우도 있다. 사람의 일생 또한 마찬가지이다. 좋은 환경에서 출생하여 많은 사람들의 축복 속에서 출발했지만 세상을 떠날 때 실패한 인생으로 마무리 하는 경우도 있고, 반대로 지극히 불행한 환경에서 출발했지만 성공적인 마무리를 하는 인생도 있다.

그런데 문제는 나는 이미 마무리 단계에 이르렀으니 출발이나 과정을 생각한들 아무 의미가 없다는 점이다. 젊은 나이라면 지난날을 되돌아보고 새로운 각오로 살아갈 수 있는 일이지만 그러기에는 이미 늦었지 않은가. 그저 얼마 남지 않은 인생을 잘 마무리 하는 과제만 있을 뿐이다.

먼저 육신의 마무리 문제이다. 누구나 건강하게 살다가 고통 없이 가기를 원하지만 그게 어디 뜻대로 되는 일이던가. 오죽하면 98세까지 팔팔하게 살다가 2,3일 앓고 떠나고 싶다는 노래까지 만들어 부르고 있지 않은가. 그저 그런 염원이 있다면 스스로 건강을 위하여 최선을 다하는 길밖에 없지 않은가.

나의 육신은 비교적 건강하게 태어났다 하고, 첫째 아들로 태어나 귀여움을 많이 받고 자랐다 했다. 그러나 작고 연약한 소년이어서 앞으로 나란히 정렬할 때에는 언제나 제일 앞에 섰다. 중학교는 10리 길을 통학했는데 키 큰 아이들을 따라다니느라 힘들었던 기억이 있다. 심지어 군 입대를 위한 징병검사 때에는 48Kg이어서 2을종을 받았으니 왜소했던 것은 분명하다. 그러나 무슨 질병을 앓는다든가 하는 일은 없었으니 비교적 건강한 편이었다. 직장을 여러 번 옮겨 다니면서 많은 사람들을 만나고 술을 좋아해서 비교적 애주한 편이지만 특별한 질병을 가지지 않고 살아왔다.

그런데 65세 정년을 앞두고 고혈압 진단을 받아 약을 복용하기 시작했고 통풍이 와서 고생을 했으며, 80을 넘어서서 만성신장 질환을 얻게 됨으로 환자의 길에 들어서게 되었다. 급기야 84

세에는 투석을 하는 지경에 이르니 장애인 신세가 되었다. 매주 2회 병원에 가서 피를 걸러야 하는 형편이니 그야말로 육신의 마무리 단계에 다다른 것이다. 그러니 어떻게 할 것인가.

요즈음 친지들로부터 안부 전화를 받으면 "글쎄, 제발 곱게 데려갔으면 좋겠는데…." 하면서 기원을 말하곤 한다.

그렇다. 육신을 잘 마무리 하는 것은 자신을 위해서도 주변 가족을 위해서도 중요한 문제이다. 나는 몇 년 전, 연명치료를 사양하는 신청을 해서 카드를 받아 소지하고 있다. 이제 병원 중환자실에 들어가 생명을 연장하기 위하여 무리하게 진료는 받지 않게 된 셈이다. 소생할 가망이 없으면서 여러 가지 기구를 통하여 연명하는 것은 참으로 참담한 일이다.

간절히 바라기는 치매 같은 질병으로 고생하지 않고 중풍 같은 질환으로 육신의 고통을 겪지 않으면서 곱게 떠날 수 있으면 얼마나 감사한 일이랴. 그러나 이 또한 본인의 뜻대로 되는 일이 아니니 걱정이다. 단지 그렇게 되기를 간구하면서 노력하는 길밖에.

나는 투석을 시작하면서 "아, 이제 시간이 가까웠구나." 하고 밖에 나가는 것도 삼가고, 사람 만나는 것도 줄이었다. 그런데 투석을 하면서 오히려 식욕이 돌아오고 비교적 몸도 가벼워지면서 생각을 달리하기로 했다. 그리고 놀라운 것은 투석을 하기 전에는 투석이 인생의 끝자락처럼 생각하고 있었는데 의외로 투석을 하면서도 상당기간 생을 유지하는 경우를 보면서 슬그머니 생에 대한 욕심이 생긴 것이다. 참 내 스스로 생각해도 내

자신이 간교하다. 생에 대한 욕심이 그런가보다. 그러나 분명한 것은 나의 인생이 황혼기에 이르러 언제 어두움을 맞을지 모르는 시간이 되었음은 분명한 일이니 마무리를 생각하지 않을 수 없다.

다행이 70이 넘어 아내를 먼저 보내고 새로 만난 사람이 정성껏 나를 보살펴주니 얼마나 감사한지 모른다. 나는 내 심경을 솔직히 내자에게 설명하고 함께 인생 말년을 걸어가자고 약속했다.

가급적 눕지 않으려 노력할 것이다. 지금까지 잘못된 습관으로 신문 구독도 독서도 들어 누워서 하는 버릇을 가져왔는데 그 습관에서 벗어나도록 노력해 보겠다는 것이다. 재직 때에는 연구한답시고 앉아서 책을 읽다가 정년 후에는 누워서 독서하는 버릇을 들이게 되었다. 평생 읽고 쓰는 일을 해 왔으니 퇴직 후의 취미랄까 하는 일도 책과 가까이 할 수밖에 없는데 늘상 누워서 지내는 시간이 많았으니 결코 건강에 좋을 수가 없었던 것이다.

걷기를 의무처럼 알고 실천해 볼일이다. 한 때 새벽 수영을 다녀본 경험도 있고 헬스클럽에 다닌 경험도 있으니 틈 나는 대로 걸어 볼 심산이다. 현재는 아침 식후 약 4천 보쯤 아파트 단지를 돌고, 저녁 식후에 2천 보쯤 걷는데 앞으로 좀 더 늘려 보도록 노력하고자 한다.

또 아내가 권하는 대로 음식을 가리지 않고 먹을 것이며, 하라는 대로 목욕도 할 것이다. 그동안 내 고집대로 살아왔다면 앞으로는 가급적 아내가 권하는 대로 따라 볼 것이다. 투석을 하면서 술을 끊었는데 앞으로도 이를 지킬 것이다. 술을 즐기던 사람이 술을 끊고 자리를 같이 하기가 쉽지 않은데 어쩌랴. 육신의 현명한 마무리를 위해서는 참고 견딜 수밖에.

이런데도 다른 질병이 찾아 온다면 어쩔 수 없는 일이지만 이렇게 절제를 하면서 살다 보면 잘 마무리 할 수 있지 않을까 하는 기대를 가져 보는 것이다. 육신의 마무리가 내 뜻대로 되는 일은 아니지만 그렇게 노력하면 신도 도와주지 않을까. 희망을 가져보는 것이다.

때늦은 후회

마무리를 위한 넋두리

인생의 마무리에 있어 육신의 마무리보다 더 중요한 것은 마음의 마무리이다. 아니, 마음에서부터 우러나오는 행동의 마무리이다. 어떤 의미에서는 이 행동의 마무리가 육신의 마무리보다 더욱 중요할지도 모른다.

누가 그랬던가. 사람이 생을 마치고 떠난 다음에 남는 것은 이미지뿐이라고. 그렇다. 내가 떠난 다음 어떻게 평가해 줄 것인가가 가장 큰 과제이다. 과연 나에 대한 이미지는 무엇인가.

부모님은 나를 어떻게 생각하셨을까. 아내와 자식들은. 또 나의 친지들과 제자들에게 어떤 이미지를 남기고 있는 것인가. 물론 망자가 무엇을 알랴마는 세상에 존재했던 의미는 이 평가에서 찾을 수밖에 없는 것이 아닌가.

내 삶을 돌이켜 보건데 사회의 문제아로 부모님이나 가족을 실망시킨 일은 없었다. 주색잡기나 노름으로 가족을 실망시켰거나 사업에 실패해서 경제적인 고난을 안겨준 일은 없었다. 또 무슨 싸움질이나 범법으로 가족을 어렵게 한 일도 없었다. 보증을 잘못 섰거나 남과의 시비에 휘말려 가족에게 어려움을 준 일도 없었다. 이렇게 따지면 사회에 크게 마이너스의 삶을 산 것은 아닌 것 같다.

그러나 딱히 잘한 일은 생각이 나질 않는다. 오히려 후회되는 일이 더 많다. 우선 부모님에 대한 관계이다. 우리 아버님은 자수성가 하셔서 말년에 이르기까지 사회나 교회의 일을 맡아 하실 정도로 건강과 경제력을 가지셔서 자식들에게 어떤 부담도 주지 않으셨는데 그렇다면 평소에 감사한 줄 알고 잘 모셨어야 할 것이 아닌가. 모시고 여행 한 번 가질 않았고, 변변한 식당에 모신 일도 없었으니 효도의 효자도 말하지 못할 형편이 아닌가. 나는 객지에 살면서 안부 전화라도 자주 여쮜야 했을 텐데 그렇질 못했다. 고향에 셋째아들이 한 집에 모시고 살았고 옆에 여동생들이 살고 있다는 핑계로 안부 전화도 자주 드리지 못했으니 불효막심한 삶을 살았다 할 것이다. 아버님 떠나신 후, 홀로 사신 어머님에게 조차 정성을 다하지 못했으니 더 말해 무엇하랴. 물론 나 역시 자수성가의 길을 걸었지만 마음만 간절했더라면 좀 더 부모님 마음을 헤아리는 삶을 살 수 있지 않았을까.

먼저 간 아내에게도 그렇다. 24세 젊은 나이에 나에게 시집와 박봉에 집을 일으켜 세우기 위하여 혼신의 노력을 다 했고 아이들 교육에 정성을 다했는데 내가 정신적으로나마 최선을 다하지 못했다. 특히 젊어서부터 당뇨질환의 합병증으로 가지

가지 졸경을 치루었는데 좀 더 이해해주지 못한 것이 후회스럽다. 40여 년 환자로 고통을 견디느라 얼마나 고통스러웠던가. 물론 나도 고생을 같이 했지만 갈등이 있을 때마다 좀 더 이해해서 위로해 주었더라면 하는 후회가 드는 것이다.

 요즈음 TV에서 어린 자식들에게 정성을 다하는 모습을 볼 때마다 나는 어떠했던가를 생각하면서 후회를 많이 한다. 물론 문화 경제적인 환경이 지금과는 달랐었지만 좀 더 사랑스럽게 하지 못한 것이 부끄럽다. 가족 여행 한번 가질 못했고, 아들이 보충역 훈련을 마치고 귀가하는데 직장 일을 핑계로 마중도 하지 않았으니 얼마나 서운했을까. 딸이 서울에 직장을 찾아 홀로 올라가게 했으니 무정한 애비라 하지 않았을까.

 특히 내 생에 가장 가슴 아팠던 일은 아들이 먼저 세상을 떠난 것이다. 제가 원하는 사람과 결혼을 시키고 집도 마련해 주었으며, 저도 그 어렵다는 건축사 시험에 합격하여 잘 살 줄 알았지만 50의 젊은 나이에 알콜 중독과 조현증이라는 명예롭지 못한 질병으로 그만 세상을 등졌다. 아마도 사업이 여의하질 못했고 가정생활에도 갈등이 심했었나 보다. 내가 아이의 어린 시절부터 좀 더 사랑하고 현명하게 길렀더라면 그런 정서적 불안으로 그 지경에 이르지는 않았을 것이 아닌가. 자식 하나도 잘 인도하지 못했으니 교직은 어떠했을 것인가. 자책이 앞선다. 교직 생활 역시 사명감 보다는 직장인으로 일관하지 않았는지. 그러니 제자들 역시 마음에서 울어나는 존경을 했겠는가. 후배나 친지들에게도 뭐 특별히 베푼 일이 없다. 같이 어울려 술은 많이 마셨지만 이렇다 할 특별한 인연을 만들지 않았다.

　이처럼 나의 지난 날, 마음과 행동은 주변 사람들에게 썩 좋은 이미지는 남기지 못한 것인가 생각한다. 그러나 이미 지난 일, 이제 남은 마무리나 잘 해야 할 텐데 걱정이다.

　나는 처음 투석 치료를 받으면서 사람 만나는 일을 기피했다. 부끄러운 생각도 들고 상한 몰골도 보이기 싫었다. 그러나 투석을 계속하면서 생각을 달리하기 시작했다. 몸도 투석 전보다 좀 나아지기도 했고 무엇보다도 남은 인생, 마무리를 잘 해보고 싶은 의욕이 생겼다고나 할까. 그래서 나에게 이런 질환이 온 것은 남은 시간을 소중히 생각해서 마무리를 잘 하라는 신의 명령은 아닐까.

　1주일에 두 번 투석 치료를 하는데 그때마다 오늘 치료를 하면 이틀, 사흘은 좀 자유로우니 그 시간이 소중하다는 생각을 하게 된다. 이렇게 연장되는 시간을 뜻있게 보내라는 의미가 있을 것인데 자꾸만 망각하니 씁쓸하다. 이제 시간이 허락하는 한 친지를 피하지 않고 만나기로 한다. 만나서 밥 한 끼라도 나누고 정담을 나누고 싶다.

　또 글씨 쓰기도 좀 더 열심히 하기로 하고 읽고 싶은 작품도 부지런히 읽으려 한다. 더러 작품도 써야하겠지. 이것이 80 중반에 이른 내가 잘 마무리하는 길이 아니겠는가. 더욱 중요한 것은 가족을 비롯한 만나는 사람들에게 좀 더 친절하려 노력하는 일일 텐데 과연 달라질 수 있으려나.

아름다운 마무리

내 아버지의 경우

유서遺書

　내가 빈 손 들고 세상에 태어나서 아내와 만나 결혼하고 나름대로 늙으신 부모님 봉양하고 어린 자식 양육하며 살다 보니 언제나 경제적으로 넉넉하지 못했다. 내가 어데를 다닐 때는 웬만하면 시간 버스를 타고 다녔고 아이들에게도 옷 한 벌도 좋은 것 해 입히지 못하고 살았다.
　늙은 후에 두 내외가 남아서 생각해 보니 참으로 무능하여 돈을 벌어 놓지 못했다. 그저 그날그날 째는 살림살이 하며 살았다.
　그래도 생전에 가급적으로 아이들에게 신세를 지지 않으려고 국민연금에 가입 신청을 하니 나이가 많다고 받아주지 않았다. 그래서 노후대책 세운다고 있는 토지도 떼어 팔고 산도 몇 필지를 팔아서 기금을 만들고 한푼 두푼 생기는 대로 기금에 첨가했으나 얼마도 되지 못했다.
　그래도 자식들이 매월에 또는 그때그때에 용돈을 주어서 유긴하게 쓰고 노래에 지나 온 일을 잊을 수가 없고나.
　이제 우리 부부가 세상을 떠날 날이 가까워 보기에 얼마도 안 되지만 재산 문제에 대하여 몇가지 말을 하는 것이 옳을 것 같아서 여기에 기록한다.

내가 아내보다 일찍 죽을 경우 현금에 대하여 기록한다. 현재 기금이 우체국과 농협에 여러 통장에 예금한 것이 합하면 내 명의로 7,300만원이고 나의 아내 명의로 7,700만원이 있어서 합하면 15,000만원이 있다.

내가 죽은 후에는 일단 통장과 도장을 찾아서 15,000만원을 맞추어 놓으라. 내 명의 예금 합계 7,300만원 중에서 2,300만원을 인출해서 아내 명의로 통장을 만들어서 옥희(아내)에게 주라. 그러면 이옥희 예금 총액이 1억원이 된다. 이 1억원은 이옥희와 같이 마련한 돈이요 내가 넘겨주니 이옥희의 재산이다. 자손들도 그리 알고 모친이 잘 관리하도록 협조해 주어라.

그리고 나면 나의 예금 잔액이 5,000만원이 된다. 그중에서 1천만원을 떼어서 내가 다니던 지석교회에 내 명의로 헌금 지불하여라.

남은 돈에서 또 5백만원을 떼어서 지석리 송씨 종중 문화재 건설자금으로 쓰도록 내 명의로 기증하여라. 종중 대표를 찾아서 확실하게 전달하라.

그리고 민섭이 집 질 때 농협에서 지급할 돈이 1천 2백 만원이 있으니 이것을 갚어 주도록 해라. 그리고 나머지는 장례비 제하고 남거든 화당공 할아버지 종중 재산으로 예금해 놓고 매년 이자를 받아서 치묘하고 자손들이 모이거든 차 한잔이라도 나누도록 해라.

이옥희 나의 부인은 1억원을 당신이 관리할 수 없으니 8남매 자녀들에게 공동으로 관리해주도록 당부하시오. 이자도 받고 당신이 쓸데도 쓰다가 죽을 때에 남거든 8남매 자녀가 똑 같이 나누어 쓰도록 당부하시오.

토지에 대하여 서편에 이자에게 임대한 논 한뱀이(4필지)는 하섭에게 준다. 집 앞에 지금 민섭이가 경작하는 논과 밭은 모두 민섭에게 준다. 건섭이와 현섭은 그간에 조금씩 준 것이 있으니 그것으로 이해하라.

지금 우리가 사는 집 안채와 광은 부인 이옥희 것이니 가지고 있다가 죽은 후에는 민섭에게 주시오.

세양굴 산과 임천의 산 조금과 외산면 반교리에 있는 밭 조금은 화당 할아버지 종중 재산으로 유지하라.

2006년 5월 26일 영달

위 유서는 나의 아버님께서 85세 되던 해에, 그리고 내 나이 66세 때에 써 놓으셨고 이 해, 가을 10월에 하늘나라로 떠나셨다. 내 나이가 올해 85이니 아버님 떠나신 나이가 되었다. 이제 인생의 마무리를 생각하게 되니 내 아버님의 인생 마무리가 얼마나 아름다웠는지를 절실하게 느껴 아버님 유서 전부를 옮겼다.

나의 아버님은 1922년에 탄생하셨는데 유년기에는 서당에 다니시고 일제 하에 보통학교(오늘의 초등학교)를 졸업하셨는데 할아버지(아버님의 아버지)께서 재산을 탕진하시어 고난의 청소년기를 보내셨고 19세에 결혼하시고 임천양조장(부여군내에서 비교적 일찍 개화된)에서 서기로 취직하여 가장으로서의 생활을 시작하셨다. 거기에서 열심히 노력하여 신용을 쌓고 인간관계를 잘 활용해서 낙후된 지역인 고향 충화면에 양조장 면허를 얻어 자수성가를 하셨다.

스스로는 무능하셨다고 쓰셨지만 아주 유능하셨다. 젊은 나이에 양조장 허가를 얻어 개업한 것도 그렇지만 지역에서 신용을 얻어 여러 사업을 추진하셨다. 32세에 위하수라는 질병으로 위 수술 직전까지 갔으나 기독교에 귀의하여 열심히 종교 생활을 해 장로로 생을 마감하셨다. 그간 양조장을 매각하고 협동조합 운영, 고등공민학교 설립, 어린이 집 운영 등 지역 발전과 교육 사업을 추진하실 정도로 많은 업적을 남겨, 주민들이 공덕비를 세워주기도 했다.

뿐만 아니라 노령에도 컴퓨터를 익혀 문서를 작성하고 자서전까지 집필할 정도로 노력을 하셨다. 시골에서 아버님 연세에 컴퓨터를 사용했다는 것만으로도 얼마나 앞서 가셨는지를 알 수 있다. 말년에는 국내 유명한 목사님들의 설교 녹음 카셋을 일일이 옮겨 복사를 해서 자식들에게 보내주셨는데 그 양이 수백 페이지에 이르렀다.

양조장을 파시고 넉넉지 못한 경제 형편이셨지만 근검 절약하셔서 작고하시기 전에 이처럼 많은 저축을 남기시고 자식들에게 폐를 끼치지 않겠다는 신념으로 그 처리 방법을 확실하게 하셨으니 얼마나 아름다운 마무리이셨는가. 존경스럽지 않을 수 없다. 특히 어머님 보다 먼저 떠나시면서 어머님의 생계문제까지 정확하게 정리해주시고 가셨으니 자손들의 마음이 숙연하지 않을 수 없다. 물론 그 유지에 따라 실천하고 10년 후 어머님 또한 아버님 곁으로 가셨다. 얼마나 감사한 일인가.

나도 그 유지대로 따르고자 노력해 보기로 한다. 아니 그렇게 아름답게 마무리 하면 얼마나 좋을까.

각종 삶의 흔적들을 앨범으로

80여년, 삶을 누리면서 어찌 흔적을 남기지 않을 수 있겠는가. 아니, 나처럼 이력이 복잡한 경우에는 더욱이 그 흔적이 많을 수 밖에 없다. 우선 초등 교육에서부터 대학, 대학원까지 학교를 다니면서 받은 각종 통지표와 성적표, 졸업장, 상장, 그리고 여러 직장을 넘나들면서 받은 발령장, 사회 활동을 하면서 받은 감사패, 상패, 표창패, 마지막에 받은 훈장까지 복잡한 흔적들이 쌓여 있다. 이들 흔적 가운데에는 종이로 된 것도 있지만 돌에 새긴 것도 있고 철판에 인쇄된 것도 있어 그 양이 상당하다.

지난해, 갑자기 이를 어떻게 정리할까 하는 생각이 들어 모두 한자리에 모아 보았다. 지난 세월, 지내온 역정이 파노라마처럼 펼쳐지면서 감개가 무량하였다. 그러나 이는 내 생각일 뿐, 만약 내가 세상을 뜬다면 누가 이를 보관하여 그 뜻을 기억하겠는가.

이를 파쇄하는 일도 난감한 일이다. 더욱이 돌이나 철판의 경우, 처리하기가 쉽지 않고, 또 한편으로는 안타까운 생각도 드는 것이 사실이었다.

 국민학교(지금 초등학교) 학년 수료증이나 성적표는 푸린트로 된 용지인데 발행 연도를 보니 단기42XX년으로 되어 있고 초임 발령장을 보니 붓글씨로 단정하게 쓰여져 있었다. 어떤 발령장은 타자로 인쇄된 것도 있고 수기로 된 것도 있었다. 이를 연도별로 늘어놓으니 나의 전 생애가 고스란히 정리되는 느낌이었다. 이제 와서 그것들을 정리하려하니 착잡한 생각]도 들었다.

 이런 흔적 가운데 사진을 빼놓을 수 없다. 사진들이야말로 삶의 과정을 여실히 보여주는 이력서라 할 수 있다. 그러나 이 또한 후세에게 모두 전해주기에는 그들에게 부담스러운 일이 아닐 수 없다. 그래서 어떤 분은 몇 장 남겨 놓고 모두 불태웠다는 이야기도 들은 바 있다. 더러는 본인에게 중요한 추억의 장면이지만 자손에게는 전혀 의미 없는 사진도 많고 별로 기억하고 싶지 않을 수도 있지 않겠는가. 모아 놓고 보니 내 어릴 적과 학창시절에는 사진기가 귀하던 시절이라 몇 장 없고 주로 직장 생활을 하면서부터 찍어놓은 것들이었다. 요즈음은 핸드폰으로 어린 아이까지 사진을 찍어대니 사진 귀한 줄을 모르지만 우리가 어렸을 때에는 귀하고 귀한 기록들이었다. 그러나 어쩌랴.

 그래서 내가 참고할 사진과 아이들에게 넘겨주는 것이 좋은 사진을 정리하고 없애도 좋을 사진을 골라 정리하였다. 나는 절손이 된 형편이어서 남겨 놓아 보았자 의미가 없어 보이는 사진들이 참으로 많았다. 나에게는 추억거리이지만 아이들에게는 잡동사니가 아닐 것인가.

　사진은 그렇다 치고 각종 서류와 상패, 감사패들은 어떻게 할 것인가. 이런 생각을 하고 있을 때 나이 느즈막에 사귄 사진작가 이한배 선생을 만나 이런 고민을 털어 놓았더니 단박에 해결 방법을 알려주는 것이 아닌가. 이들을 사진에 담아 앨범으로 만들어 보관하라는 것이었다. 미안하지만 부탁을 했더니 어느 날 사진기를 가져와 하나하나 촬영했다. 어떤 것은 바닥에 놓고 어떤 것은 세워 놓고, 또 어떤 것은 배경을 검게하여 선명하게 촬영한 것이다. 그리고 그의 탁월한 편집 기술을 동원하여 앨범을 만들어 왔는데 과연 감탄할 만 했다.

　흐려져서 자세히 보아야 알아볼 정도의 서류들도, 각종 발령장도, 상패나 감사, 표창패 등도 그리고 심지어는 저서들의 표지 사진까지 앨범에 담아 놓으니 처치 곤란했던 그것들을 버려도 아무런 미련이 없게 되었다. 더욱 놀라운 것은 그 경비가 상당할 줄 알았는데 불과 기만 원밖에 되지 않으니 참으로 놀라운 일이었다.

　과학의 발전을 실감하였다. 하기야 이제는 사진으로 남기기보다는 핸드폰 속에 영상으로 흔적을 남기는 시대가 되었으니 이런 이야기는 젊은이들에게 실감이 나질 않을 지도 모른다. 딸 아이는 여행을 다녀오면 컴퓨터로 사진을 편집해서 앨범을 만들어 놓는 것을 보았다. 몇년 전, 제주도 살이 한 달을 한 대서 같이 가 1주일 동안 같이 살면서 관광을 다녔는데 귀가하여 며칠 있으니 제주관광 앨범을 보내오지 않았던가.

며칠 전에는 이런 일도 있었다. 나는 지난 10여 년 정초나 추석에 핸드폰으로 지인들에게 축하 인사를 보냈었다. 가령 올해 정초에는 평심화기平心和氣라 붓글씨를 써서 지인들에게 보내 신년을 축하했던 것이다. 이렇게 매년 정초와 추석에 축하 인사를 보냈지만. 나는 언제 어떤 문구로 인사를 보냈는지 조차 잊고 있었는데 대학 재직시 사회교육원에서 만난 수강생 작가 조정희 씨가 이를 잘 모아 편집을 해서 앨범으로 만들어 가져왔다.

글씨를 키우고 액자에 넣은 것처럼 디자인하고 밑에 문자 해석과 이를 영어로 번역까지 해서 인쇄를 한 것이다. 나는 그것을 가보로 보관하고 싶을 정도로 소중하게 생각하고 감사했다. 그때그때 나름 고심해서 당시의 여러 형편을 참고하여 문구를 선택했기에 역시 나의 삶의 과정이 거기에 녹아있음을 느낄 수 있었다.

앞으로 사진들도 이렇게 편집을 해서 한 권의 앨범으로 정리해야 하겠다는 것을 마무리의 과제로 남겨두게 되었다. 이렇게 살아온 역정을 마무리하는 작업을 하고자 하는 것이다.

아버님의 건강과 나의 운명

 일일삼성一日三省이라는 말이 있다. 하루에 세 번 되돌아보면서 반성을 한다는 이야기인데 나는 한 번도 되돌아보면서 삶을 살지 못하는 형편이다. 그런데 이번 내 삶의 마무리를 생각하면서 나의 지나온 과거를 되돌아보는 귀한 시간을 가져보았다.
 먼저 내가 이 나이에 이르기까지 여러 번의 고비가 떠올랐다. 출생이야 내가 원해서 된 일이 아니지만 가령 학교의 선택이나 직업의 선택, 배우자의 선택은 내 의지가 반영된 결정이었다. 그러나 그 보다도 내 의지가 아니더라도 운명적으로 다가왔던 고비를 먼저 생각하게 된다. 우선 내 부모님의 은혜이다. 태어나게 해 주셨음은 물론이요, 기르고 가르쳐주셨음도 그렇지만 아버님께서 85세까지 생존해 주시고 어머님께서 96세까지 생존해 주신 것이야말로 내가 이제까지 존재할 수 있었던 최대의 감사함이다.

아버님께서는 30대 중반에 갑자기 토혈을 하시는 정도의 중병을 앓게 되셨다. 고향인 시골의 면단위 지역에 양조장 허가를 얻어 막 일어서는 단계였다. 무리하게 주택 건설을 추진하는 과정에서 득병하게 되셨는데 다행히 치료를 하시면서 늦은 연세까지 생존해 계셔서 우리를 길러주시고 가르쳐주셔서 내가 이렇게 존립할 수 있었던 것이다. 그런데 나는 지금까지 당연히 건강을 찾으셨고 마땅히 그러려니 하면서 그 고마움을 느끼지 못하고 살아왔다. 돌이켜 생각해 보면 아버님께서 병환을 이기시고 80 넘어까지 계신 것이야 말로 내 운명의 큰 고비를 넘게 해주신 그야말로 은혜였던 것이다. 만일 그때 병환을 이기시지 못하고 작고하셨다면 나의 운명은 어떻게 되었을 것인가. 아찔하다.

그때 내 나이 14살, 밑으로 동생이 5명. 어머님은 한없이 착하시기만 하셨지 경제활동을 하실 수 있는 여건이 아니었으니 나는 소년 가장이 되어 어떤 삶을 살아왔을지 상상하기 어렵다. 병환을 이기고 끝까지 8남매를 돌보신 은혜를 이 나이 되어서야, 그것도 인생의 마무리를 생각하면서야 실감한 것이다. 지금까지는 아버지의 건강은 당연한 것으로 알고 있었으니 말이다.

내가 중학교 2학년 때의 일이다. 어느 날 밤에 갑자기 아버님께서 복통을 호소하시더니 토혈을 하시는 것이 아닌가. 모두들 깜짝 놀랐으나 당시에는 면내에 병원이 없었다. 오는 사람마다 사약 하나씩은 추천하는 지경에서 멀리 구룡면에 있는 의사의 도움으로 지혈을 할 수 있었다. 어렵게 시간을 보내다가 내가 고등학교 1학년 때, 아버님과 동갑이면서 재종 조카뻘이 되는 목사님의 도움으로 전주 예수병원에 입원, 위 수술을 하기에 이르렀다.

나는 병원에서 집에 가서 돈을 마련해 오도록 명을 받아 눈이 많이 내리는 겨울날 전주에서 군산을 거쳐 장항에 와 기차를 타고 서천군 판교역에서 내려 어두운 밤길에 높은 산을 홀로 넘어 밤 늦게 집에 도착하니 온몸이 땀으로 젖어있을 정도였다. 마침 집에 와 계시던 고모부님과 함께 돈을 마련하여 전주 예수병원에 갔더니 이미 저녁녘이 되었다. 그런데 아버님은 퇴원하셨다는 것이 아닌가. 도리 없이 우리는 하숙에서 잠을 자고 다음날 귀가하기 위하여 버스 정류장에 오니 아, 거기에 아버님이 계신 것이었다. 퇴원하신 사연은 도저히 두려워서 개복수술을 할 수 없어 자진 퇴원하셨다는 것이다.

우리는 버스로 부여에 도착하여 식당에 들어가 점심을 하게 되었다. 그런데 위장병으로 수술까지 하지 않으면 안 될 지경에 이르렀으니 아버님은 점심상을 앞에 놓고 눈물을 흘리는 것이 아닌가. 얼마나 절박하고 참담한 심정이시었겠는가. 그 후 아버님은 기독교에 귀의하셔서 술 담배를 끊고 열심히 신앙생활을 하셔서 질병을 이겨내셨다. 물론 평생 약을 복용하셨지만 경제활동과 사회활동, 종교활동을 원만이 추진해 가시면서 80을 넘겨 사신 것이다.

아버님의 병환으로 내가 대학 진학을 포기했던 아픔이 있기는 했지만 그래도 아버님께서 건강을 회복하셔서 평상을 되찾으셨기에 다시 학업을 계속할 수 있는 용기를 가질 수 있었고 그 이

후의 나의 삶이 가능했었다. 아버님의 도움을 받으며 집 걱정 없이 앞길을 개척해 나갈 수 있었기 때문이다.

만일 아버님께서 병환 이후 잘못된 생각으로 허황된 사업을 하셨거나 외도 같은 데 빠졌더라면 어찌되었겠는가. 지금 돌이켜 보면 그때가 아버님은 물론 나의 인생에 있어 가장 큰 고비였던 것이다. 그런데 그 고비를 까맣게 잊고 당연한 것으로 인식하고 살아온 것이다.

우리 아버님은 한눈 한번 팔지 않고 오로지 가정만을 생각하면서 남에게 해로운 일 하시지 않고 살아오셨다. 그러면서 고등공민학교를 세우고, 어린이집을 운영하고 교회 장로로 신용협동조합 운동까지 지역 사회를 위하여 많은 일을 하셨다.

나는 삶의 마무리를 생각하면서 가장은 어떤 일이 있어도 가족을 남겨놓고 먼저 떠나는 비극은 없어야 하겠다는 생각을 하면서 또래 친구들을 만나면 당신들은 이 나이 먹도록 건강해서 가족을 돌본 것만으로도 큰 축복을 받은 것이고 자부심을 가질 일이라고 호언하고 있다. 그래서 나의 친구들에게 존경의 마음을 가지려 노력하고 있다.

영혼의 안식처는 어찌할꼬?

　인생을 마무리한다고 할 때, 또 하나의 큰 과제가 죽은 후에 어디로 갈 것인가 하는 문제이다. 영혼의 문제는 종교와 깊은 관계가 있는 것이지만 죽은 육신의 갈 곳은 자신이 해결하고 가는 것이 좋다. 대책 없이 사망한 다음, 자손들이 그 영혼을 어디로 모실 것인지를 두고 고민하는 것을 더러 목격했다. 이 문제에 있어서도 나의 아버님은 참으로 아름답게 마무리하셨다.
　아버님은 기독교 장로님으로 철저한 신앙생활을 하신 분이다. 원래 기독교인은 명당 같은 풍수에 무관심한 것이 상례인데 아버님은 고향 뒷산, 큰길가 산록에 가족묘원을 마련하셨다. 우리같이 그 분야에 문외한의 눈으로도 명당 같은 곳이다. 우청룡 좌백호처럼 양쪽에 산맥이 이어져 있고 양지바른 곳에 나의 6대조 할아버지부터 내리 할아버지까지 모시고 당신께서 들어가실 자리까지, 아니 당신의 아들들까지 들어갈 수 있도록 마련해 놓으신 것이다. 이 또한 사후에 자식들에게 부담이 되지 않도록 미리 예비하신 것이다.

  우리 가족은 명절이면 온 가족이 집에 모여 가족 예배를 보고 산소에 가서 성묘하는 전례를 만드셨다. 교회에 가시기 전에는 제사를 모시고 성묘를 갔었는데 교회를 나가면서 가족예배로 바꾸었던 것이다. 그래서 부모님께서 돌아가시자 아버님께서 마련하신 곳에 아무 걱정 없이 모시었다. 그리고 요즈음은 자손들이 산소 앞에 모여 추모예배를 드린다.

  나는 부모님께서 작고하신 후에야 기독교인인 아버님께서 산소를 마련하고 성묘를 같이 다니도록 하신 깊은 뜻을 깨달을 수 있었다. 모두 뿔뿔이 전국 각지에서 살고 있는 자식들이 이때가 아니면 언제 한자리에 모여 정을 나눌 수 있겠는가. 올해에도 형제자매들이 산소 앞에 모여 추모 예배 후, 정담을 나누었다.

  장손인 나는 부모님 장례를 모시면서 시집 간 여동생들의 자녀들을 만나 인사를 나누는 경험을 했다. 멀리 떨어져 있으니 아이들 어렸을 때는 더러 보았지만 성장하여 성가를 한 후에는 서로 만날 기회가 거의 없었다. 이대로 세월이 지나면 4촌 8촌이 되면 길거리에서 만나도 몰라볼 것이 아닌가 하는 생각이 들었다. 그래서 4월, 어머님 기일과 10월 아버님 기일에는 가급적 어린이들까지라도 모여서 추모예배를 드리자 했다. 첫해 50명 가까이 모였는데 그만 코로나 때문에 이제는 직계들만 모이니 많이 아쉽다. 부모님 영혼이 계시다면 자손들이 한자리에 모여 예배 보고 정담 나누는 것이 얼마나 흐뭇하실까 생각할 때 많이 아쉽다.

나는 74살 때, 70살인 아내를 보냈다. 그는 30대 초반부터 당뇨병으로 많은 고생을 하다가 떠났다. 평생 인슐린 주사를 맞았고 눈으로 신경으로 발로 합병증이 와 참으로 많은 고통을 겪었다. 그는 평소에 자신이 외동딸이고 아들이 하나이니 자기가 죽으면 태워서 산에 뿌리거나 바람에 날리라고 말해왔다. 그러나 아들의 간곡한 만류로 세종의 공원 묘원에 장례했다.

내 나이 4-50대만 해도 화장하는 경우는 극히 드물고 화장하면 불효하는 것처럼 인식했었는데 불과 몇 년 만에 화장이 일반화되었다.

아내가 작고하자 나는 처남에게 공원 묘원에 자리를 알아보라 했는데 다행이 양지 바른 곳에 자리가 있어 그리로 모셨다. 나는 묘비에 "송하섭. 박완순 가족묘원"이라 새겼다. 24기가 들어갈 수 있으니 내가 갈 자리는 마련해 놓은 것이다. 그러니 그 마무리는 잘 끝냈다고나 할까.

그러나 묘지의 문제는 이 시대 우리 모두의 문제가 되어 있다. 내가 아들 하나 딸 하나를 두었는데 아들은 딸 둘을 남겨 놓고 불행히 먼저 저 세상에 갔으니 절손이 된 셈이다. 형제가 넷이지만 고향의 산소를 앞으로 어떻게 모실지 난감하다. 잘 하면 조카들 세대까지는 산소를 잘 관리하려는지 모르지만 그 다음 대에는 장담할 수가 없다. 우리 또래 늙은이들이 모여 대화를 나누다 보면 거의 대부분이 이 문제를 이야기하는 경우가 많다.

불과 20년 전만 해도 화장이 불효처럼 생각했지만 이제는 일반화된 것처럼 앞으로 묘지의 문제에도 어떤 변화가 올지 모른다. 벌써부터 수장이나 풍장의 이야기가 나오고 있지 않은가. 내가 선견지명이 있다면 이 문제를 해결하고 가는 것이 삶의 마무리를 잘 하는 것이 되겠지만 아직은 자신이 없다. 산소는 2년만 돌보지 않아도 숲이 우거져 묵묘가 될 형편인데.

허긴 나 자신도 세종 공원묘원, 먼저 간 아내 곁으로 가겠지만 그 또한 15년인가 지나면 재계약을 해야 한다는데 그때 어떻게 될지.

내 책들의 운명

나의 삶에 있어 책이란 어떤 존재인가. 아마도 책을 떠나서는 존재 의미를 찾을 수 없을 정도로 중요할 것이다. 고등학교 학창 시절부터 문학을 공부한답시고 대전시 원동 고서점을 넘나들었고, 대학 재학 중에도 동대문 고서점을 드나들면서 책을 찾아 읽고 모았으며, 국어교사 국문학 교수 생활을 하면서 한 시도 책을 떠나서는 살 수 없을 정도였으니 책을 떠난 나의 생활이란 생각할 수 없을 정도이다. 더욱이 학창 시절부터 책 편집, 발간에 관여해 왔기 때문에 책에 대한 관심도 더 컸다고 할 수 있다. 책은 내 마음의 양식인 동시에 생활의 방편이요, 나를 존재하게 하는 근본이라 해도 지나치지 않다.

교수 직을 정년하면 책에서 해방될 줄 알았는데 그렇지 않더라. 도대체 시간을 보내는데 책을 떠나서는 무료를 달랠 수가 없는 것이었다. 단지 재직 중에는 강의를 위해서, 혹은 논문을 쓰기 위해서 책을 읽었다면 정년 후에는 교양을 위해서 의미 있는 시간이 되기 위해서 책을 사고 읽을 수밖에 없는 것이다. 80이 넘은 지금도 새벽에 눈을 뜨면 신문과 책을 읽으면서 하루를 시작하게 되고 낮 시간에도 무료히 앉아 있을 수 없어 책을 펼친다.

그런데 이제 인생을 마무리할 단계에 이르니 이 책이 문제이다. 내가 정년하기 전에는 대학 도서관에서 정년하는 교수들의 책을 기증받기 위해 찾아가기도 하고 이런저런 조건을 들어가면서 받아왔는데 내가 정년할 무렵부터 사정이 달라졌다. 웬만한 책은 전산화되었고 대학 도서관에서도 수용 능력이 한계에 이르러 환영하지 않게 되었다. 지금 정년하는 교수들은 책의 처치가 골칫거리라고 말하고 있다.

나는 정년 후 10여 년 간 대전문학관의 수서위원으로 참여했다. 문학관이니 되도록 많은 문학관계 책을 수장해야 하겠지만 역시 보관의 한계 때문에 보관할 책을 선정하지 않을 수 없게 된 것이다. 위원들이 모여 앉아 수장고에 보관할 책을 선정하는 작업을 하는데 많은 어려움이 있었다. 가급적이면 문학 작품집이나 저술들을 모두 수장할 필요가 있음에도 불구하고 수장고의 수장 한계 때문에 고민들을 한 것이다. 어찌 대전문학관 뿐이겠는가 모든 대학들도 사정은 마찬가지이다.

나는 정년을 맞아 아직 참고해야 할지도 모를 책들을 남겨두고 약 8천여 권을 이삿짐센터 차를 불러 단국대학교 천안 캠퍼스 학교 도서관으로 보냈다. 그랬더니 4천 권 정도만 받겠다고 목록을 작성하여 나에게 주고 나머지는 폐기할 수밖에 없다는 것이었다. 그래서 문창과 학생들에게 나누어주고 말았다.

평생을 국문학 교수로 재직하다 보니 이런저런 책도 여러 권 발간하게 되고 각종 논문집이나 신문 잡지에 발표한 것들도 많아 그럭저럭 책꽂이 하나에 가득할 만큼 된다. 자녀 중에 누가 학문을 계승할 아이가 있다면 물려주면 되겠지만 그렇지도 않고 그걸 원하는 제자도 없는 형편이어서 이것을 어떻게 처리할 것인가가 과제 중의 과제이다.

돌이켜 보면 그 작품 하나하나, 책 한 권 한 권에 많은 추억이 담겨 있다. 가령 논문 한 편 쓰기 위해 찾았던 문헌, 작품들, 그리고 수필 한편을 쓰면서 사고했던 기억들, 또 어떤 작품은 급박하게 청탁이 와서 밤을 지새웠던 일들, 책을 발간하면서 찾았던 출판, 인쇄의 추억, 모두가 내 삶의 깊은 흔적들이 아닐 수 없다.

또 근래에는 출판 사정이 좋아져서 기증해 오는 작품집들은 왜 또 그렇게 많은지. 특히 시집이 그렇게 많다. 이들 책에는 기증자의 서명이 적혀 있으니 쉽게 처리하기도 곤란하다. 고서점에 들러 책을 고르다 보면 저자가 어느 분에게 기증한 책이 그대로 노출되어 있는 것을 보면서 마음 속으로 안타깝게 생각했었는데 내가 바로 그 일을 하지 않으면 안 될 형편이 된 것이다.

정년 후 20여 년 동안에 모아진 책이 우리집의 방 5면을 대채우고서도 옆에 쌓아놓지 않을 수 없게 되었다. 대전시에서 제2문학관을 개관한다는 소식이 있어 거기에 보냈으면 했는데 아직 수장고가 마련되지 못했다는 설명이니 난감하지 않을 수 없다.

몇 달 전, 대학에서 사제의 인연을 가진 아동문학가 남궁명옥이 평소에 자기와 자별하게 지내던 소설가 김성동 씨가 작고하였는데 그의 장서를 단국대에서 받을 수 없느냐고 전화해 왔었다. 받아주지 않으면 고서점에 팔려나갈 형편이라는 것이었다. 다행이 작가가 대전과 인연이 있어 일단 대전으로 옮겨와서 문학관에 임시 보관되었는데 나의 경우도 이와 다르지 않다.

나는 대전문학관 관장을 역임한 바 있는 박진용 관장에게 나의 형편을 설명하고 다음날 잘 처리해주도록 부탁을 했으니 아마 그때 사정에 따라 처리해 줄 것으로 믿는다. 희망하기로는 어느 한 도서관에 보관 열람되기를 기대하지만 글쎄, 어떻게 될지. 그때그때 나의 소중한 친구이기도 했던 책들, 그리고 나의 땀이 배어있는 책들의 운명이 다음날 어떤 운명에 놓일지 안타까울 뿐이다.

정년 후에 한 일들

　세상의 모든 이치가 시작이 있으면 끝이 있는 것처럼 인생 역시 출생이 있으면 죽음이 있게 마련이다. 출생 또한 마음대로 할 수 없듯이 죽음 또한 마음대로 할 수 없는 것이 인생이다. 간혹 스스로 죽음을 선택한다면 그것은 천리에 어긋나는 일이다. 그렇다면 인생의 마무리는 어떻게 해야 하는가. 아니, 도대체 몇 살 때부터 마무리를 생각해야 하는가. 이 또한 누구도 정확히 알 수가 없다. 그저 상식에 따라 평균 몇 살쯤이면 세상을 뜨게 되니 대략 몇 살 쯤부터는 마무리를 생각해 보자는 추정을 해볼 뿐이다.
　평균 수명이 60대일 때에는 50이 넘으면 마무리를 생각해야 할 것이요, 지금처럼 80대이면 60이 넘으면 각오해야 되지 않을까. 우리 같이 공직에 있는 사람은 직장에서 정년을 하면 염두에 두어야 하지 않을까. 나는 65세에 정년을 하면서 그러한 생각을 하였다. 그런데 그 이후 100세 시대를 이야기 하니 혼란이 왔다. 나는 정년 무렵부터 고혈압 환자 진단을 받았고 정년 후 3년 만에 만성 신장염 환자 진단을 받았으니 아무래도 그럴 날이 가깝지 않을까 생각했다.

그런데 아내가 30대 중반에 당뇨 진단을 받아 가지가지 합병증으로 고생을 하다가 나의 정년 때쯤부터는 더욱 어려워지게 되었으니 나의 인생 마무리보다 아내의 인생 마무리를 어떻게 도울 것인가를 고민하지 않을 수 없었다. 직장에 다닐 때에는 그를 빌미로 간병을 소홀하게 했다면 정년 후에는 오로지 간병으로 시간을 보내지 않을 수 없었다. 마침내는 복막투석을 하면서 하루에 4번 치료를 도와주지 않을 수가 없었다. 따라서 생활의 많은 부분을 제약받아야만 했다.

이처럼 나는 정년 이후부터를 나의 인생의 마무리 단계로 생각했는데 상상 외로 아내를 먼저 떠나보내고도 10년 넘어 80 중반에 이르렀으니 예상 밖이라고나 할까. 그래도 정년 후의 나의 생활은 마무리 기간이었다고 볼 수밖에 없고, 그래서 그 기간에 있었던 일을 정리해서 마무리하는 작업으로 하고자 한다.

정년 후, 먼저 찾아 온 일이 나의 스승이신 금당 이재복 선생님 추모 사업이었다. 이분의 전집을 간행하자는 것이었다. 정년 후, 1년인가 지났을 때 충남대 황의동 교수와 고려대 강태근 교수, 그리고 이재복 선생님의 자제인 우송대 이동녕 교수가 찾아왔다. 이들은 나의 고등학교 후배, 그리고 보문고등학교 근무할 때 재학생이었던 친구들이다. 그리고 이들은 동기 동창으로 아주 절친한 사이였다. 요지는 이재복 선생 추모사업을 진행하자는 것이었다.

이재복 선생님은 내가 고등학교 재학시절 교장 선생님으로 마음 속으로 존경하는 분이었고, 내가 대학을 졸업하자 중학교 교사로 임용해주셨으며 3년 만에 다른 직장으로 옮겼으나 여의칠 않자 다시 고등학교 교사로 임용해 주신 은인 중의 은인이시기도 해서 흔쾌히 같이 하기로 했다. 더욱이 선생님께서는 시인으로 내 문학 수업의 기본을 심어주신 분이고, 불교계, 문학계, 교육계의 지도자로 많은 업적을 남기신 분이시니 나로서는 참으로 과분한 사업이었다.

다행인 것은 자제인 이동녕 교수가 선친이신 이재복 선생님의 모든 자료를 잘 보관하고 있었고, 추진하는 멤버들이 정성을 다하여 순조롭게 진행된 편이었다. 추진위원회 이름으로 동창들에게 호소하여 상당한 기금이 모아졌고, 불교계의 협조가 잘 이루어져서 기금의 조달도 큰 어려움이 없었다. 출판사 '종려나무'의 창의적인 편집, 특히 불교학을 전공한 충남대학교 이방룡 교수 자료 정리는 큰 도움이 되었다. 8권 총 4,500여 페이지의 큰 전집을 간행하여 봉정하였으니 나의 생에 큰 보람이었다.

다음은 『대전예술단체총연합회의 50년사』를 간행한 일이다. 2012년, 대전예총 회장 최남인 교수로부터 50년사를 간행해 달라는 부탁을 받았다. 10개 산하 단체에서 편집위원을 파견 받아 역사상 최초로 대전예총사를 간행하게 된 것이다. 예총에서는 처음 있는 일이어서 많은 어려움이 있었다. 그러나 각 협회의 적극적인 협조로 총 1,100페이지의 대전예총 역사가 정리되었다. 이 또한 내 생에 보람이 아닐 수 없다. 간행위원장으로 무에서 유를 창조해낸 자부심을 느낄 수 있었다.

최근의 사업으로는 『대전중구문화원 70년사』의 간행을 들 수 있다. 중구문화원은 원래 대전시문화원이 분구되어 중구문화원이 되었으니 사실상 대전문화원의 70년사가 되는 셈이었다. 나는 대전문화원 때부터 이런저런 일로 관여를 했었고 박동규 원장 때부터는 이사로 강좌 강사로 협력해 온 인연이었다. 마침 코로나 팬데믹으로 어려움이 있었지만 집필진들의 적극적인 협조로 총 473페이지의 70년사를 큰 무리 없이 발간하여 기록으로 남겼으니 이 또한 보람이 아닐 수 없다.

내가 여든 살이 되던 해에는 자녀와 주변의 권고로 에세이집을 간행하였다. 책 제목을 『어쩌다 여든살』로 해서 1년 동안 열심히 써서 부끄러운 내 삶을 고백했다. 역시 출판사 '종려나무'의 이종진(지금은 지암스님이 되었다)사장의 탁월한 편집으로 여러 사람들로부터 평가를 받았다. 그리고 대전에서 발간되는 문예지 『한국문학시대』 등에 심심치 않을 정도로 글을 발표한 것도 기록해 두어야 할까.

요즈음은 박정열 시인이자 수필가가 주관하는 인터넷 모임인

"수필을 좋아하는 사람들"에 2주에 한 번씩 참여하여 회원들과 수필을 이야기하는 재미를 느끼고 있다. 이른바 인터넷 수업이라고나 할까. 내 인생에 새로운 경험을 하는 셈이다.

대체로 고마운 인연의 인생

선인선과 악인악과善因善果 惡因惡果라는 말이 있다. 착한 인연을 맺으면 착한 결과가 있고 악한 인연을 맺으면 악한 결과를 맞는다는 이야기이다. 결국 사람은 이 세상에 태어나서 수없이 많은 사람들과 인연을 맺어, 이런저런 일을 하다가 세상을 뜨는 것이 아닌가. 그런데 이 사람들과 선한 인연이면 좋은 인간관계를, 악한 인연이면 나쁜 관계를 가지게 된다는 이야기이다. 또 이런 이야기도 있다.

가사백년겁 소작업불망 (假使百年劫 所作業不亡)
인연회우시 과보환자수 (因緣會遇時 果報還自受)

가사 백년겁의 오랜 세월 전에 지은 업도 없어지지 않아 인연이 되어 다시 만날 때 그 과보를 스스로 받게 된다는 뜻일 게다.

이처럼 불교에서는 몇 세기 전에 맺어진 인연이라 할지라도 결코 잊어지지 않아 다시 만날 때 그 과보를 고스란히 스스로 받게 된다는 이야기이다. 인연을 맺는 서로 간의 인간관계가 이처럼 중요하니 서로 착한 인연을 맺으라는 가르침이다.

나 또한 이 세상에 태어나서 수많은 사람들과 인연을 맺어왔다. 어떤 인연은 짧았고, 또 어떤 인연은 길었으며, 어떤 인연은 서로 좋았고 또 어떤 인연은 불편했다. 어떤 사람들은 악연으로 만나 인생 자체가 비참한 지경에 이른 경우도 더러 보게 되는데 대체로 나의 경우는 내가 도움을 받은 경우가 대부분이었다. 돌이켜 보면 감사한 일이다.

먼저 나는 좋은 부모님을 만났다. 자수성가하셔서 비교적 사회에 유익한 일을 많이 하시었다. 자식들을 호강시키고 많은 유산을 주시지는 않으셨지만 보통 생활을 할 수 있도록 길러주시고 가르쳐주셨다. 바른 정신을 가지도록 이끌어주셨다. 어머님은 초등교육도 받지 못하셨지만 천성이 고우셔서 남을 불편하게 하신 일이 없으시고, 스스로 한글을 깨우치셔서 책을 읽고 편지를 쓰시면서 아이들을 바르게 인도하여 주시었다. 우리는 8남매나 되지만 서로에게 폐가 되는 일은 없어서 원만한 관계로 살아왔다. 서로 크게 도움을 주지는 않았지만, 그렇다고 서로 폐가 되는 일은 하지 않고 살아왔다. 더러 주변에는 가족 간에도 잘못되어 원한을 가지고 사는 사람들도 있는데 우리에게는 전혀 그런 일이 없었으니 아마도 우리들 가족은 전세에도 선인을 맺고 살아 왔던 것은 아닐까.

24살에 나에게 온 아내는 내가 자수성가 할 수 있도록 이끌어 주었다. 때로는 지나친 경제관으로 갈등도 있었지만 결국 집을 바로 세우기 위한 몸부림이었으니 오히려 감사하다. 인생 말년에 이처럼 안락한 집을 가지게 된 것도 아내의 덕이요, 경제적으로 남에게 신세지지 않고 살게 된 것도 아내 덕이다. 하지만 본인은 뜻하지 않게 일찍 찾아 온 당뇨 질환으로 참, 많은 고생을 하였다. 아이를 제왕절개로 낳았으며, 당뇨로 말초신경염, 눈 수술, 발가락 절단, 투석 치료의 아픔이 있었으니 본인으로서는 참기 어려운 삶을 살은 셈이다. 그래도 그 고통 속에서도 가정을 굳굳이 지켜 내가 사회적으로 생활할 수 있도록 도와주었으니 아내의 전생은 나에게 봉사하도록 인연을 가지었던 것은 아닐까.

　나는 아들 딸을 두었는데, 아들은 딸 둘을 두고 일찍 세상을 등졌다. 어렵다는 건축사 자격도 땄는데 사업이 여의하질 않았고, 술을 좋아하다 득병하여 나를 두고 떠났으니 내가 맺은 인연 중에 가장 참담한 인연이었다. 그는 전세와 어떤 인연을 맺었던 것일까. 내 평생 제일 가슴 아픈 인연이었다. 딸은 대학 재학 중 어려운 병을 맞았으나 잘 치료되어 순전히 자력으로 대기업의 이사가 되었으니 참으로 고마운 인연이다. 손녀들은 아직 대학 재학 중이지만 심성이 고와 앞길을 잘 헤쳐 나갈 것으로 생각한다.

　가족 간의 인연은 이렇게 감사와 아픔이 같이 했는데 다른 인연들은 모두가 고맙고 또 고마웠다. 그러니 이들과의 전세 인연은 모두가 선인이었던 것이 아닌가 한다. 이력서가 지저분할 정도로 여러 직장을 옮겨 다녔지만 직장의 상사나 동료들로부터 괴로움을 당한 기억이 없으니 이분들과의 전세 인연도 원만했던 것은 아닐까. 오히려 많은 도움을 받았던 기억이 많다.

 직장 생활이 아닌 사회의 인연으로 나의 삶에 의미가 있었던 인연들이 생각난다.

 먼저 초등학교 동창들인데 대전에 와 있는 몇 명 안 되는 동창들은 70대 초반까지 매월 어울리다가 여러 친구가 먼저 세상을 떠나면서 모임이 그치었고 고등학교 동창들이 또 매월 모여 술과 음식을 나누어 왔는데 한때 20여 명이던 친구가 이제 5명만 남아 지금도 가끔 모여 담소를 나눈다. 젊어서 만난 적십자 청년 봉사회 친구들은 대전 시내 각계의 유능한 사람들이었는데 다음날 흥우회라 하여 오랜 기간 매월 모여 정을 나누다가 80대 초반에 이르러 역시 많은 회원이 저승길에 올라 모임을 중단했다.

 아름다운 추억으로 남는 사람들은 내가 교육연구소에 재직할 때 만난 백영기 연구원장, 임원규 연구사, 심기복 교장, 김상기 선생들이 나의 고교 선배 보문고 배재철 선생의 안내로 등산 활동을 했던 일이다. 거의 매주 계룡산, 속리산 서대산, 마이산 등 대전 주변의 산으로 산행을 했던 추억은 잊을 수가 없다. 일요일이면 배낭을 메고 점심을 위한 버너를 가지고 산에 올라 라면을 끓이거나 떡국을 하거나 불고기까지 마련하여 즐기던 산행, 4계절에 따라 고통과 즐거움이 공존했던 산행은 나의 삶을 풍요롭게 했다고 할 수 있다. 이제는 대부분 유명을 달리했는데 이분들과의 전세 인연은 어떤 관계였을까.

이외에도 술을 좋아했던 나는 많은 친구들이 있었다. 간호전문 시절에 앨범 사진사로 만난 박정순 사장, 그리고 송기성, 전봉룡 교수는 50여 년이 지난 지금까지도 서로 만나 삶의 외로움을 달래고 있으며 헬스 클럽에서 만난 서우석, 김상현, 이기중 선생은 매주 만나다시피 하면서 외로움을 달래가며 살고 있다. 특히 문학으로 맺은 여러 인연들은 지금도 서로 안부를 나누며 살고 있으니 나의 전세 인연들은 대체로 선인이었던 같아 그저 고마울 뿐이다.

김정길 사장 내외, 조종국 회장 내외, 박일진 원장 내외가 매월 모여 늙음을 같이 하고 있음도 감사하고, 제1기 KBS 시청자 자문위원 중 아직까지도 잊지 않고 만나 정을 나누고 있는 박종윤 회장, 김공자 목사, 김정현 원장, 윤진수 원장들도 감사하고, 보문 동창회 일로 만난 후배들, 정년 20년이 지났는데도 연락하면서 안부를 나누는 단국대의 옛 교무위원들의 위로도 잊을 수 없다.

특히 나에게 고마운 인연은 아내가 병고로 먼저 세상을 떠나고 나보다 10여 년 젊은 아내를 맞은 것이다. 이 사람은 오로지 나의 정신적 신체적 건강을 돌보러 온 것처럼 나를 돌보아 주고 있으니 아무래도 전세에 나와 아름다운 인연을 맺고 있었던 것이 아닌가 감사하다. 병원을 오갈 때마다 차를 태워주고 병원에서 조심하라는 음식을 일일이 가려 먹이느라 고생을 하고 있으니 미안한 생각이 들 지경이다.

 문제는 이승에서 이렇게 맺은 인연이 내세에는 어떤 인연으로 다시 만나게 되려는지 궁금할 뿐이다. 되돌아보면 대체로 나의 생애에 만났던 많은 인연들이 나로서는 그저 고마운 분들이 대부분이니 내생에서도 그렇게 되었으면 하는 바람을 가져본다.

어느 가난한 人生의 한나절

배재대학교 재직중 발표한 수필들
(46판 240P)

2부

꿈같았던 생애 돌아보기

死也一片浮雲滅

사람이 죽는다는 것은
한 조각 뜬구름이 지는 것이네

유소년기의 추억

　무슨 일을 마감한다는 것은 그 일을 되돌아보고 결말을 짓는다는 것이다. 따라서 한 인생을 마무리 한다는 것은 그 인생이 살아온 과정을 되돌아본다는 뜻이 될 것이다.
　내 유년의 기억은 초등학교 시절을 넘어서지 못한다. 그 이전의 기억은 어렴풋하지 명확하질 않다. 나는 부여군 임천국민학교에 입학하여 4학년까지 다니고 충화국민학교로 전학하여 졸업했다. 임천면 구교리 절골이라는 성흥산 아래 외딴 집에서 학교를 다닌 기억이 선명하다. 그때 조부모와 부모님, 그리고 2살 아래 여동생이 있었다. 아버님이 임천양조조장 서기로 취직되어 생활하고 있었는데 할아버지는 눈이 보이지 않아 어린 내가 길을 인도하였던 기억이 난다. 그러나 한학을 하신 할아버지로부처 동몽선습을 배웠던 기억도 나고 할아버지를 따라 뒷산에 오른 기억도 나는 것으로 보아

완전 맹인은 아니었던 것으로 보이며 중간에 눈 수술을 하시어 신문을 읽으셨던 것으로 기억된다.

외딴 집에서 학교까지는 1km쯤 되었는데 동리 친구들과 재미있게 어울려 놀던 기억이 있고 아버님이 아침에 구구단을 외우도록 숙제를 주고 가시면 오후에 주조장으로 찾아가 검사를 받았던 추억도 아련하다.

초등학교 4학년 때 6.25 전쟁이 일어났다. 무더운 여름날 금강을 중심으로 30리 밖으로 피난을 가라해서 아버님 고향인 충화면으로 피난 갔던 기억도 난다. 나도 쌀 자루를 머리에 이고 어른들을 따라가서 며칠을 살았는데 거기서 어머님이 해산을 하시는데 비행기 폭격이 우려되어 밤에 불을 밝히지 못해 고생했던 일도 있었다.

귀가 한 지 얼마 되지 않아 인공시대가 되었는데 소년단인가에 들어가 저들의 노래를 열심히 불렀던 기억도 생생하다. 숙부께서 국방경비대에 입대하신 상태여서 우리집은 요시찰의 가정이어서 더욱 저들의 노래를 열심히 부르고 모임에 적극적이었던 것 같다. 어린 마음에도 어찌 그런 생각을 하였었는지 모른다. 할머니는 새벽마다 정화수를 장독대 위에 떠놓고 작은 아들 (나의 숙부)의 무사를 빌고 또 빌었었다.

무더운 여름날, 멀리서 총소리가 들리는데 할아버지는 뒷산이 명당자리라면서 충화에 있던 증조부 묘를 이장하느라 부산했다. 그런데 군에 간 숙부가 휴가라면서 민간 복장을 하고 산으로 찾아왔다. 일을 마칠 무렵 헌병이 와서 데려가는 것이 아닌가. 그리고 저들 세상이 되었으니 가족들의 걱정이 이만저만이 아니었다. 그러니 할머니의 새벽 기도는 절실한 것이었다. 수복 후, 숙부는 상이군인이 되어 귀가하셨다. 불행중 다행으로 총알이 왼손을 관통하는 부상이었지만 생활에는 큰 지장이 없었다.

전란 중에도 막걸리 도가는 영업을 계속하여 아버지는 출근을 하셨고 주인의 절대적인 신임을 얻어 사실상 양조장 운영을 전담하다시피 했다. 수복 후, 그때 인맥을 쌓아 임천보다 더 시골인 충화에 양조업 인가를 받았다. 이는 대단한 일이었다. 아무리 시골이지만 양조장 인가를 받는다는 것은 국회의원 정도의 배경이 있어야 가능한 일이었는데 그렇지 못한 형편에도 이를 성취하셨으니 놀라운 일이라 하지 않을 수 없다. 우리는 이를 계기로 새로운 생활에 접어든 셈이다.

남들은 흔히 내가 시골 양조장집 아들이었다고 하면 부자집 아들이라고 하는데 사실은 별스럽질 못했다. 남의 양조장 종업원으로 일하다가 탁주 제조허가를 얻어 개업을 하였으니 자본금이 있을 턱이 없어 빈약하기가 이를 데 없었다. 아직 석유 등잔불을 쓰던 시절 충화국민학교 앞 큰 길가에 초가집을 사서 영업을 시작하셨다. 내가 초등학교 4학년 때였다.

문을 열고 들어가면 오른 쪽으로 큰 항아리에 막걸리를 걸러 담아놓고 주전자나 술병을 들고 술을 사러오면 되에 담아 팔고 그 옆에 탁자 같은 것을 놓고 술을 마시러 오는 손님에게 됫술을 퍼서 양푼에 따라주면 사발 잔에 부어 마시는 정도였으며, 마루가 있어 주객들이 앉아 옆집 전방에서 사온 오징어를 안주로 떠들썩하였고, 마루의 문턱을 넘으면 살림집이어서 식구들이 생활하는 형편이었으니 목로집 수준이었다고 해야 할런지. 그래도 막걸리를 제조하여 통에 담아 지개나 자전거를 이용하여 20여 마을에 배달을 해주는 면단위 기업인 셈이었다. 그러니 집에는 늘상 술을 사러오는 사람, 술을 마시는 사람으로 사람이 끊이지 않았다. 오후가 되면 항상 술꾼들로 시끌벅적이었다. 면장, 지서장, 교장 등 기관장에서부터 면서기, 경찰, 학교 선생님들, 마을 이장들은 물론 여러 종류의 술꾼들로 다양했다. 모두 술이 들어가면 기분이 좋아져서, 또는 속상한 일로 조용한 날이 별로 없었다.

나는 중학교 2학년 때까지 여기에서 살았다. 그러니 밤에나 등잔불을 켜 놓고 공부를 하는 정도였다. 그러나 이제 와서 생각하니 그때 수많은 사람들의 가지가지 이야기와 행태들이 나의 성격형성에 영향을 주지 않았나 생각된다. 나는 어린 나이지만 어른들 틈에서 산 셈이다. 어려서부터 술을 마시면서 나누시는 어른들의 언어에 젖어 살았다고나 할까. 시골 어른들의 일상적인 언어, 술에 절어 흥분한 취객들의 하소연, 육두문자, 더러는 흥에 겨운 노래들 까지 일찍 보고 배운 셈이다.

또 하나, 나의 초등학교 학창 생활에서 잊을 수 없는 체험은 4학년에 편입해 와서 약간의 텃세를 당하면서 지냈다는 점이다. 왜소한 체격에 자기들이 다니는 학교보다는 큰 학교에서 왔으며, 양조장집 아들이라는 보이지 않는 배타심이 있었다고나 할까. 더러는 그들과 어울리기 위하여 과장된 언어와 행동을 했던 기억이 있다.

  그때에는 마을마다 통학대라는 것을 조직해서 등교시에는 한 곳에 모여 학생 반장의 인솔로 군가 같은 노래를 합창하면서, 구령에 맞춰 등교를 했었는데 반장 그룹의 아이들이 득세를 한 편이었다. 더러는 그들이 기압이라는 행동을 해서 마음에 들지 않으면 괴롭히기도 했던 것이다. 그런 분위기에서 나는 다소 위축되었던 것 같은데 그것에서 벗어나기 위하여서는 시험을 잘 보아야만 했고 그러기 위해서는 공부를 조금 더 열심히 하지 않았나 한다. 그때는 초등학교 졸업생들은 전국 일제히 국가에서 실시하는 입학시험을 쳐서 그 점수를 가지고 중학교를 진학하였는데 내 점수는 충남 제일의 대전중학교에도 무사히 진학할 수 있을 정도의 좋은 점수를 받았었다.

  5학년 때, 노래를 불러 음악 점수를 받았는데 담임 선생님으로부터 잘 불렀다는 칭찬을 받았던 일과 미술 시간에 잘 그렸다는 말씀을 들었던 것이 오랫동안 기억에 남았다. 임천초등학교 4년은 친구들과 어울려 노는 시간이 많았다면 충화에서의 소년 시절은 어른들을 많이 구경하면서 살았다고 할 수 있다.

내 인생 진로의 토양

중학교 학생 시절

    6.25 후, 시골에서의 경제 형편은 중학교 진학이 쉽지 않았다. 우리는 2개 반 120명이 졸업을 했는데 중학교 진학한 친구는 20명이 채 되질 못했다. 그리고 대부분이 이웃 면에 설립된 홍산중학교에 진학했다. 집에서 통학할 수 있었기 때문이었다. 높은 산 고갯길을 넘어 여러 마을을 지나 논둑 길을 거쳐 이른바 홍산 읍내에 있는 학교를 가려면 약 한 시간 정도를 걸어야 했다. 나의 동창 중에는 우리 집에서도 한 시간 정도 더 멀리에 사는 친구들이 있었으니 그들은 두 시간씩 걸리는 셈이었다. 그나마 상급학교 진학은 가정형편이 좋은 경우만 가능했으니 진학 자체 만으로도 특혜였다고 할 것이다.

    나는 양조장집 아들이었으니 대전중학교 쯤으로 진학을 시켰어도 될 형편이었지만 대전에 하숙을 시키기에는 부담이 되셨던 것이다. 그리고 연약한 어린아이니 마음을 놓을 수가 없었던 것이다.

　당시 홍산중학교는 학교 건물을 마련하지 못한 상태에서 개교를 했었다. 내가 5회이니 개교한 지 5년이 되었어도 건물을 짓지 못했던 것이다. 우리는 면사무소에서 사용하던 두 곳의 창고와 경찰 지서 앞 망루, 이렇게 세 곳에 나누어 수업을 받았고, 월요일 조회를 하려면 세 곳의 학생들이 한 곳으로 모여야 하므로 1교시는 수업이 어려운 형편이었다. 교사는 3학년이 되어서야 건축되어서 그곳에서 졸업을 했다.

　교사가 건축되기 전의 교실은 흙을 다진 맨바닥이었다. 한참 뛰어 놀 때이니 쉬는 시간은 뿌옇게 먼지가 일었다. 그래도 즐거웠다. 교단 뒤 옆집은 제과 공장이어서 과자 굽는 냄새가 진동했지만 배고픔을 참아가면서 인내심을 길렀다고나 할까. 점심도 어머니가 싸주신 누룽지였지만 배고픔을 모르고 견디었다. 3년 동안에 영어선생님과 수학선생님이 1년 반은 계시지 않았다. 결원이었기 때문이었다. 그러니 합반 수업이 자주 있었지만 불평을 늘어놓을 형편이 아니었다. 6.25 후, 시골의 초창기 중등교육의 형편은 그러했다. 음악선생님이 생물과목을 가르쳐주셨다.

　그런데 2학년을 마치었을 때 병설 홍산농업고등학교가 개교되었다. 그리고 특별활동으로 중고생이 같이 하는 경우가 있었는데 문예반도 그 중의 하나였다. 이 문예반이 내 인생의 중요한 모멘텀이 되었다. 고등학교에 우리 마을 앞 마을에 사는 표병은이라는 형이 진학하여 왔는데 표형은 이미 결혼을 한 분이었다. 이분이 열정적으로 문예반을 이끌었다. 처음으로 『비홍飛鴻』이라는 교지를 만들었는데 이 일에 우리까지 참여시키었다. 당시에 홍산에는 인쇄시설이 되어 있지 않아 프린트 인쇄에 의존하고 있었다. 그런데도 합숙을 하면서 학생들의 원고를 읽고 수정하고 원고지에 옮겨 적으면서 편집을 했다. 이때 막연하게나마 글눈을 떴다고 할 수 있으니 뒷날 내 인생의 방향이 될 줄을 짐작이나 했겠는가.

내가 초등학교에 다닐 때 아버님 친구 중에 신경선이라는 프린트 인쇄 기술자가 계셨다. 그때 면의원이 있었고 이 의회에서 면장을 선출하던 때이었는데 면장과 초등학교 교장선생님 등 유지들이 합작하여 면내 신문을 발간하는 일이 벌어졌다. 우리 양조장 사무실에서 주로 일이 이루어졌는데 그때, 프린트로 인쇄를 하는 것을 처음 구경하고 깊은 인상을 받았다. 그리고 나도 철판에 원지를 놓고 글씨를 쓰는 실험을 해 보았던 것이다. 이 체험이 중학교에 들어가 문예반 활동을 하는 계기가 된 셈이니 어린 시절의 자그만 체험이 인생의 진로를 결정하는 경우가 있다는 것을 나는 실감했다.

이 경험이 고등학교 진학을 하면서 문예반에 들어가게 되었고 결국, 대학에서 국문학을 전공하기에 이르렀으며, 종국에는 대학에서 문학을 강의하는 문학교수가 되었으니 내 어릴 적 어른들이 신문을 만든다고 프린트 하는 것을 보고 관심을 가지었던 것이 나에게는 그렇게 중요했던 것이다.

4km가 넘는 시골 등·하굣길, 12살 어린 나이에 산을 넘고 들

을 건너 학교에 오가는 길은 당시에는 어려운 일이었지만 지금 생각하면 아름다운 서정의 길이었다. 네 계절마다 자연의 변화를 온 몸으로 느끼면서 떼를 지어 가지가지 사연을 지껄이면서 걸었다. 여름철 비가 오는 날이면 웃옷까지 흙투성이가 되기 쑤고 겨울에 눈이 오면 무릎까지 쌓인 눈을 헤치면서 오고갔다. 어쩌다 화물차라도 얻어 타게 되면 횡재라도 한 양 즐거워했다. 키가 작았던 나는 키 큰 통학생들의 뒤를 따르느라 바빴다. 언제나 새벽에 빨리 밥을 먹어야 해서 지금도 식사의 속도가 빠르다. 80살까지 그래도 건강을 유지한 것은 그때, 통학을 통하여 다져진 몸의 덕분이 아닐까 생각된다.

이런 환경들이 내가 글을 이해하고 글을 쓰는데 밑거름이 된 것은 아닐까. 중학교 2학년 때인가, 환경정리를 하는데 내 붓글씨가 벽에 걸린 것도 아련히 추억 속에 기억이 된다.

문학의 꿈, 그리고 귀향

고등학교시절

내가 고등학교에 진학할 즈음에는 가정 형편이 많이 안정되었다. 그리고 숙부께서 도청 소재지인 대전에 자리를 잡게 되었으니 대전으로의 진학을 계획하게 되었다. 또 중학교에서도 졸업할 때 우등상을 받았으니 아버님께서도 희망을 가지시었다. 그러나 대전고등학교 입학시험에서 낙방을 했다. 아버님은 실망이 크셨다. 중학교를 대전으로 보내지 않으신 것을 후회하시기도 했다. 나는 후기인 보문고등학교에 진학했다. 그런데 보문에 진학한 것이 내 인생의 방향을 결정적으로 정하게 되었다.

내가 4회 졸업생이니 보문 역시 신설학교였다. 한 학년에 180명이어서 전교생이 500여 명밖에 안 되었고 중학교가 병설되어 있었다. 역시 처음 입학했을 때에는 양철지붕에 맨흙바닥이었으니 사정을 미루어 짐작할 수 있을 것이다. 조회 시간이면 운동장 옆으로 소를 몰고 가는 사람들을 볼 수 있었다. 이런 환경은 다소 가정적인 분위기였다. 돌이켜 생각하면 선생님들도 아저씨나 형님들 같았다고나 할까. 좁은 교정에 많지 않은 학생들이 생활을 하니 그랬을 것이다.

특히 이 학교에는 나의 아버님과 초등학교 동기동창이신 전사진 선생님이 국어와 한문을 담당하고 계셨는데 이분은 스님이시기도 해서 수업시간에 감동을 주는 말씀을 자주 들려주셨고 이재복 교장선생님은 공주사대 교수를 역임하신 시인이시며 불교 학자이시며 충남 교육계의 거물이신고로 많은 가르침을 주셨다. 또 교무과장이셨던 김재설 선생님은 충남 최초로 상담교육 운동을 하신 분이어서 학생들의 개성을 존중하는 뜻에서 다양한 교양을 전해주셨다. 고교시절 나에게 가장 큰 영향을 주신 분은 최원규 선생님이시다. 최선생님은 중학교 선생님이셨는데 문예반을 지도해 주셨다. 이런 분위기에서 내가 문예반 활동을 하는 데에는 더할 수 없이 좋은 분위기였다.

우선 최선생님은 다음 날 충남대 교수로 가실 정도로 문학에 열정적이었고, 문예반 지도도 그만큼 열성적이었다. 보문普文이라는 교지는 물론 신문 까지 발간하였으니 고등학교 문예반으로서는 획기적이었다. 교장 선생님을 비롯한 학교의 분위기가 대단히 개성 중심적이었다고나 할까. 적어도 이른바 일류대학을 목표로 하는 영수학관은 만들지 않겠다는 분위기였으니까.

나는 왜소한 체격이었지만 학도호국단 학예부장으로 교무실을 안방 드나들 듯 하였으니 선생님들과도 친숙하게 지낼 수 있었다. 어떤 선생님은 모범 시험 답안지를 주면서 채점까지 시킬 정도였으니.

나는 제법 문학도 같은 행세를 하면서 문학동인회도 만들어 활동했다. 동급생 김태원, 한 학년 아래인 임택수, 박창규, 강위수, 그 아래 윤석천, 이들과 어울려 '풀피리'라는 동인지 만들고 어울렸다. 임택수는 뒷날 유명한 음악인으로 드라마 음악까지 담당할 정도로 성공했는데 병고로 일찍 타계했고 강위수는 신춘문예로 소설가가 되어 활동했는데 70대에 작고했다. 다른 친구들은 지금 어떻게 되었는지 그립다. 동인지 프린트는 역시 내가 담당했다.

보문고교는 불교재단에서 운영하는 학교였다. 따라서 학교 분위기도 불교적이었다고 할까. 월요일 아침 조회는 전교생이 운동장에 모여 교장 선생님의 불교강좌를 들었는데 그때 들은 말씀이 지금 내 교직 생활에도 크게 영향을 미치고 있음을 느낄 정도이다. 여름철 땡볕 운동장에 모여 들은 말씀이 지금까지 기억된다는 것은 말씀이 그만큼 감동적이었다고 할 것이다.

나는 최원규 선생님께서 빌려주신 이광수의 「흙」, 심훈의 「상록수」 같은 소설을 읽고 『학원』, 『현대문학』, 『사상계』 같은 잡지를 읽으면서 티를 내기도 했다.

나는 약장수를 하시는 숙부 댁에 기숙하고 있었는데 숙부는 가수, 만담가 같은 사람들을 데리고 다니면서 약을 팔고 있어, 항상 가정이 시끄러웠다. 도리 없이 하숙을 따로 정하여 여러 집으로 이사를 다니는 통에 휴일 등에도 대부분 학교에서 생활을 하게 됨으로 선생님들과 더욱 가깝게 지냈다고도 할 수 있다.

고3, 추석절이었다. 집에 내려와 보니 아버님께서 중환을 맞으시며 치료를 하시고 있었다. 하시는 말씀이 아무래도 신병이 어려우니 장남인 네가 집에 내려와야 할 것 같다는 말씀이었다. 말하자면 집에 와서 양조장을 맡아야 된다는 것이다.

나는 「흙」이나 「상록수」 등에서 농촌 계몽소설을 읽고 많은 감동을 받은 터여서 농촌에 매력을 느끼고 있던 바라 오히려 감사하게 생각하고 귀촌하기로 했다. 겨울 방학에 내려오니 4H클럽 운동이 일고 있었다. 농촌 청소년 교육운동 프로그램인데 참으로 감동적이었다. 밤에는 문맹퇴치를 위하여 공회당에서 야학을 하고 마침 고향 출신 농촌교도사 박명순 씨의 지도를 받으면서 마을 청소, 농사 과제 이수 등을 열심히 하였다. 제가 무슨 농촌운동가랍시고 헛된 자부심까지 가지고. 졸업하자 이 일에 더욱 열심이었다.

한편 양조장에서 아버님 하시던 일을 연수하였는데 만만치 않았다. 됫술을 팔아 기장을 하고 술 제조과정을 익히는 일인데 적성에 맞질 않았다. 숫자에 약한 나는 노상 계산이 맞지 않아 골머리를 앓았고 대학에 진학한 친구들로부터 편지가 오면 내 처지가 한심스러웠다.

마침 공주사범학교를 졸업하고 충화초등학교에 근무하는 백만기 선생과 어울렸다. 이분도 학창시절에 문학을 공부한 경험이 있어 자주 어울렸다. 내가 술을, 그가 안주를 마련하여 산 숲속에 들어가 마시면서 신세 한탄들을 했다.

그런데 아버지는 기독교에 귀의, 깊은 신앙생활에 빠져들었다. 늦은 나이에 교회 청년회장을 맡아 회지를 만들었는데 그 프린트를 내가 감당했다. 나도 아버지를 따라 철야기도에도 참석하기도 했고, 찬송가에 빠져 열심히 찬송을 하기도 했다. 그때 기독교 신앙에 때한 이해를 할 수 있었다. 유명 부흥강사 목사님의 설교에 나름 감동을 받기도 해서 기독교 신앙을 어느 정도 이해했다고 할 수 있다. 이렇게 귀촌 양조장 운영을 배워가고 있었다.

기막힌 대학 입학과 졸업

　나의 인생 역정을 되돌아보면 뜻하지 않은 분들로부터 뜻하지 않은 도움을 받아 진로를 열어 온 것을 절실히 느끼면서, 인생의 인연이라는 것이 참으로 오묘하다는 생각을 가지지 않을 수가 없다. 나의 대학 진학이 그렇고 취업이 그러하며 사회 활동이 그러하다.
　우선 대학 입학의 과정이 남달리 기막힌 사연을 가진다. 나는 고교 졸업과 동시에 아버님의 질환으로 귀향할 수밖에 없었다. 그리고 나는 농촌에 대한 꿈이 있어 그런대로 희망을 가지고 고향으로 내려왔다. 그러나 아버님 병환은 철저한 기독교 신앙생활에 힘입어 날로 회복되어 갔고, 나는 점점 술장수 생활에 회의를 느끼게 되었다.
　그때 뜻하지 않게 진학의 길이 열렸다. 지금 같으면 어림없는 일이지만 그때였으니 가능한 일이었다. 귀향하여 양조장 일을 하면서 몇몇이 문학 동인회 활동을 할 때 그 문학회의 리더였던 표병은 형의 제안이 나의 운명을 결정할 줄이야.

표형은 농촌 지도자 양성을 교육목표로 한다는 중앙농민학교에 재학한다고 했다. 경기도 용인에 위치해 있는데 표형 말로는 수원농대(서울대 농대)보다도 더 많은 학생이 더 훌륭한 지도자 밑에서 교육하고 있다고 자랑했다. 자신이 학생회장을 맡아 일하고 있는데 학장의 절대적인 신임을 받아 학생을 이끌고 있다는 것이었다. 그러면서 "네가 학교에 오면 학교 프린트 일만 해도 장학생으로 공부할 수 있다."는 것이었다. 말하자면 장학생으로 생활까지 보장하는 대학과정에 진학하게 할 수 있다는 것이었다. 이 얼마나 가슴 벅찬 제안인가.

나는 아버님께 이 말씀을 드리고 표형을 따라가겠다고 했다. 아버님도 건강이 어느 정도 회복되시는 단계였으므로 허락하여 주셨다. 나는 큰 희망을 가지고 표형을 따라나섰다. 그런데 표형은 열차 안에서 학교가 서울 광나루로 이사해서 조금 복잡하다는 것이었다. 표형을 따라 광나루 학교에 도착해 보니 강가에 교실 몇 칸짜리 건물이 달랑 세워져 있고 학교는 재단 분규로 엉망이었다. 학생 20여 명이 교실에서 생활하면서 수업은 전혀 이루지고 있지 않았다. 아마도 표형은 고향에서 자기 신분을 과시하기 위하여 그랬던 모양인데 나는 지금도 그 속내를 이해할 수 없다. 표형은 학생회장으로 이들을 이끌고 있었다. 모두가 앞으로 학교의 문제가 잘 해결될 것이라는 막연한 희망을 가지고 어려움을 같이 감내하고 있었다. 날마다 희망적인 소식들이 돌고 돌았지만 근 한해를 그렇게 보냈다. 나도 집에는 그러한 사실을 숨기고 막연한 희망 속에 어렵게 연명하면서 생활하고 있었다.

학생들 처지가 모두 나와 같은 형편이었는데 오직 한분 학생과장이란 분이 같이 생활하고 있었다. 충남 당진이 고향인 이재룡 선생이었다. 이분이 나를 어떻게 보았는지 이러고 있으면 안 된다면서 다른 대학으로의 편입을 말씀해 주셨다. 뿐만 아니라 재학증명서와 성적증명서를 한 통씩 만들어 주면서 방법을 찾아보라는 것이었다. 물론 이 서류들은 그냥 급조한 것이었다. 그리고 자신의 친구가 무슨 연구소를 하는데 취직을 알선해 준다는 것이었다. 이 분은 범죄감식학 전문인이라면서 책 출판을 기획하고 있다는 것이었다. 이렇게 해서 나는 뜻하지 않은 분을 만나 뜻하지 않은 취직까지 하게 된 셈이다. 그러나 그런 직장이 제대로 된 회사가 아니었다.

서울 동대문 옆, 창신동에 사무실이 마련되었다고 하는데 가보니 낡은 집 2층 한 사무실에 세 분이 사용하도록 되었었다. 사법서사와 출판사, 그리고 내가 근무하게 될 범죄감식학연구소였다. 물론 내가 제일 나이가 어리니 청소하고 궂은일을 돕지 않을 수 없었다. 그런데 사법서사 이석환 선생이 북에서 피난 오신 분인데 친절히 대해 주어서 가끔 술좌석에 함께하게 되었다. 어느 날 술좌석에서 나의 처지를 듣고 안타까와 하시면서 한참을 생각에 잠기시더니 그 재학증명서 등을 가져와 보라는 것이었다. 그래 다음날 그 서류를 드렸더니 오후에 어딘가를 다녀오셔서 내 대학 편입이 결정되었다는 것이다. 그분 고향 선배 분이 단국대학 이사인데 부탁했더니 그 자리에서 해결되었다는 것이다. 이렇게 해서 나는 단국대학교 야간부 국어국문과 2학년 2학기에 등록하게 되었다. 꿈 같은 대학 입학이었다.

수업에 들어가 보니 각양각색의 직장인들이 동급생이었다. 군 중령, 하사, 간호장교, 교사, 공무원, 회사 직원 등 다양한 학생들이 어울렸다. 그러나 만학도들이어서 수업은 진지했다. 교수진도 쟁쟁해서 학창의 보람을 찾았다. 뿐만 아니라 수업이 끝나면 주점에 어울려 사람들의 살아가는 모습을 실감하면서 많은 것을 느낄 수 있었다.

나는 전공과 더불어 교직과목을 이수하였다. 그런데 2년 후 5.16이 터지면서 대학의 부정을 정리한다면서 전국의 모든 대학 졸업 예정자는 학사고시를 치르도록 하였다. 지레 겁을 먹은 사람들이 졸업을 포기했지만 나는 끝까지 다녀 그 고시에 합격하고 학사증과 교원자격증을 획득했다. 그후 나는 교직에 평생을 바치게 되었으니 그 귀중한 인연이 어찌 특별하지 않은가.

내가 만일 표병은 형의 엉뚱한 제안으로 집을 나오지 않았다면, 중앙농민학교에서 이재룡 학생과장을 만나지 않았더라면, 아니 그분이 나의 진로를 걱정하여 증명서를 마련해주지 않았다면, 그리고 이석환 선생이 나를 잘 보아서 대학 편입을 주선해주지 않았더라면 나의 인생은 어떻게 되었을 것인가.

그러나 나를 도와주신 고마운 분들을 평소에 찾질 못했다. 이렇게 늙어서야 후회를 하니 내 인생이 한심하다. 당진으로 학술

답사를 가는 기회가 있어 이재룡 선생을 찾아보았으나 찾질 못했고, 사법서사 이석환 선생은 그후 연락이 끊겨 고마움을 표시하지 못하고 오늘에 이르렀다. 한 인생은 이처럼 많은 분들의 도움 속에서 자라고 익어가는 것이 아닌가.

  재학 중 학교 신문에 투고를 하여 발표됨으로 대학의 문우들과 문학 동아리 활동을 한 것이 내 교직 생활의 커다란 밑거름이 된 것을 부기하지 않을 수 없다. 참으로 내 대학 생활은 파란만장 그 자체였다.

교직에 들어서다

1960년대 사회는 극도로 혼란스러웠다. 대학 졸업생들의 취업도 만만치 않았다. 나도 취업의 길이 막막했다. 교직과목을 이수하여 중등학교 2급 정교사 자격증은 획득했지만 학교들이 공개채용이 아니고 대개 이런저런 인연으로 취업이 되던 때였으므로 이른바 백이 없이는 어려운 때이었다. 그런데 나는 뜻하지 않게 고교시절의 은사님들에 의해서 교직에 들어서게 되었으니 이 또한 특별한 경우라 할 수 있다.

나는 고교 학생 시절에 문예반 활동을 참으로 열심히 했다. 학교 교지와 신문을 맡아 학교를 내 집처럼 드나들면서 문예반 활동을 했다. 그래서 선생님들이 많이 귀여워 해주셨다. 특히 문예반을 지도해 주시는 최원규 선생님, 생활지도를 해주시는 김재설 교무과장 선생님, 그리고 시인이신 이재복 교장 선생님이 그러하셨고, 그리고 문예반 선배 후배들도 형제처럼 어울려 살았다. 이용호 선배는 대전일보 문화부 기자였는데 내가 대학 재학 중에도 원고를 신문에 발표해 줄 정도로 잘 이끌어 주었다.

대학 4학년 겨울 방학이 가까웠는데 3통의 편지 엽서가 왔다. 모교의 전사진, 최원규, 김재설 선생님으로 부터였다. 방학이 시작되면 고향에 내려갈 텐데 대전을 들르라는 말씀이었다. 방학이 시작되자 바로 대전에 내려와 선생님들을 찾아뵈었다. 이 분들은 내 모교와 병설되어 있는 중학교가 다음 해에 학급 증설이 되어 국어교사가 필요한데 한번 생각해 보자는 것이었다.

그러나 중학교 교사로 임용되는 일이 그렇게 쉬운 일이 아니었다. 먼저 임용권자인 교장 선생님의 결단이 필요한데 불과 4년 전, 고등학교 재학생이던 나를 그렇게 인정하실 것인지가 관건이었다. 우선 실력을 보여드릴 기회를 만들도록 작전을 짰다. 문학 강연회를 마련해 보도록 말씀들이 있었다. 나는 마침 대전에 머물고 있던 강위수 등 문학 동아리 친구들과 의논하여 대전 문화원에서 강연회를 가졌다. 충남대 권선근 교수, 이재복 교장 선생님 등 문학계인사들을 초청하여 강연회를 가졌다. 말하자면 실력을 인정받기 위한 연구발표의 성격을 가진 셈이었다. 행사는 비교적 성공적으로 끝났다.

난관의 소식이 들려왔다. 나의 고교 1년 선배 한 사람이 재단 감사의 자제분이었는데 이 선배가 이미 채용되기로 결정되어 있다는 것이었다. 그래도 나에게 편지를 보내주셨던 은사님들이 교장 선생께 강력히 추천을 해 주셔서 교장선생님은 난처한 입장이라는 것이었다.

결국 교장 선생님은 두 사람을 강사로 채용한 것이다. 그러니 책임 시간이 다소 모자라서 나는 중2 도덕과목도 담당해야 했다. 그때 교장 선생님의 결단이 아니었으면 아마도 나는 교직의 길을 걷기가 어려웠을 것이다. 이렇게 나는 모교 중학교 교사로 교직에 들어서 4년 전 나를 가르쳐주셨던 교장 선생님과 여러 선생님들의 사랑을 받으면서 교직을 출발할 수 있었으니 얼마나 큰 행운이었던가.

　나는 나름, 열심히 했다. 3학년 국어과목을 담당하여 입시를 위하여 많은 노력을 했던 기억이 있다. 첫 시간, 칠판에 강의할 교과목 제목을 쓰니 저 뒤에서 "키는 작은데 글씨는 크게 쓴다."는 소리가 들려왔다. 교사를 하려면 키도 좀 큼직했으면 좋으련만 작은 키가 그런 평을 들었던 것인데 이는 인위적으로 어떻게 할 수가 없는 것이 아닌가. 그래도 성심성의껏 노력했다. 다행이 그해 고교 입시 성적도 좋은 편이어서 보람을 찾았다.

　강사 6개월 후에 전임강사 발령을 받고 다시 6개월 후에 정식 교사 발령을 받았으니 나야말로 중학교 교사를 대학 교수처럼 단계를 밟아 임용되었다고 할 것이다.

　이렇게 3년을 근무했을 즈음, 나를 보문으로 이끌어주신 김재설 교무과장 선생님이 도교육위원회로 전출을 하셨다. 사실 사립학교에서 공무원인 도교육위원회 연구사로 발탁되기는 쉬운 일이 아닌데 이분이 상담교사 운동에 앞장서, 인증을 받아서 그리되셨다. 그때 교육위원회에는 교육연구소가 개설되게 되어 생활지도 담당 연구사로 발탁되었던 것이다.

　그런데 이분이 나에게 전화를 주셨다. 뵈었더니 "내가 사립에서 수십 년을 근무했지만 발전하기가 어렵더라. 우리 연구소로 오면. 공립학교로 전직이 가능하니 한번 용기를 내 보라"는 것이었다. 나는 망설이던 끝에 선생님의 뜻에 따르기로 했다. 이끌어 주시는 뜻이 고맙고 공립으로 가면 더 많은 교육의 경험을 통하여 발전할 수 있을 것이라는 기대감 때문이었다. 그러나 막상 가보니 임시연구사라는 직제에도 없는 임시직이었는데 봉급은 반으로 줄었고 12월 말일에 해임하고 1월 1일에 발령 받는 직이었다.

그러나 아직 미혼이어서 경제적인 유 불리를 생각하지 않았고, 백영기 소장님을 비롯한 연구사, 동료 직원들의 따뜻한 인간애에 힘입어 최선을 다했다. 특히 백소장님의 교육관에 동감되는 바가 많아 수없이 쏟아지는 연구물을 출판하는 데 진력했고 연구소가 소장하고 있는 도서를 나름대로 분류 기호를 정하여 정리했다.

한편, 나는 대학 교수가 되어보겠다는 꿈을 가지고 충남대 대학원에 진학하였는데 마침 교학처장으로 부임해 오신 대학 학부 시절의 은사이신 김용경 교수께서 충대 신문 편집국장으로 오면 대학 진출의 기회를 가질 수 있을 것이라는 말씀이 있어 전직을 했다. 그러나 이 일이 여의칠 않아 고민에 빠져 있을 때, 다시 모교인 보문고등학교에서 나를 교사로 받아주셨으니 보문이야말로 내 인생의 디딤돌이 된 셈이다. 고등학교 학생 시절 3년, 보문중학교 교사 3년, 다시 고등학교 교사 3년, 참으로 이재복 교장 선생님은 내 인생의 은인이 아닐 수 없다.

대학 교수의 길

나는 대학원에 입학하면서부터 막연하게 대학 교수의 꿈을 가지게 되었다. 그러나 교수가 되는 길은 결코 쉬운 일이 아니었다. 특히 나처럼 이른바 일류 대학 출신이 아닌 경우에는 더욱 그러했다. 그때만 해도 대학원 진학자가 아주 소수일 때이기 때문에 대학원 만 마치면 가능할 것으로 생각했지만 현실을 그렇지 않았다. 내가 석사 학위를 받을 때 가을 학기 졸업이기는 하지만 충남대 전교에 석사 학위 수여자가 3명 뿐이었으니 미루어 짐작이 되는 일이다. 그래서 교수병에 걸렸다고나 할까.

그러나 나의 대학 교수 진출의 길이 참으로 신기하게 열리기 시작했다. 보문고 교사 시절, 대전대학(현 한남대학) 부학장이신 황희영 박사께서 나와는 아무런 인연이 없는데도 전화를 주셨다. 대학 강의를 주시겠다는 것이었다. 아마 그때 지역 신문에 자주 글을 발표했었는데 관심 있게 보신 것일 게다. 그래서

28세 젊은 나이에 대학 강단에 서게 되었다. 그러니 교수병은 더욱 깊어졌다 하겠다. 교육회로의 전직도 그런 꿈의 한 방편이었을 것이다. 아무래도 강의 시간을 내기가 용이했으니까. 황박 사님의 나에 대한 배려는 여기서 끝이 아니었다. 나를 데리고 청주대학에 가서 시간 강의를 얻어주셨으니. 대학에 시간 강사가 된다는 것은 앞으로 전임의 길이 열릴 것이라는 희망을 가지게 된다. 그간 몇 군데 전임의 자리가 있어 도전해 보았지만 최종심에서 탈락의 고배를 마셨다.

나는 충남도 교육회에서 《충남교육》이라는 신문 편집 일을 하고 있었는데 어느 날, 기사 작성을 위해 도교육위원회의 회의록을 읽다가 대전간호학교에 교수 자리가 생긴다는 것을 알게 되었다. 간호학교는 3년제 대학과정이어서 교수 TO였다. 나는 당시 사무국장인 이철순 선생에게 그저 지나가는 말로 그 자리에 갔으면 하는 희망을 말했다. 그런데 이국장은 즉시 교육청으로 가 김성식 교육감에게 부탁하고 허락을 얻어 온 것이다. 이국장은 김교육감과는 아주 가까운 사이였다. 그리고 대전 간호학교는 공립으로 교육위원회 관할 아래에 있었다.

참으로 나는 뜻하지 않은 분의 도움으로 쉽게 대학 교수가 된 것이다. 그리고 1년이 지나자 전문대학으로 개편되어 전문대학 조교수로 임용되는 복을 누렸다. 당시 간호전문대학은 대전에 이곳 하나뿐인 공립이어서 규모는 작지만 전국에서 학생들이 지원해 왔다. 나는 정성을 다해 근무했다. 논문집을 창간하고 학교 신문을 발간하는 등 새로 출발하는 일들을 열심히 했다.

그러나 전공 학과가 없어서 교양 과목만 담당하고 있으므로 어떻게 하면 전공 학과가 있는 대학으로 진출할 수 있을까 하는 희망을 놓지 않았다. 그런데 그 길이 우연히 열리게 되었으니 행운이었다고나 할까.

그때 나는 고등학교 동창 김충진 군이 대한적십자사 충남지사 청소년 과장으로 있어 청년 봉사대에 참여했다. 대전의 여러 기관에서 활약하고 있는 여러 청년들이 함께 했는데, 그 중에는 대전여자초급대학의 교무 담당자인 송충빈 교수가 함께 했다. 그런데 어느 날 송교수로부터 연락이 왔다. 여자초급대학이 다음해에 4년제 배재대학으로 인가된다면서 교수로 올지 의향을 물어온 것이다.

서울의 배재학당은 감리교 남선교부에서 설립하여 배재고등학교를 운영하고 있었는데 대학 설립을 염원하고 있었다. 그러나 서울 인구 억제 정책에 따라 대학 인가가 불가능하였고, 대전에 감리교 여선교부에서 운영하는 대전여자초급대학이 있어 4년제 대학으로의 승격을 기도하고 있었다. 그래 감리교 교단에서 힘을 모아 대전에 4년제 배재대학을 인가받게 되었다는 것이다. 신문에는 대학 인가를 선전하는 광고가 전면에 실리기도 하였다. 공립에서 사립으로 옮기는 것이 쉽게 결정할 일은 아니었지만 4년제 국문학과가 설립된다는데 주저할 형편이 아니었다. 송충빈 교수는 영어교수도 마땅한 사람이 있으면 같이 와도 좋다는 것이었다. 나는 간호전문에 같이 근무하는 전봉룡 교수도 함께 움직이기로 했다. 그래, 면접 과정 등을 거쳐 임용이 되었는데 우선은 실업전문대학으로 인가가 났고, 다음 해에 4년제 배재대학 정식 인가를 받았다. 그러니까 우리는 배재실업전문대학으로 일단 임용되어 1년을 근무한 다음에 신설되는 배재대학 교수가 된 것이다. 그러니 나의 4년제 정규대학 국문학과 교수도 전혀 예상하지 못한 과정을 통하여 진입하게 된 것이다. 송충빈 교수의 그러한 배려가 없었더라면 불가능한 일이었다.

배재에서 나는 많은 경험을 했다. 재단 통합에 따른 진통도 경험 했고 도서관장으로 학부장으로 학생처장으로 대학 운영의 일선에서 보고 들은 것이 많았다. 특히 국어국문학과를 처음 개설하여 기초를 세우는 데 열정을 다했었다. 나는 지금도 그때 학생들과 김진악, 조재윤 교수님의 뜨거운 정을 잊지 못하고 있다.

그런데 배재에서 첫 졸업생을 배출할 즈음, 다시 모교인 단국대학으로의 전출 기회를 얻게 되었다. 이도 또한 전혀 엉뚱한 인연으로 길이 열린 것이다. 대전간호전문대 교수로 재직 중일 때의 어느 날, 나의 모교 단국대학교 교수로 재직 중인 선배이면서 소설가인 이동희 교수가 찾아왔다. 그의 고향인 영동에 난계예술제를 주관하는데 강연회 연사가 펑크를 냈다는 것이다. 그러면서 날 보고 대강을 해 달라는 것이었다. 그래 영동을 같이 내려가는데 열차 안에서 이제 모교로 와야 할 것이 아니냐면서 바람을 넣는 것이 아닌가.

그렇게만 된다면 나는 감사한 일이지만 졸업 후, 교수님들과 연락을 하지 않고 있었는데 언감생심 가능한 일인가. 그래도 이

분들의 노력으로 우여곡절은 있었지만 모교 천안캠퍼스 국어국문학과 교수로 전직하여 정년을 하였으니 나로서는 행운이었다. 더욱이 모교에서 학장, 부총장으로 근무한 것은 일생일대의 축복이었다 할 것이다. 이처럼 나의 대학 교수의 임용과 전직 과정도 계획하지 않은 우연한 인연으로 의외의 인사들의 도움을 받아 이룩한 것이었다. 돌이켜 보니 인생은 이처럼 신묘한 인연의 끈으로 이어진다는 것을 늙어서야 깊이 깨닫게 된다.

행복을 위한 사색

KBS, MBC 등 발송 칼럼집
(국판 305P)

3부

교직의 여정, 작은 보람들

浮雲自體本無實

뜬구름 자체가
본래 실체가 없는 것이니

젊은 열정의 고교 교사

내 인생의 마무리를 생각하는 요즈음, 여러 가지 감회를 느끼게 된다. 부모님의 아들로, 많은 은사님들의 제자로, 고락을 같이 한 직장 동료나 친지의 벗으로, 또 더 많은 제자들의 선생으로 과연 어떻게 살아왔는가를 되돌아보게 되는 것이다. 그 중에서도 나의 밥줄이었던 교직 생활을 되돌아보지 않을 수 없다.

나는 교직이 나의 천직으로 생각하면서 살아왔다. 그렇다고 남다른 사명감을 가지고 살았다는 뜻은 아니고 교직 이외에 다른 직업을 가지려 생각해 본 일이 없었다는 이야기이다. 중간에 잠깐 교육 신문을 만드는 일을 한 경우가 있었지만 그 또한 전적으로 교육과 관계되는 일이었다.

23세에 중학교 교사를 시작하여 교육연구소, 고등학교 교사, 충남교육 편집, 전문대 교수, 대학교수로 정년을 할 때까지 42년 간 교육계에서 생활했으니 전 생애를 교육계에 바치었다고 해도 결코 지나친 말이 아니다. 그러나 특별히 존경받을 만한 교육자로서의 선행을 남긴 것도, 교육자로서 전문적인 업적을 남긴 것도 없는 그저 평범한 길을 걸어왔으니 자랑할 만한 삶이 아닌 셈이다. 오히려 생업을 위한 수단으로 일했다고 고백하는 것이 정직한 답일 것이다.

그런 가운데에도 교직 생활 중 가장 열정적일 때를 찾는다면 역시 28세부터 3년 간 고등학교 교사 시절이 아닐까 한다. 같은 재단의 중학교에서 3년을 근무하고 밖으로 나갔었지만 다시 고등학교 교사로 받아준 이재복 교장 선생님에 대한 은혜를 생각해서도 그러했지만, 모교에서 후배들을 가르친다는 의미에서도 나름 열심히 했다. 교육이란 결국 교사와 학생이 공동 운명의식을 얼마만큼 공유하느냐에 달려있다면, 고등학교 학생은 대학 입시에 어떻게 힘을 쓰느냐에 따라 관계가 깊어진다고 할 것이다.

졸업반 4개 반의 국어를 담당하여 한 주일에 적어도 4일은 수업에서 만나고 이른바 과외 시간에 만나니 나는 4개 반 학생들의 출석부를 모두 외워서 호명했던 기억이 있다. 또 그 중 한 반의 담임을 맡아 조석으로 만나니 대부분 학생들의 형편을 파악하고 있었다. 이들을 졸업시키고 50여 년이 지난 지금도 잊지 않고 연락하는 제자들이 있으니 아마도 그런 동고동락의 인연 때문이 아닐까 한다.

특히 기억에 남는 것은 대학 입학원서 작성이다. 학생의 희망과 실력, 진로의 적절성, 대학의 커트라인, 이런 것들을 종합하여 원서를 지도하는데 많은 신경을 썼던 것 같다. 그 가운데에도 지금까지 잊지 않고 연락을 주는 경우는 교육대학 진학생들의 진로이다. 몇 학생이 사범대학에 진학할 만한 실력인데 가정 형편으로 교육대학 진학 원서를 쓰러 온 경우, 나는 교대나 사대는 모두 상당액의 국가 장학 혜택을 받게 되는데 웬만하면 2년 더 고생할 셈으로 사대에 진학하도록 권유한 것이다.

그때는 그저 한번 권유한다는 뜻이었는데 이들의 마음속에 아픈 상처로 남았던 듯하다. 이들은 교대를 나와 초등학교 교사로 근무하면서도 4년제 대학 야간에 편입하여 중등학교 교사 자격을 얻고, 결국 중등 교사로 근무하면서 연락을 주는 경우가 몇 건 있었다. 이제는 모두 중등 학교 교장으로 정년을 하였는데 지금도 만나면 그때 선생님의 그 한 마디가 야간 대학 편입을 결정하는 계기가 되었다고 고마움을 표할 때는 학생의 진로에 교사의 한마디가 얼마나 중요한가를 실감하게 된다.

혈기 왕성한 고등학생, 한일국교 반대 시위로 고등학교 학생들까지 거리로 나갈 때, 이들의 안녕을 위하여 불철주야 노력했던 기억도 되살아난다. 그때 나는 3학년 1반 담임으로, 학생회장도, 학생회 간부 다수도 우리 반 학생이었다. 학교에서는 임시 휴교를 하고 이른바 학생 데모를 막아달라는 것이었다. 그러기 위해서는 이들 간부 학생들의 가정 방문 지도를 지시하고 있었다. 나는 자전거를 타고 매일 이들 학생들의 가정을 방문하여 부모님들은 만나 지도를 부탁했다. 물론 부모님들은 자기 아들은 그런데 가담하지 않을 것이라고 걱정 말라고 하신다.

며칠 후, 개학을 위한 교무회의를 오후 2시에 개최하려는데 상담교사가 간부 학생들이 모처에 모여 있어 상담차 나가니 연락을 줄 때까지 직원회를 끌고 있으라는 것이었다. 나는 교장님께 그렇게 말씀드리고 직원회가 시작되었다. 1학년 1반부터 가정방문 결과를 보고하는데 이미 2시간이 가까워도 상담교사의 연락이 없고, 교장선생님은 자꾸만 나를 지켜보신다. 참으로 난감한데 교장님의 기지가 발동되었다. 지루하니 잠시 쉬었다가 하자면서 휴회를 선언하는 것이 아닌가. 그 후, 1시간이 지나도 상담교사의 연락은 없고 교장님은 개회를 미루고 있었다. 교사들은 영문을 모르고 불평이었다.

휴회한 지 2시간이 다 되어 연락이 왔다. 지금 학생들을 데리고 학교로 오니 산회하라는 것이었다. 그렇게 해서 직원회는 산회되고 캄캄한 7시에야 간부 학생들과 상담교사가 귀교했다. 말하자면 상담 교사의 설득으로 합의를 본 것이다. 조건은 다음 날부터 실시되는 중간고사에 이들 간부 학생들이 참여하지 않도록 한다는 것이었다.

나는 이들을 이끌고 중국 음식점으로 갔다. 짜장면을 먹으면서 하는 이들의 이야기. "학생과장이 때리면 들고 일어나고 담임이 때리면 맞자."였다는 것이다. 매일 자기 집에 방문해 왔던 담임의 진정이 통했다는 이야기일 것이다.

다음날, 이들은 과학실에 별도로 모여 있게 하고 고사가 실시되었다. 그날 방과 후, 나와 몇몇 교사는 막걸리 집에 모여 술을 마시면서 학생들이 시험 보는 날 자의로 시험조차 보지 못하는 현실에 울분을 토했던 아픔도 기억된다.

이들과 헤어진 지 50여년이 지났지만, 이번 스승의 날에 문자를 보내고 꽃을 보내고, 귀한 선물을 보내준 졸업생, 아마도 그 시절, 나도 그나마 열정을 가졌던 결실이 아닐까. 이들에게 미안한 생각조차 든다.

이런 시대적인 아픔이 있던 시대였지만 우리는 젊은 열정이 있었다. 지역 신문에 활발하게 글을 발표하였기 때문이다. 어느 가을날 시인 조남익 선생에게서 편지 한 장이 날아왔다. 그는 이미 현대문학 출신 시인이었는데 나의 대전일보 글을 보고 소감을 적은 글이었다. 조선생은 내 고향 부여가 고향이었고 내가 졸업한 홍산중고에 근무하고 있었으니 우리는 단번에 친해질 수 있었다.

나는 대학 재학 중 출판사에서 알바를 할 때, 고대 대학원생들이 수필집을 발간하는 것을 지켜보면서 부러워 했던 경험이 있어 우리도 그런 에세이집을 한번 내보자 했다. 의기가 투합된 우리는 자주 만나 술타령을 하면서 나와 같이 근무하는 이정웅 선생과, 대전여상의 이원복 선생, 이렇게 넷이서 뜻을 모아 『思索의 戀歌』라는 수필집을 출간했다. 당시에는 이것도 획기적인 일이었다. 회상사에서 인쇄 출판을 했는데 책 제자를 회상사 총무 김상기 씨에게 부탁해서 족보를 내기 위하여 와 있던 어느 분에게서 받았다. 그분 성함이라도 알면 감사 인사라도 드릴 텐데 참으로 우리는 무심했다. 보문의 우리 교직원 선생님들이 출판 축하 회식을 해주셨던 기억도 아련하다. 이 또한 고교 교사 재직 중의 잊지 못할 경험이다.

교육행정을 엿보았던 임시 교육연구사

나는 나의 모교 보문고 병설 중학교에서 교사로 3년, 교사로서의 틀이 잡혀갈 무렵 충남교육연구소로 전직했다. 나를 중학교 교사로 인도해주신 김재설 선생님이 충남도교육연구소 연구사로 전직하신 후, 나를 그리로 이끌어주신 것이다. 나는 그 당시만 해도 그저 도교육청이 충남 교육계의 상급 기관 정도로만 인식하고 있었다.

그런데 도교육청 안에 교육연구소가 신설되어 문을 여는 중이었고, 연구물을 인쇄 출판하여 일선학교에 공급하기 위한 인력이 필요했고, 학창 시절에 문예반 활동을 열심히 했고 대전일보 등 신문에 자주 투고한 경력을 생각하여 나를 그리로 인도하신 것이다. 나는 연구소의 직제조차 문외한이었는데 가 보니 나는 임시직이었다. 소장으로는 미국 피바디 대학 유학파인 백영기 연구관이, 중등계 연구사로 김재설, 최진섭 선생이, 초등계 연구사로 최동준, 오문섭 선생이, 그리고 경리 직원 한 명, 타이피스트 두 명, 나를 포함한 임시연구사 2명, 도합 10명으로, 건물도 없어 옛 대덕교육청 별관에 더부살이를 하고 있었다.

 교육청의 신설 사업소이니 모든 것이 열악했다. 그러나 소장을 비롯한 연구사는 도내 일급 교육자들이어서 나는 참으로 유익한 시간을 보냈다. 뒷날 연구원장으로 발전해 간 최진섭 선생은 교육 경영 분야를, 공주교대 교수로 발전해 간 최동준 선생은 교육평가 분야를. 다음날 교장으로 정년을 하신 김재설 선생은 학생의 진로지도 분야를, 오문섭 선생은 학습지도 분야를 담당하여 열심히 연구하여 교육자료 원고를 생산해 내었고, 나는 정성을 다하여 인쇄해 내었다.

 그리고 소수의 직원이어서 모두가 가족 같은 분위기에서 비록 나는 봉급이 반으로 준 임시직이었지만 보람을 느끼고 있었다. 더러는 질문지를 들고 일선 학교에 찾아가 설문조사를 하기도 했고, 연구사나 도장학사들의 활동을 보면서 교육 행정에 대하여 이해하는 기회도 가지었다. 말하자면 교육계의 행정이 어떻게 돌아가는지 알게 되었고, 이는 다음날 내 교육활동에 중요한 바탕이 되었다고 할 수 있다.

 이들 연구 결과를 인쇄 출판하기 위해서는 시내 유수한 인쇄소와 불가분의 관계를 가질 수밖에 없어, 나는 당시 대전의 유수한 인쇄 출판사인 한일, 대한, 활문, 회상, 농경 등과 인연을 맺게 된다. 아직 미혼 시절이어서 직장에 전력을 다했다고 할 것이다.

 지금도 잊을 수 없는 일 중의 하나는 창고 속에 무질서하게 저장된 도서를 나름대로 활용하기 좋도록 정리한 것이다. 교육청의 모든 도서는 연구소가 신설되자 이리로 이관되었는데 무슨 책이 어디에 있는지 찾을 수가 없으니 활용에도 난관이 아닐 수 없었다. 나는 도서관학에 문외한이니 분류법도 모르고 있었지만 나름대로 분류영역을 나누어 분류하고 도서대장을 만들었다. 지금 생각하면 전혀 과학적이지도 체계적이지도 않았지만 그때 연구사 선생들은 그런대로 반가워 했었다. 말하자면 연구사 연구 영역에 따라 도서들을 우선 정리하는 등의 작업이었다. 아마 수천여 권이 넘는 책들이었던 것 같은데 그 수량은 지금도 짐작이 되질 않는다.

연구소 재직 인연은 불과 2년이 채 안 되는 짧은 기간이었지만 나의 인생에 중요한 전기가 되었다. 여기서 만난 백영기 소장은 교육위원회 운영에 여러 가지 방침을 제시했는데 특히 교육 홍보에 대한 아이디어를 내어 다음날 『충남교육』지 발간을 주도하게 되어 내가 그 편집자로 일하게 된 계기가 되었으며, 같은 임시직 심기복 선생은 다음날 서일여고 창설시 교장으로 근무하면서 내가 추천하는 여러 명의 교사를 채용해주었으니 얼마나 의미 있는 자리였던가.

충남교육회에서 신문 발간을 맡아 일할 때 충남 교육계의 많은 분들과 교류하는 경험을 하게 되었고, 이른바 교직단체의 운영에 대하여 이해할 수 있었다. 이런 경험을 갖게 하는 인연이 이 연구소 재직기간에 맺어진 결과였으니 연구소 재직 기간은 나에게 소중한 기간이었다. 돌이켜 생각하면 인생의 고비고비마다 만난 사람들이 곧 내 인생의 인도자가 되고 있음을 실감하게 된다. 만일 내가 부족한 봉급에 불만을 가지고 딴 생각을 했더라면, 그리고 나를 그리로 이끌어주신 은사님에게 항의 질이나 했더라면 나의 진로는 어떻게 되었을까. 인생의 길은 참으로 모를 일이다. 그때그때 맡겨진 일을 성실히 임할 때, 진로는 열리는 것이 아닐까.

『충남교육』지를 통해 교육계를 널리 보다

나는 충남도교육회로 전직했다. 당시 조중엽 교육감은 교육계의 소식을 일선 학교에 홍보하기 위하여 신문 발간을 계획했고, 이 일을 교육회 사업으로 결행했다. 그리고 이 사업의 기획은 백영기 연구소장이 담당하여 추진하였는데 그 편집 책임자로 나를 추천한 것이었다. 전직을 결정하기 까지 개인적으로 다소의 곡절이 있었지만 이 일을 맡기로 했다. 나는 회상사의 김상기 총무와 같이 한다는 조건으로 수락했던 것이다.

없던 일을 새로 시작한다는 것은 일종의 모험이었다. 신문의 판형, 편집의 방향, 판의 구성 등 모든 과정을 새로 시작하는 작업이었다. 판형은 타블로이드 판으로, 편집의 방향은 교육위원회의 교육정책을 홍보함과 함께 일선 교사들의 발언을 최대한 반영하는 길을 택했으며, 기간은 월 2회로 16면 내지 24면으로 하였다. 그리고 일선 교사들의 문학 작품도 가급적 취급하기로 하고 작지만 원고료도 지급하기로 합의를 보았다. 아마 충남에서 문학작품을 지면에 싣고 원고료를 지급한 것은 『충남교육』이 처음이 아닐까.

창간호 발간을 위하여 백영기 소장과 김재설 부장, 시청각교육원 임원규 연구사 이렇게 모여 협의를 하였다. 창간호의 1면에 대형 사진을 싣고 창간의 의미를 살리는 방향으로 논의하고 어떤 사진을 선택할 것인가를 놓고 여러 의견이 있었다. 결론은 희소식을 전한다는 까치 사진을 싣기로 했는데 그런 사진이 문제였다 그때 임원규 선생이 계룡산에 들어가 추운 겨울날 하루 종일 기다리고 찾아서 여러 사진을 찍어왔고 그 중에서 골라 편집할 수 있었다. 지금 생각해도 임선생의 열정에 감사를 드리지 않을 수 없다.

신문 발간은 순조롭게 진행되었고 날로 교육계의 관심을 모아 충남의 특수 사업으로 자리를 잡아갔다. 나는 편집국장이라는 이름을 달고 초·중·고는 물론 대학의 교직자를 많이 만날 수 있었다. 필진으로 공주 사대의 윤석병교수, 이장호 교수, 충남대의 인인호 교수, 대전대(현 한남대)의 유인종 교수교수 등을 찾아 원고를 부탁하기도 했다. 그리고 교육감은 물론, 교육회장인 박희범 총장도 만나 인터뷰를 하기도 했다.

한번은 내가 시내에 나갔다가 사무실에 돌아오니 조중엽 교육감이 나를 만나러 오셨었다는 것이다. 그래 저녁 식사를 같이 하기로 약속하여 음식점에서 만났더니 "송 주필, 나를 좀 도와주소." 하면서 대전중학교 학생 강석호 군에 대한 이야기를 좀 써

달라는 것이었다. 나는 졸지에 직제에 없는 주필이 되었다.

　내용은 이런 것이었다. 당시에는 박정희 대통령의 연두 순시가 있었는데 충남 교육의 방향을 브리핑 하다가 그가 추진하고 있는 충무정신 교육을 설명하기에 이르렀는데 "전 도의 학생들에게 충무정신을 열심히 지도한 결과, 대전중학교 2학년 학생이 질병으로 사망하면서 유언이 나의 머리를 현충사 쪽으로 놓아달라"고 했다는 이야기를 듣고, 박대통령이 "그런 미담은 교재화 하는 것이 좋겠다."했다는 것이다. 이에 기자단들이 대전중학교로 몰려드니 이 학생에 대한 이야기를 써달라는 것이었다.

　나는 여관에 들어가 강군의 아버지, 담임 선생님들의 이야기를 듣고 14살짜리 소년의 일대기를 쓰기에 이르렀다. 제목은 '현충의 꽃'이라 했고, 교육청 시청각교육원에서는 다큐화 해서 상영하기도 했다. 잊을 수 없는 한편의 추억담이 되었다.

　신문을 간행하면서 부대 사업으로 교단수기 모집과 교육현장 연구 논문 모집을 기획 시행한 것은 지금도 잊을 수 없는 사업이었다고 생각한다. 특히 교단 수기에 응모해 온 작품들은 많은 교직자들에게 큰 울림이 되었다고 본다. 지금도 기억되는 장대식 선생의 작품은 교직자의 열정이 그 정도는 되어야 하지 않을까 감동적이었다.

　젊은 장 선생은 제약사에 근무하다가 교사의 꿈을 가지고 많은 노력 끝에 준교사 자격 시험에 합격하여 홍성군으로 발령을 받아 시골 분교에 근무하면서 실행한 체험을 생생하게 기록하여 투고해주었다. 초가지붕의 학교. 마당을 정리하여 운동장을 만들고 교가를 만들어 나운영 선생에게 편지로 호소하여 곡을 받아 학생들을 지도한 과정이 지금도 기억에 생생하다. 또 중등계 수학 선생님은 보령의 신축 청라중학교에 발령 받아 숙소조차 구하지 못하고 학교 숙직실에서 생활하면서 말더듬이 한 학생을 맡아 정성껏 지도해서 학생회장까지 당선시켰다는 일화도 잊지 못할 기억담이다. 나는 지금도 이러한 교사의 아름다운 수기를 찾아 표창하는 일은 필요하다고 생각한다.

또 한가지 잊지 못할 추억은 교단 수필집을 간행한 일이다. 나는 대학 재학 중 출판사 일을 도우면서 4.19 직후 고려대 대학원생들인 박노권, 인권한 등 패기 만만한 젊은 학자들이 의기를 모아 수필집 『지성의 분노』를 발간하는 것을 지켜보았다. 나는 충남교육 신문을 발간하면서 어쩌면 도내 교사들의 뜻을 모아 이런 작품집을 출판 해 보는 것이 가능하지 않을까 하는 생각을 가지었다. 당시 도교육청 중등계 권양원 장학사와 이런 아이디어를 이야기했더니 흔쾌히 앞장 서 주어서 한얼문학회라는 이름을 달고 도내 주로 국어교사를 중심으로 글을 모아 수필집 『교단의 미소』 등을 발간하였는데 다음날 여기에 글을 쓴 교사들이 여러 명 문단에 진출하기도 했다. 이는 교사들의 문학에 대한 욕구를 찾아내고 용기를 주어 교단의 생생한 발언을 들을 수 있게 한 계기가 되었다고 생각한다.

돌이켜 생각해 보면 교육회에서 충남교육 신문을 발간하면서 나름대로 이러한 사업들을 추진했던 것이 보람이었다면 보람이라 할 수 있다. 이 기간 동안 교육감들의 교육 정책을 옆에서 이해할 수 있었고, 교육 행정의 면모들을 실감하는 기회가 되기도 했다. 무엇보다도 이 일을 하면서 대학 교수로의 진출이 이루어졌다는 점에서 나의 교육회 근무는 내 인생의 중요한 전환점이 된 것이다.

그때 이런저런 일로 도움을 주신 많은 분들이 지금 생각해도 고맙고 또 고맙다. 그러나 고맙다는 인사도 드리지 못했는데 모두 유명을 달리하셨으니 다음 세상에 가서나 인사를 드릴 수 있을까.

첫 대학 전임을 대전간호전문대에서

대학의 시간 강사를 하면서 오로지 꿈이 있다면 언제 전임 발령을 받을 수 있을까 하는 것이었다. 말하자면 어떻게 해야 대학의 전임이 될 것인가가 최대의 과제가 아닐 수 없다. 나도 시간 강사를 하면서 그 꿈으로 나날을 지루하게 보냈었다. 더러는 대학의 전임 자리가 있어 응모를 했지만 결코 쉬운 일이 아니었다. 대체로 그 대학의 전임이 되기 위해서는 이러저러한 인맥을 찾게 되어 있고, 그러다 보면 또 이러저러한 인연으로 그 대학의 선배 교수를 만나게 되어 있었다. 나름, 가능성의 그림을 그리다 보면 어쩌면 전임의 자리가 올 수 있겠다는 기대를 가지는 경우가 대부분인데 실제는 그렇지 않은 것이었다.

나는 뜻하지 않은 기회에 전혀 뜻하지 않은 분의 도움으로 대학 전임의 길이 열렸으니 그것이 바로 대전간호학교 전임 발령이었다. 다른 글에서도 밝혔지만 나는 충남교육회에서 《충남교육》

이라는 신문을 만들고 있었고, 그때 교육위원회 회의 서류를 보다가 간호학교에 전임 자리가 있음을 알고 이철순 사무국장에게 지나가는 말로 말했던 것이 씨가 되어 너무도 쉽게 전임 발령을 받은 것이다. 얼마나 간절히 바랐던 대학 전임인가. 그것도 공립 전문대학이 아닌가.

　대전 간호학교는 일제시대 중학 과정으로 시작한 도내 유일의 간호교육 기관이었다. 이제는 발전하여 고교 졸업생이 입학하여 3년간 대학과정을 이수하고 간호사 국가 자격시험을 치루어 정식 간호사가 되는 상당히 권위를 지닌 교육 기관이었다. 전국에서 상당히 실력을 가진 학생들이 치열한 경쟁을 뚫고 입학한 재원들이었다. 비록 충남대 의대 옆, 별도 건물에 소속되었지만 학생들은 자부심을 가지고 있었다. 전부가 여학생이었고, 교수진도 거의 여성들이었다.

　내가 발령을 받고 1년이 지나자 학제가 개편되어 간호전문대학으로 개편되었다. 따라서 발령도 교육부 장관 명의로 이행되었다. 그리고 교수진도 교육학, 영어, 체육, 국어 과목의 전담 교수는 남성으로 발령되었다.

　적은 학생, 좁은 캠퍼스, 2학년부터는 실습 시간이 많아서 다른 대학과는 특수한 분위기를 가지고 있었다. 나는 대학 전임의 첫 직장이었으므로 나름 정성을 다하였다. 학교 신문을 창간하고, 논문집도 창간하였으며, 문학 써클을 만들어 지도하기도 했다. 감수성이 많은 여학생들이라 전공인 간호학 이외에 여가 활동에도 목말라했다. 교직 과정을 이수하여 학교의 양호교사나 교련 교사로 진출하는 학생들이 있어서 교양 과목도 소홀히 하지 않았다.

　당시에 나는 지역 신문에 자주 발표를 하고 방송에도 자주 출연해서 학교의 행사에는 내가 능동적으로 관여했다. 입학식, 졸업식, 가관식에는 사회를 맡기도 했으며, 수학 여행을 가면 인솔자로 차출되기도 했다. 여기에도 책 읽고 글쓰기를 좋아하는 학생이 있어 문학 써클을 만들어 『등대』라는 문집을 만들기도 했었다. 이들 중 한 학생은 독일에 유학을 다녀와서 번역가로 활동한 학생도 있었다.

　한번은 수학여행 학생들을 인솔하고 제주도를 찾았다. 서귀포에서 일박을 하고 한라산 등반을 시작했는데 부실부실 이슬비가 내리고 날씨도 서늘했다. 학생들은 지난 밤늦게까지 어울려 놀고 등반을 시작하니 아무래도 무리가 왔던가 보다. 정상을 50m 앞두고 한 학생이 지쳐 쓰러지는 것이 아닌가. 우리는 얼마나 당황했는지 모른다. 지금처럼 헬기 구조가 가능한 때도 아니었다. 앞장 선 학생들은 이미 정상에 다다르고 있었다. 나는 비상 호루라기를 불어 가이드 청년을 불러댔다. 달려 온 가이드는 김밥을 먹이라는 것이다. 나는 상식적으로 추운 날씨에 기진한 학생에게 차디 찬 김밥을 먹이라니, 불가하다 했으나 이 안내 청년은 탈진했으니 먹여야 한다는 것이었다. 도리 없이 그의 안내에 따라 김밥을 먹이고 음료수를 먹이니 바로 일어나는 것이 아닌가. 그때 당황했던 기억은 지금도 잊혀지지 않는다. 굶주린 사람은 밥이 그처럼 소중하다는 것을 실감했다. 그리고 하산한 다음 폭풍이 몰아닥쳐 일정을 넘겨 제주에 머물렀던 기억도 잊을 수 없다.

  간호학과 학생들은 1학년을 마치고 실습에 들어가기 전에 가관식을 가진다. 지금은 간호사들이 캡을 쓰지 않지만 그때는 반드시 캡을 쓰는 것이 간호사의 상징처럼 되었다. 이 캡을 쓰는 행사가 가관식인데 이들에게는 상당히 의미 깊고 중요한 행사이다. 장성한 학생들이 실습복을 입고 촛불을 들고 나이팅게일 서약을 합창하는 모습은 경건하기까지 하다. 나는 이 행사의 사회를 보았는데 어느 해인가 끝마무리를 하면서 "이상으로 결혼식을 마치겠습니다."하는 실수를 저질렀다. 당시 결혼식 사회를 여러 번 하면서 나도 모르는 사이에 그만 실수를 한 것이었다. 그때는 당혹스러웠지만 지나고 보니 에피소드로 남는다.

신설 배재대 국문학과의 기반 구축

나는 드디어 정규 4년제 대학의 전임교수가 되었다. 대전간호전문대학에서 배재대학으로의 전직이 그 길의 출발점이었다. 더욱이 내 전공인 국어국문학과가 개설된다는 것이 아닌가. 교수라면 자기 전공과의 교수가 되는 것이 꿈인 것이다. 그간 지리한 시간 강사와 전공이 없는 특수 전문대학에서 얼마나 전공 학과가 있는 대학으로의 진출을 꿈꾸어 왔던가. 나는 먼저 배재실업전문대학으로 전직하였다. 그리고 이 대학은 1년 후에 대망의 4년제 배재대학으로 인가되었다.

이 대학은 감리교 여선교부가 운영해 온 대전의 여자초급대학 재단과 감리교 남선교부에서 운영하는 전통이 깊은 배재학당이 통합하여 설립된 학교이었다. 그러니 양 재단 모두가 학교 운영의 긴 역사를 가진 터여서 그 봉합이 쉽지 않았다. 이선희 학장이 이끄는 대전의 초급대학 인원과 배재고등학교를 이끈 배재학당의 인원들이 함께하는 과정을 거쳐야만 했다. 4년제 대학 인가를 받는 데는 쉽게 동의를 했지만 막상 대학운영권을 두고서는 갈등이 있었다. 말하자면 대전의 초급대학을 운영한 이선희 학장, 그리고 교수와 직원은 자기들이 주도권을 가지고자 했고, 서울의 배재학당에서는 적어도 초대 학장은 배재 출신이어야 한다는 주장이었다.

전문대학 교수를 정규대학 교수로 모두 받아들이느냐 선별할 것이냐 하는 갈등이 알려지면서 우리는 불안하지 않을 수 없었다. 초대 학장이 누가 되느냐를 가지고 요동쳤다. 4년 동안에 학장, 학장 서리 등으로 3번이나 바뀌는 진통을 겪어야 했다. 교직원들도 보이지 않게 대전파, 서울파로 나뉘어 물밑 갈등이 심했다.

나는 송충빈 교무처장의 소개로 들어갔는데 송처장은 서울 편에 가까워서 나도 그렇게 인식되어 대전 편의 요시찰 대상이 되는 듯했다. 결국 우여곡절 끝에 배재 출신 거물 김용우 학장이 취임하기에 이르렀다. 이분은 40대에 국방부 장관, 대한체육회장, 적십자 총재를 역임한 원로이신데 학장으로 오신 것이다. 갈등은 봉합되고 전문대 교직원은 전원 재임용되고 학교는 안정을 찾아 신입생을 맞아 4년제 정규대학은 출범하였다.

인문학부는 국문, 영문, 독문, 불문 4개 전공으로 모집했는데 국문학 전공으로 52명이 지원하여 수업이 시작되었다. 당연히 내가 학과 책임을 맡게 되고, 이어서 배재고등학교에 근무하던 김진악 교수와, 어학 전공 조재윤 교수가 팀을 이루어 학과가 출범했다. 두 분이 열심히 도와주어서 그런대로 기틀이 잡혔다. 나는 신설 학교의 신설 학과를 맡아 그 기초를 마련하는 막중한 책임을 지게 된 것이다.

그런데 건물도 목동에서 도마동으로 이전해 와서 역사가 짧기 때문에 열악했다. 언덕 위에 달랑 두 개의 건물이 세워져 있었고 1년은 전문대 학생과 대학 신입생이 같이 생활해야 했음으로 다소 혼란스러울 수밖에 없었다. 신입생들도 모두 전기 대학 입시에 실패하고 신설대학에 입학해 왔으니 정서적으로 불안정할 수밖에 없었다.

52명의 국문학과 신입생들과 계룡산으로 봄 소풍을 가게 되었다. 나는 어떻게 하던지 이들이 학교에 잘 적응하도록 정을 나누고 싶었다. 당시에는 일반적으로 학생들이 술을 즐겨 마시던 때이었다. 나는 52명 전원에게 소주잔을 돌려 한잔씩 부어주고 받아 마셨다. 그러니 52잔을 마신 셈이었다. 아니 더러는 두세 잔 나눈 학생도 있었으니 더 많은 양을 들었을 것이다. 그러나 긴장을 해서인지 별로 취기를 느끼지 않았다. 뒷날 학생들은 저러다 송 교수가 쓰러지지 않을지 걱정들을 했다고 들었다. 지금 생각하면 만용이었지만 그런대로 학생들의 마음을 다잡는데 일조했다는 생각이 든다.

자칫 신설 대학의 교수에 대한 불만이 있을 수 있을까 싶어서 우리 전임들은 가급적 교양을 맡고 시내 여러 대학의 교수들에게 강의를 부탁했다. 따라서 학생들은 다른 대학의 국문학과에 대한 정보를 공유할 수 있도록 했고, 우리 대학 교수들이 얼마나 정성을 다하는지를 인지하도록 하려는 것이었다. 그래도 1회 졸업생들은 내 강의를 20학점 정도 들은 학생이 있으니 미안하고 감사하지 않을 수 없다.

학과 논문집인 『배재어문培材語文』을 창간하고 학교 논문집도 간행했으며, 대학 신문도 발간했다. 나름 열정을 다했다 할 수 있다. 충남대 송백헌 교수가 모은 각 대학 석.박사 논문 200여 편을 복사하여 참고하도록 한 것도 기억에 남는다.

나는 배재실업전문대에 전입하자 바로 도서관장을 맡으라 해서 심부름을 하다가 배재대학으로 승격되면서 신설 국문학과 학과 책임을 맡았고, 김용우 학장이 취임하면서 학생처장을 맡겨 여러 가지 대학 행정을 경험하게 되었다. 특히 학생 시위가 끊이지 않을 때이어서 학생처장이라는 자리가 복잡했다. 우리 대학 내의 문제라면 우리가 책임을 지고 학생과 대화를 할 수 있지만 시대적인 문제로 연대가 될 때에는 난감한 경우가 많았다.

총학생회장이 마침 우리 국문학과 정문권 군이었는데 내가 학생처장이니 아마도 어려움이 많았을 것이다. 축제를 한다고 주변 상가에 가서 후원을 받으려 할 때, 나는 차라리 내가 내 봉급으로 지원해 줄테니 그런 짓을 하지 말라고 말렸으니 답답했을 것이다. 다른 대학에서 앨범을 만드는 문제로 사진관과 결탁하는 학생회가 사회적인 문제가 되기도 했는데 나는 공개 입찰을 통해 그런 잡음이 없도록 했으니 학생 간부로서는 불만이 많았을 것이다. 정군은 후에 단국대학과 한남대학에서 학위를 하고 모교의 교수가 되었으니 그때 나의 충정을 이해했으려나. 신설 대학, 왜 학생들의 불만이 없었겠나. 그래도 우리들의 설명을 잘 이해해준 학생들이 고맙다.

또 배재에 근무하면서 내 인생에 큰 전환점을 가진 것은 박사학위 과정을 시작했다는 점이다. 그리고 그 인연으로 모교인 단국대학교로 진입할 수 있었다. 모교인 단국대 이동희 선배 교수로부터 대학원 입학원서가 부쳐왔다. 박사과정을 하라는 것이었다. 나는 4년제 정규대학의 교수가 되었으니 교수 일이나 열심히 하겠다는 각오로 별 생각이 없었는데 주변에서도 권유하여 입학하기에 이르렀고, 과정을 마무리할 무렵, 단국대 학부시절 은사님이면서 부총장이신 김석하 박사님의 인도로 단국대로의 전직이 이루어진 것이다. 내 교직 인생의 마무리를 모교에서 하게 되었으니 나의 배재시절 역시 나에게는 소중한 사다리가 된 셈이다.

재직 중 이런저런 사회 활동

   나의 대학 교수직 출발은 33세, 간호전문대에서부터였으니 한창 젊음을 자랑할 만한 나이였다. 이어서 44세 배재대학 재임 기간까지 내 청춘의 황금기였다고나 할까.

   학교에 근무하면서도 사회 활동도 열심히 했던 때이기도 했다. 적십자사 청년 봉사활동도 이 시기였고, 대전에서 최초의 출판사라 할 창학사 창립에 관여한 것도 이때였다. 그리고 대전일보, 중도일보 등에 열심히 글을 발표한 것도, KBS, MBC 시청자 자문위원으로 참여한 때도 이때였으며, 뿐만 아니라 MBC TV에서 「문화쌀롱」을, KBS TV에서 「중원의 향기」 프로를 진행한 때도 이 시절이었다. 첫 수필집 『어느 가난한 인생의 한나절』을 출판한 것도, 방송 칼럼집을 낼 정도로 열심히 방송활동을 한 때도 이때였다.

   먼저 출판사 이야기부터 해 보자. 나는 고등학교 재학 시절부터 교우지 편집 등으로 여러 인쇄소와 가깝게 지냈다. 특히 교육연구소에 재임하면서 연구물 인쇄관계로 더욱 가까웠었다. 또 교육회에서『충남교육』을 발간하면서 대전의 출판 사정을 잘 알게 되었다고 할 수 있었다.

  나는 간호전문에서 학교신문을 발간하면서 농경출판사를 자주 드나들게 되었다. 여기서 만난 사람이 신종갑 씨이다. 이 경상도 사나이는 주로 농경 인쇄소 인쇄물 수주와 납품 등 일을 하고 있었는데 출판에 대한 의욕도 가지고 있었다. 나는 그에게 출판사 창립을 권했다. 먼저 내가 근무하는 대학과 강사로 나가는 대학의 교양국어 교재를 편집하여 출판을 시작해 보자고 했다. 당시에는 저작권 같은 제도가 엉성해서 이미 출판 된 교재에서 재편집해서 책을 만들어 출판해도 별 문제가 없던 시설이었다. 이 일이 비교적 성공리에 이루어지자 여러 대학의 교수를 상대로 교재 발간에 진력하여 제법 사무실을 갖춘 출판사로 활동하게 되었으니 이 출판사가 창학사(刱學社)이다.

  아마 대전에서 출판사 같은 출판사의 출발이 여기에서부터라고 해도 과언이 아니다. 서울, 대구 등에는 이런 식으로 출판에 성공한 출판사가 몇몇 있었던 때였다. 그러나 불행히도 신사장은 갑자기 질병으로 작고하여 문을 닫았지만 그 후로 대전에 여러 출판사가 문을 열게 되었으니 대전 출판계에 기여한 바가 있었다고 할 것이다.

  나는 신사장의 도움으로 첫 수필집을 발간할 수 있었으니 배재대 동료 교수 임립 교수가 표지화를, 전영배 교수가 표지 제자를 해서 그간 발표한 원고를 모안 수필집을 간행한 것이다. 당시에 대전에는 산문집 발간의 사례가 극히 드물어서 여러 문인들이 학생들에게 소개하여 비교적 인쇄비는 건졌던 것으로 기억한다. 신사장이 계속 건강해서 출판업을 계속했더라면 상당히 발전을 했을 텐데 지금도 아쉬운 생각이다.

배재 재직 중에 광주 민주화 사건이 발생했다. 이는 전국의 대학 학생 운동으로 확대되어 많은 진통을 겪었다. 나는 학생처장으로 학생 군사훈련의 추진에 따른 문제로 편한 날이 없었고, 이른바 학생 데모를 막기 위해 이리 뛰고 저리 뛰면서 시간을 보내야 했다. 많은 진통이 계속되는 중에 갑자기 사회정화 위원회 자문위원이라는 종이에 내 이름이 적혀 내려왔다. 그리고 전국의 여러 곳에 강연을 하라는 것이었다. 강력히 거절하면 벗어날 수도 있었겠지만 학교에서의 위치를 생각할 때 거절할 수가 없었다. 나는 그때 여러 곳에 다니면서 강연했던 경험도 잊을 수 없는 추억이 되었다.

이때 강연에 참여했던 인연으로 농도원 강의도 상당 기간 계속했다. 농도원 원장 윤진수 원장은 사회 정화 운동 실무 책임자로 활동을 했는데 천안 병천에 있는 농민학원 원장 일을 맡으면서 상당 기간 나에게 강의를 하도록 했다. 윤원장은 지금까지도 사회 교육을 위하여 여러 운동을 추진하고 있는 열혈 독지가인데 그때 교육 대상자는 도내 전역의 농민들이어서 많은 분들을 만나는 기회를 준 셈이다.

나는 이 기간 동안에 또 잊을 수 없는 귀한 인연을 가지게 되었다. 대한적십자사 충남지사에서 청년봉사원으로 활동한 것이다. 나는 간호전문대학 RCY 지도교수로, 또 청년봉사원으로 참여했다. 이는 적십자 청소년 과장이 고교 동창 김충진 선생이었기 때문이었다. 이때 적십자 지사장은 박외과 박선규 원장이었는데 우리는 박원장의 인품에 많은 감명을 받고 있었다. 여름 방학이면 비인 동백정 연수원에 초등, 중등, 대학 RCY 연수회가 있어 한철을 그곳에서 학생들을 지도하면서 보냈던 추억, 역시 아련하다.

박원장은 홍성 출신으로, 독학으로 의사 자격을 얻어 대전에서 개업, 많은 봉사를 해서 유명한 분이었다. 대전에서 로타리클럽을 최초로 창립하여 이끌어 왔고 최초로 지방 출신 총재가 되기도 했으며, 적십자사 충남지사장으로 남북 적십자 회담 수석 대표로 참여할 정도로 사회 활동을 앞장 서 하신 분이다. 당시 로타리 386지구는 서울. 경기, 충남북, 강원 까지의 광역 로타리클럽이 참여하고 있었는데 서울이 아닌 지방에서의 총재는 박원장이 처음이었다.

나는 김충진 과장의 부탁으로 로타리 청소년 프로그램인 LYLA를 도입하는 사업을 하기도 했다. 로타리의 각 클럽에서 추천해 온 젊은 대학생들 4-50명을 1주일동안 연수하는 프로그램인데 해마다 온양, 부여, 대천에서 이한빈, 정원식, 서명원 선생 등 한국 최고의 강사를 모시고 진행하였다. 이 경험 역시 나의 교직에 큰 보탬이 되었다 할 것이다. 이처럼 로타리 클럽에 관여하면서 대전 로타리 클럽 50년사를 편집 간행한 것은 두고두고 화제가 되었었다.

  다음날 박원장은 한남대 미술과 이인영 교수, 서예가 임재우 선생, 박동규 문화원장, 윤진수 농민교육원장 등과 히든 클럽을 만들어 자주 만나 친목을 다져나갔는데 나도 불러주어서 유익한 시간들을 보냈다. 존경하는 참된 의료인으로, 로타리 클럽 지도자로 적십자사 지사장으로 우리 사회를 위하여 많은 기여를 한 박선규 원장을 기리는 사업이 이뤄지지 않은 점이 아쉽고 또 아쉽다.

  나는 이 기간 동안 문화동, 유천동, 탄방동으로 이사하면서 주거의 안정을 찾았는데 이는 오로지 근검 절약으로 살림을 열심히 해온 내자의 덕이었음을 고백하지 않을 수 없다. 그런데 이 기간에 내자가 당뇨를 시작하여 많은 고통을 같이 했던 때이기도 했으니 인생사는 이처럼 행·불행이 같이 하면서 짜여진다는 것을 뼈저리게 느끼지 않을 수 없었다

모교 교수 취임 여담

  1985년, 내 나이 44살 되던 해에 나의 모교 단국대학 교수로 전직했다. 20대 초반에 대학원에 진학하면서 대학 교수의 꿈을 가지고 20여 년 동안 대학강사, 전문대 교수, 신설대 교수 등을 전전하다가 드디어 모교에 정착하게 되었으니 감개무량할 수밖에.

  사실. 나처럼 이른바 일류 대학을 나오지 않은 사람은 대학에서 보이지 않는 열등감 같은 것을 느끼기 마련이었다. 대학마다 구성원들, 특히 교수들 사이에서는 은연 중에 학연에 따른 동질감 같은 것을 가지어서 더러는 갈등을 일으키기도 하는데 같은 학교 출신 교수가 드문 나의 경우 미묘한 소외감 같은 것을 느낄 때가 많았다. 이런 것에서 벗어나는 길은 모교에서 근무하는 길이다. 그런데 캠퍼스는 다르지만 모교에서 봉직할 수 있는 기회가 온 것이다. 서울 본교가 아니라 천안 캠퍼스였다.

처음 발령장을 받는 날부터 나는 모교에 대한 따뜻한 감정을 가지었다. 은사이기도 한 김석하 부총장님의 주선으로 임용되었는데 발령권자인 장충식 총장님과는 사전에 커피 한잔 나눔이 없이 임용이 되었고 발령을 받는 날, 10여명의 신임 교수를 회의실에 불러 앉히고 총장님이 한 사람 한 사람 좌석에 찾아와 발령장을 주는 것이 아닌가. 전에 경험하지 못한 광경이었다. 대부분 저 앞에 있는 총장 앞에 나가서 발령장을 받는 것이 일반적인 관행이 아닌가.

나는 내자가 당뇨 환자로 대전에서 치료를 받아야 하는 사정이 있어서 대전에서 천안까지 출퇴근을 하여야 하는 형편이었다. 아마도 교수직이라는 특성이 있지만 먼거리 출퇴근이 용납되기 어려운 것이 관행일 것이다. 그런데 천안 캠퍼스에는 서울에서 출퇴근 하는 교직원이 많아 학교 버스가 운영되고 있었다. 그러니 대전에서 출근하는 나를 나무랄 사람이 없어 마음이 편했다고나 할까. 한번은 동료 교수에게 나의 사정을 말하고 가급적 1주일에 4일은 출근하도록 하겠다고 했더니 "그런 소리 말아요. 그럼 우리도 4일 출근하라 하지 않겠소."라고 하는 것이었다. 서울 소재 교수들은 주 3일 출근이 많았던 것이다. 이렇게 자유로운 환경이었다.

원거리 출퇴근을 경험하지 않은 나로서는 다소 걱정이었다. 집에서 시내버스로 기차역까지 가서 기차로 천안에 도착한 다음, 다시 시내버스로 학교까지 출근하고, 그 과정을 반복해서 퇴근하는 방법이었다. 고속버스를 이용하는 경우에도 마찬가지였다. 처음에는 기차가 안전할 것 같아서 기차 회수권을 사용하다가 뒤에는 고속 버스를 주로 이용하였다.

그런데 술을 즐겼던 나는 저녁 늦은 시간에 기차를 탔다가 한번은 대구까지, 또 한번은 강경까지 갔던 웃지 못할 경험도 했었다. 그때는 속상하는 일이었는데 이제 돌이켜 보니 추억이 된다. 인생살이가 다 그런 것일까. 웬만한 고통은 세월이 지나면 이렇게 잊는 것이 아닌가.

우리 국문학과 교수는 참으로 친절하였다. 고전문학에 진동혁, 현대문학에 유민영, 김수복, 국어학에 홍윤표, 송철의 교수가 전임이었다. 강사들까지도 한 가족처럼 어울렸다. 전교생에게 교양 국어를 강의해야 하기 때문에 많은 분들이 시간 강사로 출강하고 있었다. 더러는 다른 대학의 전임교수도 있었고, 여러 대학에 강의를 나가는 분들도 있었다. 지금 기억하기로는 충남대의 송백헌 교수를 비롯하여 소설가 김국태, 시인 조태일, 평론가 정현기, 언론인 최일남, 아동문학가 신현득, 모기윤, 고창식, 정효구, 김성희, 강태근, 이름만 들어도 쟁쟁한 인사들이 강의를 도와주었다. 가끔 자칭 강사장인 송백헌 교수의 제안으로 아산만을 찾아 술파티를 했던 기억도 새롭다. 모두가 정성껏 도와주셨던 분들이었다.

분위기 좋은 직장에서 근무하는 것은 큰 축복이 아닐 수 없었다. 나는 전의 학교에 근무한 경험을 살려 정성껏 생활했다. 학생들은 후배이기도 하기 때문에 나름 따뜻하려 노력했다. 다행이 문예 장학생 제도가 있어 그들과 대화하는 시간을 많이 가지려 했다. 이 제도는 단대신문 고교학생 문예작품 모집에서 입상한 학생들에게 등록금을 장학금으로 지급해 주는 제도였다. 그런데도 그들끼리의 모임이 없었다.

어느 날 나는 이들을 모아 놓고 "내가 이사장이라면 이 제도를 없애겠다."라 엄포했다. 의아한 얼굴로 나를 보는 학생들에게 장학금을 주어 특별 우대를 하면 그에 버금하는 성적을 내야하지 않겠느냐 면서 우선 모임을 가지고 활동을 하자 했다. 그래 만든 것이 形成文學 동인회였다. 이들은 열심히 동인지를 내고 서로 격려하면서 활동했다. 뒷날 여러 학생들이 문단에 진출, 지금도 활동하고 있다.

지금도 내 책장 한 귀퉁이에 문집이 하나 있다. 국문과 1학년 문장론 시간에 각기 학교생활을 소재로 글을 써오도록 하여 그것을 문집으로 만들었다. 자기들이 쓴 원고가 인쇄되어 책으로 만들어지니 모두 기뻐했다. 비록 수업의 과제로 제출받아 만든 책이지만 표지는 대전의 화가에게 부탁해서 학생들의 사기를 높이려 했었다.

교직자의 보람은 졸업생들이 잘 풀려나는 것을 보는 것이다. 그때 우리 학과를 졸업하고 교수의 길에 들어선 여러 졸업생들이 자랑스럽다. 양은창, 조상우, 김태수, 최수웅, 변민주, 정윤자, 안숙현, 정유진 등이 교수로 활발하게 활동하고 있고, 작가로 활동하는 강태식, 서유미, 남궁명옥, 서미애, 김혁제 들이 고맙다. 단국대 천안캠퍼스 재직 21년, 이들과의 인연이 나를 행복하게 한다.

학장 시절 「人文通信」으로 소통

　대학의 전임 교수로 재직하면 아무래도 이런저런 보직을 맡지 않을 수 없다. 학과에서는 돌아가면서 학과장을 맡게 되니 도리 없이 나도 피할 수 없었다. 학생 소요가 심했던 때이어서 많은 부담을 느끼지 않을 수 없었지만 큰 과오 없이 지켜냈다. 그런데 몇 해 뒤에 단과대학에 부학장 제도가 생기면서 날더러 그 일을 맡으라는 것이었다. 학장은 영문학과의 이영훈 교수였는데 연구실로 찾아와서 간곡히 부탁하는 것이었다. 아마도 모교 출신이요, 나이가 일을 맡기기에 적당하다고 생각했던 모양이다. 그리고 전임 교에서 여러 보직을 했었다는 이야기를 어디선가 들었던가 보다. 어쩌랴, 대전에서 출퇴근 하면서도 일을 맡을 수밖에. 날마다 학생들 시위는 계속되고, 그러니 학생 간부들과 자주 접촉하면서 더러는 술자리까지 같이 하면서 한편으로는 얼르고 달래면서 편치 않은 세월을 보낼 수밖에.

그런데 이때부터 정년퇴임할 때까지 보직에서 벗어나지 못했으니, 운명이랄 수밖에 없다. 어떻게 하면 부학장 일을 벗어날까 궁리 중인데 황패강 부총장이 불러 가보니 교무처장을 맡으라는 것이 아닌가. 나는 써가지고 다니던 부학장 사표를 내보이면서 부학장 일도 벗어나려 하는데 불가하다 말했다. 그러자 황 부총장은 "그래, 부학장은 떼어 줄테니 맡아요."라고 강력하게 부탁하는 것이 아닌가. 그래 마음 속으로 걱정하고 있는데 다행이도 다른 분으로 처장 발령이 나 한시름 놓을 수 있었다.

얼마 후, 윤홍로 총장이 부임했다. 윤총장은 내가 숭전대학교에서 시간 강사를 할 때 혹시 전임의 길이 열리지 않을까 고심할 때, 전임으로 부임해 와서 알게 되었는데 나보다 먼저 단국대학교로 전임해 왔고, 내가 천안 캠퍼스 국문과 전임으로 부임하게 되었으니 묘한 인연을 가진 셈이었다. 그런데 나를 인문대학장으로 임명한 것이다. 물론 사립인 단국은 실질적인 인사권은 장충식 이사장이 가지고 있지만 서로 협의가 있었을 것으로 안다. 어떻든 뜻하지 않게 갑자기 학장 발령을 받은 것이다.

인문대는 국문, 영문, 독문, 불문, 일문, 서문, 노문, 역사, 몽골, 이렇게 10개 학과를 가진 비교적 큰 단과대학이었다. 국문과와 역사과를 제외하면 모두 외국어학과이어서 어쩌면 외국어대학이라고 해야 할 정도였다. 나는 먼저 우리 대학에 입학하는 학생들의 학력 수준을 평가해 보았다. 입시정보 책자를 분석해 보니 우리 대학 신입생들의 성적은 전국 평균 신입생의 중간 정도로 얼마든지 가능성이 있는 재원들이었다. 학자를 키우기에는 다소 무리라 생각해서 졸업 후 사회에 쉽게 적응할 수 있는 인재 양성을 목표로 하는 것이 좋을 듯 했다.

학교는 재단이 부도상태여서 운영이 어려운 형편이었다. 나는 교수회의를 열고 교과과정에 대한 회의를 개최했는데 무려 4시간이나 열띤 토론을 가지었다. 결론은 실용언어 교육 중심으로 교과를 운영하자는데 합의 했다. 말하자면 졸업과 동시에 회화가 가능할 정도로 교육하자는 것이었다. 그리고 교재를 개편하는데 필요한 최소한의 경비를 학교에 요구하기로 했다. 그런데 당시의 학교 형편이 불과 1천만원의 예산을 얻을 수 없을 정도여서 무산되고 말았다. 참으로 안타까웠다.

또 한가지는 교수와의 의사 소통을 원활히 해 보고자 노력했다. 학교에서는 매주 월요일 교무위원회를 열고 학교의 모든 현안을 알리고 협의했는데 여기에 학장이 참여했다. 그런데 그 내용을 각 교수에게 알리지를 못했다. 나는 《인문통신》이라는 인쇄물을 마치 신문기사처럼 만들어서 화요일에 각 교수의 메일박스에 넣어주었다. 모두들 학교의 소식을 알 수 있다고 좋아했다.

대학의 교수 사회라는 것이 학내의 여러 가지 소식을 잘 모르는 경우가 다반사이다. 한 단과 대학 안에서 일어나는 일에도 그럴 뿐 아니라 캠퍼스 내에서 일어나는 일도 무관심인 경우가 많고 더욱이 다른 캠퍼스에서 일어나는 일에 대해서는 관심조차 없는 경우가 다반사다. 아니, 잘 모를 뿐 아니라 얼토당토 않은 잘못된 정보를 가지고 비판적인 언행을 하는 경우도 수 없이 많은 형편이었다. 나는 이 인문통신을 통하여 정확한 정보를 제공하고 협력을 부탁했다. 특히 학교 재단이 부도를 당한 형편에서 근거 없는 이야기들이 대학 사회를 어지럽게 하는 경우가 있었는데 교무회의에서 논의된 정확한 소식을 알리면서 많은 오해를 불식시킬 수 있었다. 이 일은 내가 『충남교육』을 발간하면서 얻어진 경험이 주효했으리라 생각된다.

나 또한 학과 안의 교수나 학생에 대한 정보만 가지고 생활하다가 학장의 일을 수행하면서 단과대학 내의 여러 정보를 가지게 되었고, 학과 안의 문제에 한정되었던 것이 여러 학과 안의 문제 까지 고민하는 계기가 되었다. 여러 교수님들과의 교류도 이루어지면서 내 생각의 폭도 그만큼 넓어진 계기도 되었다. 돌이켜 생각하면 그 때 인문대의 많은 교수님들께서 참으로 많은 도움을 주셨다. 따라서 큰 과오 없이 학장의 임무를 마칠 수 있었다. 감사한 일이다.

이때 나는 대학원 수업을 맡아 서울 캠퍼스 출강을 하게 되었는데 마침 학교 50년사를 발간하게 되어 나도 그 필진의 한 사람으로 참여하게 되었다. 나는 이를 계기로 단국대학교의 역사를 비교적 소상히 이해하는 계기가 되었다. 그런데 50년사 중, 중재 장충식 이사장님에 대한 부분을 나에게 맡기는 것이 아닌가. 사실 나는 모교에 근무하면서 학과장, 부학장, 학장을 맡아 일을 했으면서도 이사장을 사적으로 만나 본 일이 전무했다. 그런데도 나에게 이 부분을 맡긴 것은 다른 사람들이 맡기를 꺼려하였는데 내가 마침 수업 중에 이 일이 결정된 것이었다. 그러나 어쩌랴. 그래서 나는 처음으로 장충식 이사장과 단독 면담을 하는 기회를 두 차례 가질 수가 있었다. 나는 그분의 저서와 40년사를, 그리고 설립자 범정 선생에 대한 책들을 심도 있게 읽으면서 나 스스로 이분의 인격에 감화되기에 이르렀다. 단국의 역사는 이 두 분 부자의 삶과 철학이 전부라 해도 지나친 말이 아닌 것이다.

  이런 인연이어서일까. 다음날 천안캠퍼스 부총장의 무거운 짐을 지게되었으니 말이다.

내 교직 생활의 마무리

단국대학교 부총장

　1999년 9월 1일자로 천안캠퍼스 부총장 발령을 받았는데 그 해 10월 2일자로 대학교육협의회 일반대학 평가위원으로 위촉장을 받았다. 이때 대학 평가는 상당히 중요한 의미가 있어서 이 결과에 따라 학생 증원을 비롯한 학교 위상이 사회에 알려지기 때문에 대학마다 굉장한 관심을 가졌다. 우리 대학에서는 서울 캠퍼스 김상홍 교수와 천안의 내가 참여하게 되었다.
　우리 대학도 평가를 받기 위한 보고서를 작성 중이어서 나는 윤문위원으로 참여 중이었다. 이런 와중에 부총장 발령을 받은 것이다. 이 느닷없는 발령에 어디에 재단 사무실이 있는지 조차 몰라 물어물어 찾아갔는데 이미 발령 행사가 끝나 나 홀로 발령을 받았으니 나 자신이 당황할 수밖에.
　단과대학 학장까지는 오래 근무하다 보면 일을 맡을 수 있지만 10개 단과대학, 만여 학생이 재학 중인 한 캠퍼스의 부총장을 맡는다는 것은 쉽지 않은 일이다. 더욱이 총장은 서울 캠퍼스에 있으니 사실상 천안 캠퍼스의 책임을 맡는 일이지 않은가. 나는 지금도 어떻게 해서 그 막중한 책임이 나에게 지워지게 되었는지 알 수 없다. 특히 대전에서 출퇴근을 하고, 재단과 교분이 없던 내가 갑자기 이 일을 맡게 되었으니 내심 걱정이 아닐 수가 없었다.

당시 학교는 재단이 부도 중이어서 몇 달치 봉급이 지체되는 지경에 있었고, 어쩐 일인지 천안 캠퍼스의 전임 부총장은 두 분이나 2년 임기를 마치지 못하고 1년 만에 하차하는 불행이 연속되고 있었으니 더욱 걱정이 아닐 수 없었다. 나도 1년이나 지탱할 수 있을려는지? 그리고 전임자는 서울 캠퍼스 소속으로 오랜 기간 동안 봉직해 온 능력 있는 분들이 아니었던가.

단지 미루어 짐작하건대 50년사를 편찬하면서 장충식 이사장을 두 번에 걸쳐 장시간 인터뷰를 하였고, 여기에 게재된 원고를 보면서 나에 대한 신뢰 같은 것이 있었는지 모르겠다. 여하튼 책임을 맡게 되었으니 최선을 다할 수밖에. 당시 총장은 특수교육 전공의 김승국 박사였는데 나도 여러 기관장을 모셔보았지만 그 포용력이나 판단력, 지도력에서 참으로 배울 바가 많았다. 특히 나는 대학평가위원으로 관동대, 한성대, 상지대, 협성대, 경원대 등을 방문 평가하면서 각 대학들이 대학 발전을 위하여 얼마나 피나는 노력을 하고 있는지를 실감하면서 우리 대학이 처한 현실을 직시하는 경험을 가지게 되었고 이는 내가 캠퍼스 책임을 맡아 사업을 추진하는데 큰 힘이 되었음을 고백하지 않을 수 없다.

　나는 먼저 나의 전임자가 왜 임기를 채우지 못하고 도중에 바뀌었는지에 대하여 알아보았다. 모두 서울의 총장과 이사장 사이의 의사소통이 원활하지 못했음을 파악하였다. 나도 어떻게 해야 할지 막연했는데, 천운이었다고나 할까. 장이사장께서 마침 컴퓨터 사용에 대하여 깊은 관심을 가지게 되어 이를 활용하자는 것이었다. 나는 모든 보고 사항을 원고로 작성하여 총장실과 이사장실에 동시에 보냈다. 그러니 오해의 여지가 있을 수 없었다. 나는 컴퓨터의 덕을 톡톡히 본 셈이다. 그래 정년 전까지 5년을 연임하여 장기 집권자라는 소리까지 들었다.

　나의 전 공직 생활을 통하여 천안 캠퍼스 부총장 5년이 그런대로 보람이 있었다고 할 수 있다. 최종 결정권자는 아니었지만 총장이나 이사장이 잘 이끌어 주었고 교직원들이 참으로 잘 도와주셨다. 나는 먼저 우리 대학 교수들의 저력을 믿었다. 천안을 비롯한 인근에 10여개의 대학이 있지만 우리 대학의 교수가 능력이 있으나 사기가 많이 저하되어 있었다. 재단이 부도 상태니 그럴 수밖에 없었다.

　마침 독일에서 학위를 한 김정우 교무처장을 비롯한 최종진 학생처장, 그리고 김선태 총무처장이 의기 투합이 잘 되었다. 이어서 처장 일을 맡아주었던, 안태영, 남보우, 김한중, 이유찬 교수는 물론 여러 학장님들의 도움이 컸다. 나는 먼저 천안 지역 대학 투어를 시작했다. 특히 천안에는 여러 대학이 공존하고 있었기 때문에 먼저 이 지역의 대학들이 어떻게 노력하고 있는가를 알아보기 위함이었다. 이 계획을 말하였을 때 대부분의 교직원들은 우리보다 나을 것이 없는 대학들을 방문하여 무엇을 얻을 수 있겠냐하고 부정적이었다. 그러나 나는 일단 가 보자고 해서 상대편 대학에 한 수 배우러 가겠다고 연락을 하고 학교 버스에 희망하는 교수를 싣고 방문을 하여 그 대학의 교육 추진 사항을 들었다.

먼저 호수 건너에 있는 호서대학을 방문했다. 그때 호서대학은 아산으로 이전 중이어서 빈 교실이 많은데다가 정부에서 벤처 사업을 대대적으로 추진 중이어서 많은 협력 업체들이 들어와 있었다. 업체마다 생산하는 제품들을 선물로 주면서 의욕을 보여주었다. 그런데 우리는 그러한 프로그램이 전무한 형편이었다. 사정은 선문대, 백석대, 순천양대, 남서울대, 충남테크노 파크까지 사정은 비슷했다. 이들 대학들이 여러 가지 프로젝트를 수주하여 열심히 하고 있는데 우리는 아주 침체상태였다. 특히 이공계 교수들이 받은 충격은 컸다. 우리 대학의 교수들이 결코 능력 면에서 뒤지지 않는데 사업 추진의 의욕이 없었던 것이다.

나는 이어서 인근 기업체 투어를 시작했다. 우리 천안은 서울까지의 거리가 차로 1시간이요. 서해안이 역시 1시간 거리여서 삼성을 비롯한 포스코, 종근당에 이르기까지 유수한 기업체들이 들어와 있어서 산학 협업하기가 아주 좋은 여건이었다. 기업들은 우리 방문단을 환영하고 기업을 열심히 홍보하였다. 타 대학과 산업체를 다녀온 교수들과 토론회를 가졌다. 우리들이 다른 대학으로 옮겨갈 것도 아니면 우리대학을 우리 힘으로 일으켜 세우자고 주장했다. 처음으로 창업보육센터를 추진하여 장원철 교수가 사업을 수주해 와 주변을 놀라게 하였다. 그때의 감격을 잊을 수가 없다. 모두들 신기해 하는 형편이었다.

그 여파로 여러 교수들이 각종 산학 업체에 프로젝트를 신청하여 하나 둘, 성과를 거두었으니 의대 이정구 교수의 RRC, 우광진 교수 등의 TIC 등 몇 억 예산의 사업을 수주하기에 이르렀다. 그리고 이때부터 교수들이 정부나 기업의 여러 프로젝트에 참여하여 많은 업적을 쌓을 수 있었다.

그리고 부총장으로 재임하면서 한 가지 보람을 말한다면 제3과학관의 신축이다. 사실 학교를 경영해 본 경험이 없는 나는 부임하자 홀로 캠퍼스 투어를 하였다. 이때 인문계열의 교수 연구실과 이공계 교수의 연구실이 크게 다르다는 것을 알았다. 대체로 이공계 교수들은 교실 하나 정도의 실험실을 가지고 있는 것이 아닌가. 그러다 보니 실험 교실이 부족하여 복도에 가스통을 올려놓고 있는 형편이었다. 화재의 위험에 그대로 노출되고 있는 형편이었다. 그리고 교수들도 시설 부족을 호소하고 있었다.

나는 인터넷 통신을 통하여 총장실과 이사장실에 사정을 호소하였다. 다행이 장충식 이사장께서 상황의 심각성을 이해하시고 재단이 부도 중임에도 최신 시설의 과학관을 신축하였다. 파란만장 속의 결실이었다. 준공식에서 김승국 총장은 "송부총장의 정성이 어른거린다"고 하여 나는 감격했다.

그리고 잊을 수 없는 또 한 가지. 예술대학에 문예창작 학과를 신설한 것이다. 이는 김수복 교수(뒤 총장 역임) 의 강력한 추진에 의한 것인데 나 또한 적극적으로 호응하였다. 오늘날 전국 문창과 중에 가장 선두를 달리고 있고, 대학에서도 선도 학과로 평가를 받고 있는데 인문대에서 학위를 한 현대문학 전공의 졸업생들이 교수로 부임하여 좋은 실적을 올리고 있는 것이다. 정년을 하고 20년이 흘렀지만 매년 여러 명의 작가를 배출했다는 소식은 나를 기쁘게 한다.

부총장 재임 5년, 나는 참으로 정성을 다했다 할 수 있다. 그때 각 학과 평가가 이루어졌는데 평가위원들을 맞기 위하여 늦은 시간까지 평가위원들을 맞아 식사를 대접했던 기억이 새롭다. 평가실 분위기를 위해 화분 하나라도 놓도록 했고, 발표 교수에게 예행 연습까지 같이 하도록 격려했다. 교수님들은 자존심을 버리고 적극 협조하여 그런대로 실적을 쌓을 수 있었다.

그러느라 술도 열심히 마셨다. 일단 교직원들과 터놓고 의사를 소통하는 길은 술만큼 좋은 음식이 없다. 물론 술로 인한 불화를 가져오는 경우도 있지만 이성을 가지고 술을 마시면 어려운 문제도 잘 해결되는 경우가 많았다. 참으로 다행인 것은 천안에서 대전 오는 막차가 9시 20분이니 술을 같이 하다가도 퇴근 막차를 핑계로 이해를 구하고 집에 돌아올 수 있어서 술을 마시고 크게 실수하는 일은 없었다. 겨울날, 공복에 술을 마시다가 저녁 식사를 하지 않은 채 고속버스 터미널에 와서 가래떡 뒤개 사가지고 버스에 올라 우물우물 해결한 적이 여러 번이었는데 그 가래떡 장수는 지금도 하고 있을까.

더욱이 내 교직 생활의 마지막을 부총장 직으로 장식했다는 점이다. 부총장 직을 사임하고 1년간 연구년으로 편히 쉰 다음에 정년 퇴임을 했으니 나에게는 더 할 수 없는 행운이었다 할 것이다.

어쩌다 여든 살

80세에 되던 해에 쓴 수필들
(국판 392p)

4부

세상만사 유감

生死去來亦如然

사람이 나고 죽고 가고 오는 것이
또한 뜬구름 같으다

「정성」이 주는 감동

　나이 탓일까. 나는 요즈음 눈물이 흔해졌다. TV 드라마를 보다가도 어떤 장면에서 나도 모르게 눈물을 보일 때가 있고, 특히 다큐 프로에서 인정이 넘치는 모습을 볼 때 눈물을 흘려, 옆에 있는 내자에게 무안을 느끼기도 한다. 그리고 문학 작품을 읽다가도 감동적인 이야기를 만나면 눈물을 흘린다.
　나는 젊어서부터 문학 비평을 한답시고 비교적 세상을 차가운 이성의 눈으로 바라보려 노력을 해 온 편인데, 그래서 소설 작품을 읽으면서 사건이나 인물들도 온정적이기 보다는 논리적으로 보려는 별로 바람직하지 못한 타성에 젖어 살아왔는데, 이제 나이 들어 이렇게 변한 것이다.
　오늘도 잠자리에서 눈을 뜨자 머리맡의 전등을 켜고 어제 저녁에 읽다 만 책을 펼쳤다. 오래 전에 출판 된 최인호 작가의 수필집 『작은 마음의 눈으로 사랑하라』라는 책이었다. 나는 우리 한국의 현대 소설사에서 최대의 작가로 최인호를 드는데 주저하지 않는 편이다. 그는 고등학교 시절에 신문 신춘문예로 등단하여 대학 재학시절에 신문 연재소설을 쓸 정도의 재주를 가진 작가이기도 하지만, 작품들의 주제 영역이 보통으로는 상상할 수 없을 정도로 넓고 깊어서이다. 「별들의 고향」 같은 감성적 대중소설로 인기를 끌더니 「길 없는 길」 같은 불교 소설, 「소설 공자」「소설맹자」 같은 유가의 소설, 특히 천주교인인 그는 수많은 천주교 사상을 주제로 한 작품들을 썼고, 「왕도의 비밀」 같은 많은 양의 역사소설을 써서 많은 사람들을 놀라게 하기도 했다. 『샘터』라는 잡지에 2백회가 넘는 기간 동안 연재한 가정 소설은 수많은 독자들로 하여금 깊은 감동을 주었다.

오늘 새벽에 읽은 수필은 「칼국수 한 그릇의 철학」이었는데, 그 작품의 말미에서 그만 눈물을 흘리고 말았다. 그가 연말까지 2천매의 작품을 써야 하는 사정이 생겨 S사에 출퇴근하면서 작업을 하고 있었는데, 그 과정에서 그가 찾은 칼구숫집에서 경험한 이야기였다. 그런데 그 칼국숫집 아주머니의 일화가 나를 울리고 말았다. 내용은 이렇다.

그가 평소에 맛있게 먹었던 골목 길 안의 칼국숫집에 들어섰다. 국수를 시키고 앉아있는데 국숫집 주인 아들이 옆에 앉아서 최작가를 안다면서 자기 어머니가 칼국숫집을 경영하게 된 사연을 들려주는 이야기였다. 자기는 유수한 기업의 간부 직원이었는데 어느 날 자기 어머니가 국숫집을 하고 싶어 아들에게 간곡히 부탁을 하더라는 것이다. 그런데 아버지는 이름만 대면 많은 사람들이 알아보는 유명한 법학 교수여서 도저히 허락받기가 어려운 형편이었단다. 평소에 어머니는 음식을 맛있게 하여 주변에 소문이 날 정도였는데 이제 아이들도 다 크고 했으니 음식 봉사를 해보고 싶다는 것이었다. 그래 마음 속으로는 걱정을 하면서 자그마한 집을 얻어 개업을 하시도록 도와드렸단다.

개업 첫날, 어찌되는지 궁금해서 그 칼국수 집을 찾았는데 아직 손님이 없었단다. 그런데 조금 기다리니 한 분이 왔고 이어서 세 분이 와서 칼국수를 시켰다.

그런데 주문한 음식이 바로 나오지 않아 걱정이 되어 아들이 주방에 가 보니 어머니는 국수를 끓여 맛을 보고는 제대로 되지 않자 쓰레기통에 버리지 않는가. 다시 국수를 끓이었는데 이번에도 제 맛이 아니라면서 쓰레기통에 버리는 것이었다. 결국 기다리던 손님 중 셋은 불평을 하면서 나가고 한 분만 남아 제대로 된 칼국수를 드렸는데 그 손님은 "내 평생 이렇게 맛있는 칼국수는 처음이라"면서 칭찬을 하더라는 것이다. 그 후 이 칼국숫집은 입소문이 나 유명 칼국숫집이 되었고 종래에는 대통령까지 찾는 집이 되었다는 이야기였다. 그러면서 작가는

"요즈음 내가 쓰는 글이 그 어머니가 만드시는 한 그릇의 칼국수가 될 수 있을 것인가. 우리 국민이 벌이는 모든 사업이 그 어머니의 손끝에서 나오는 칼국수와 같다면 이것이야 말로 성불成佛의 길이며, 이것이야 말로 십자가의 길인 것이다."

그렇다, 지금 우리 사회에 절실히 요구되는 것은 이러한 정성과 정직성이다. 이 정신이야 말로 전문성이다. 특히 우리 사회의

지도층들이 우리나라와 국민에 대하여 이런 정성과 정직성으로 생각하고 행동한다면 감동을 받을 수 있을 것이다. 정치는 물론이요, 경제 사회 문화 교육 모든 분야의 지도자들이 이런 정신으로 나아간다면 우리 사회는 훨씬 더 살만한 사회가 될 것이다. 그런데 이와는 너무 동떨어진 사회 현실을 생각하다 보니 나도 모르게 눈물이 나온 것이 아닐까.

"~답게" 사는 사회되길

새해에는 우리 모두가 "~답게" 사는 해가 되었으면 좋겠다.

우선 가정에서 아버지는 아버지답게, 어머니는 어머니답게, 아들은 아들답게, 딸을 딸답게. 그리고 형은 형답게, 동생은 동생답게, 삶으로 가정다운 가정들이 되었으면 좋겠다.

또 회사에서는 사장은 사장답게, 부장은 부장답게, 사원은 사원답게 생각하고 생활함으로 그 회사가 회사다운 회사가 되었으면 좋겠다.

학교 역시 교장은 교장답게, 선생님은 선생님답게, 그리고 학생은 학생답게, 상급생은 상급생답게, 하급생은 하급생답게 생활함으로 인격을 갈고 닦는 학교가 되었으면 좋겠다.

사회 구성원 전체가 "~답게" 사는 사회가 되어서 제발 인간답게 사는 사회가 되었으면 좋겠다.

우선 정치인들이 정치인다웠으면 좋겠다. 여당 정치인은 여당 정치인답고, 야당 정치인은 야당 정치인다웠으면 좋겠다. 제발 국회의원은 국회의원다운 국회의원이 되었으면 좋겠고, 장관은 장관다운 장관이 되었으면 좋겠으며, 총리는 총리다운 총리. 최고 권력자 또한 최고 권력자다운 최고 권력자가 되었으면 좋겠다. 먼저 우리 사회의 지도자들이 지도자다운 사람들이 되었으면 좋겠다.

우리 사회가 시끄럽고 불편한 것은 모두가 구성원들이 구성원으로서의 자리에서 그답지 않은 생각을 하고 행동을 하기 때문이라고 본다.

"~답게 산다."는 것은 어떻게 사는 것인가. 자기의 사회적 위치를 잘 알아서 말하고 행동하는 사람을 이르는 것이다. 쥐뿔도 없으면서 있는 척 행동할 때, 답지 않다고 한다. 능력도 되지 않으면서 할 수 있는 척 떠들고 다니면 답지 않다고 한다. 자기의 처지를 망각하고 처지에 맞지 않게 말하고 행동하면 답지 않다고 한다. 즉, 자기의 책임을 망각하고 사는 것을 말할 때 답지 않게 산다고 말한다.

가정에서 가장이 자기의 책임을 다하지 못하고 살면, 답지 않은 가장이 되는 것이고, 회사에서 사장이 회사의 운영을 제대로 못하면 사장답지 못한 사장이 되는 것이다. 학교에서 교장이, 기관에서는 기관장이, 나라에서는 고위 공직자들이 자기의 위치를 인식하지 못하고 엉뚱한 짓을 하고 살면, 답지 못한 사람이 된다.

윗사람이 윗사람답지 않은 삶을 살면, 그 조직은 붕괴되기 마련이다. 따라서 가정에서는 가장이, 회사에서는 사장이, 학교에서는 교장이, 대학에서는 총장이, 정부의 각 부서에서는 기관장이, 특히 청치 판에서는 정치 지도자들이 답게 살지 않으면, 그 가정, 그 회사, 그 학교, 그 나라가 어지럽게 되고 결국 망하게 된다.

새해에는 우리 사회의 윗사람들이 먼저 다워졌으면 좋겠다. 윗사람들이 다워져야 아랫사람들이 다워져서 건전한 사회가 되기 때문이다. 상식적으로 생각해서 "~답게"산다는 게 그렇게 어려운 것만은 아니다. 한 발짝만 뒤로 돌아서서 자기가 생각하고 있는 것이 바른가, 자기가 하고 있는 행동이 바른가 한 번씩만 질문하면 답을 찾을 수 있다고 본다. 자기의 생각과 행동이 마주하고 있는 사람들의 입장에서 어떨 것인가를 한 번만 생각하면 답을 찾을 수 있을 것이다. 자기가 하고 있는 일이 지나친 욕심이 아닌가 한 번만 되돌아보았으면 한다.

혹시 나 때문에 나의 가족이, 나의 동료들이, 나의 회사원들이, 나의 아랫사람들이, 시민이, 국민이, 어렵게 사는 것은 아닌지 한 번만 되돌아보면 답을 찾을 수 있을 것이다.

내가 "~답지" 않게 살면, 나만의 비극이 아니라는 것을 알아야 한다. 특히 사회적인 지위가 높으면 높을수록, 그 한사람이 답지 못하게 살면 많은 사람들이 불행하게 된다는 것을 알아야 한다. 만일 대통령이 대통령답지 못한 생각과 행동을 하면, 전 국민이 불행하게 되지 않겠는가. 제발 새해에는 우리 모두가 "~다운" 삶을 사는 해가 되었으면 좋겠다.

감사함을 아는 사회를

 김형석 교수께서 제주도에 강연을 가셨을 때의 이야기라고 한다. 강의를 마치고 휴게실에서 쉬고 있는데 한 젊은이가 찾아와 공손히 인사를 하고 "저는 교수님께서 마련해 주신 장학금으로 공부를 했습니다. 감사의 인사를 드립니다."라고 하는데 아무리 생각해도 기억이 나지 않았다고 한다. 그래서 "기억이 안 나는데 혹시 착각하고 있는 것이 아니냐."고 되물었더니
 "교수님, 사실은 저는 제가 존경하는 다른 선생님께서 장학금을 주셔서 공부를 하였는데 그 선생님께서 제게 장학금을 주시면서 이렇게 말씀하셨습니다. '나도 자네처럼 어려움 속에 학교를 다니었는데 김형석 교수님께서 장학금을 마련해 주셔서 학업을 계속할 수 있었다네. 그런데 김교수님께서 장학금을 주시면서 날더러 다음날 성공하거든 자네처럼 어려운 학생에게 장학금을 마련해 주었으면 좋겠네. 라고 하셨어. 그래서 오늘 장학금

을 마련한 것이네' 하셨습니다. 그러니 교수님께서 장학금을 주신 셈입니다"라 하더라는 것이다.

참으로 감동적인 이야기이다. 장학금을 마련해 주신 김교수님이나 장학금을 받고, 그 고마운 뜻을 잊지 않고 다음 세대에게 장학금을 마련해 준 제자나, 또 그 장학금을 받고 감사한 마음을 가지고 김교수님께 인사를 드리는 젊은이나 지금 세상에서 만나보기 어려운 분들이다.

그러면서 김교수님은 이런 일화를 소개한다.

"내가 아는 친구 교수는 형편이 어려운 제자에게 장학금을 마련해 주었더니, 글쎄, 그 제자가 학점까지 잘 주기를 기대하고 졸업할 때에는 직장까지 마련해 주길 바라더란 것"이다. 스승에게서 장학금을 받은 두 사람, 한 사람은 그 은혜를 잊지 않고 그 스승의 뜻을 이으려고 하는데 한 사람은 공짜로 알고 더 많은 혜택을 기대한 것이다.

오래전 이야기인데 한 기업인이 장학에 뜻을 두고 몇 학생에게 장학금을 주었다고 한다. 그런데 이른바 일류학교 학생인 A군은 분명히 자기가 기억하는데도 어떤 행사장 같은 데에서 만나도 아는 체를 안 하는데, 오히려 이류대학으로 평가받는 대학의 B군은 명절 때마다 찾아와서 감사의 인사를 하더라는 것이다. 그래서 다음부터 A군 학교 학생보다는 B군 학교의 학생에게 장학금을 주게 되더라고 했다. 똑같이 장학금을 받은 두 사람인데 그 장학금을 받는 사람의 생각에 따라 이렇게 결과가 다른 것이다.

한 사람은 주신 분의 고마움을 마음에 새겨 은혜를 갚으려 하였고, 한 사람은 당연히 받을 것은 받았다는 생각에 무심하였다. 감사하게 생각한 사람은 또 다른 사람에게 장학의 혜택을 줌으로 장학의 의미를 아름답게 살렸고 한사람은 다른 친구에게 주어질 장학 혜택까지 잃게 했다.

요즈음 코로나 역질로 국민의 삶이 어렵게 되자 여러 가지 지원금을 지급하고 있다. 당연한 일이지만 한쪽에서는 나라경제를 걱정하고, 한쪽에서는 이 정도는 괜찮다고 하는데 전문가가 아닌 우리로서는 잘 모르겠다. 그러나 분명한 것은 극빈시대를 살아온 우리로서는 그동안 우리 선배세대들이 피땀 흘려 이만큼이라도 경제를 일으켜 세워 놓았기 때문에 이런 일이 가능하다는 것을 잊어서는 안 된다는 점이다.

주는 쪽에서도 심각하게 생각해서 할 일이요, 받는 쪽에서도 그 뜻을 깊게 생각해야 할 것이다. 선대들이 이룩해 놓은 경제력을 다시 어렵게 만들어서도 안 될 일이요, 받는 쪽에서는 이 돈이 어떻게 마련된 돈인가를 생각하여 근검절약 재생의 에너지로 써야 할 것이다.

장학금을 받은 두 사람처럼 어떤 마음으로 지원금을 받아야 할 것인가를 생각해 보자는 것이다. 우리는 먼저 지금의 경제력을 만들어 주신 선대에 대한 감사나, 세금을 내준 국민에 대한 감사의 마음을 잊어서는 안 될 것이다.

우리네 서민 생활도 마찬가지 아닌가. 어렵게 된 자식이 있다면 당연히 도와야 하지만 그 정도를 지혜롭게 도와주어야 그 아들이 재활하지 않던가. 잘 못하면 어렵게 쌓아 올린 가정이 파산에 이를 수 있기 때문이다.

언어생활을 생각하며

　우리 인간은 물이나 공기가 없이 한시도 생명을 유지할 수 없다. 그럼에도 불구하고 물이나 공기의 고마움을 느끼는 경우는 그리 흔치 않다. 그 이유는 이들 공기나 물은 항상 우리 옆에 있기 때문이다. 말하자면 흔하면 고귀한 줄을 모르는 것이다. 이는 자연환경 뿐만 아니라 인간관계 역시 그러하다. 부모, 부부, 형제, 친구들도 늘 옆에 있을 때는 서로 소중한 줄을 모르지만, 헤어지면 소중함을 깨닫게 된다.

　우리가 늘상 사용하고 있는 말에 대하여 생각해 본다. 모든 동물들은 소리로 자신의 의사를 말하고 소통한다. 개나 소나 말이나 돼지까지도 소리로 자신의 심사를 상대에 전한다. 양봉하는 분들의 말에 따르면 벌통에서 나는 소리로 벌들의 상태를 알 수 있다고 한다. 적을 만나서 내는 소리인지 배가 고파서 내는 소리인지를 알아차릴 수 있다는 것이다.

이 소리를 가장 잘 활용하는 것이 우리 인간이다. 사물의 이름은 물론, 상태나 감정, 심지어는 심리까지 언어로 약속하여 소통한다. 인간이 만물을 지배할 수 있었던 것은 바로 언어를 구사할 수 있음에서 연유한다고 말한다. 이 사회적 약속인 언어야말로 우리 인간 생활에 있어 물이나 공기처럼 소중하다. 그럼에도 불구하고 우리는 말의 소중함을 잊고 산다. 그만큼 말은 어려서부터 자연스럽게 익히고 어려움 없이 사용할 수 있기 때문이다.

　더욱이 우리 인간은 문자를 개발하여 말이 가지는 시간적 공간적 한계를 극복하고 있으니 이 얼마나 놀라운 일인가. 말로 전하고 싶은 내용을 문자로 기록하여 저 멀리, 그리고 오랜 동안 전할 수 있는 것이다. 수천년 전의 사실을 오늘 이해할 수 있고, 미국의 어느 마을에서 일어난 일을 한국의 안방에서 들을 수 있다. 이처럼 우리 인간은 문자언어를 통하여 만물을 지배하는 위치에 서게 되었다고 할 수 있다. 그러니 글 또한 물이나 공기처럼 없어서는 살 수 없는 아주 소중한 것임이 분명한데 우리는 이를 잊고 사는 경우가 대부분이다.

　그런데 이제는 물이나 공기에 대하여 전문가가 아니라도 관심을 가지기 시작했다. 물이나 공기의 오염이 인간의 생명에 중요한 역할을 한다는 것을 심각하게 느끼기 시작했기 때문이다. 사람들은 공기가 맑은 곳을 찾기 시작했고, 공기 청정기를 개발하기 시작했으며, 물이 맑은 곳에 주택을 마련하는가 하면 집집마다 정수기를 마련하기에 이르렀다. 그렇다면 우리가 사용하는 말은 어떤가. 오염된 공기보다도 더, 더러워진 물보다도 더 혼탁해진 언어생활을 하고 있는 것이 아닌가. 이제 언어 청정기나 언어 정수기를 마련해야 할 지경에 이른 것은 아닐까.

더욱이 말이나 글의 기능은 사람의 의사 표현이나 지식 전달의 수단을 뛰어넘어 사람의 의식을 결정하는 단계에 이르고 있다는 것을 인식해야 한다. 그 사람이 쓰는 말이나 글은 그 사람의 의식을 결정하게 되고 그 사람 자체의 인격이나 품격을 결정한다는 것이다.

고상한 말을 쓰는 사람은 그 인격 또한 고상하다는 평가를 받게 되며, 쌍스러운 말을 즐겨 쓰면 그에 걸 맞는 평가를 받게 되는 것이다. 진실한 말을 하는 사람은 진실한 사람으로 대우받게 되고, 거짓을 자주 말하는 사람은 거짓말쟁이가 되고 만다. 특히 말과 행동이 일치되지 않은 생활을 하는 사람은 신용을 잃어 건전한 사회인으로 인정받지 못하게 된다.

그런데 오늘날 우리 사회에는 오염된 말, 혼탁한 말, 거짓말, 공격적인 말, 쌍스런 말, 이런 말들로 어지러울 지경이다. 특히 정치의 세계가 그런 것 같다. 내로남불이라는 말이 세계어가 되고 있다는 소식을 듣고 부끄럽지 않을 수 없다.

얼마 전 한 국회의원이 어느 지역에 내려가서 "이 지역 사람들이 조·중·동 신문을 많이 보고 TV조선을 많이 봐서 나라 걱정을 하는 사람들이 너무 많다"라는 식의 말을 했다가 비난 받은 일이 있다. 정치인으로서 적절한 말은 아니지만 특정 신문의 성격에 따라 그 신문의 독자의 생각이 그렇게 정해지는 것은 일리가 있는 말이다. 사실 신문 독자는 그 신문의 편집자에 의하여 일차 해석된 것을 읽고 사고하게 되기 때문이다. 그만큼 말을 직업으로 하는 사람들, 정치인이나 교육자, 언론인들은 말을 바르게 하고, 옳게 글을 써야 한다. 그들이 하는 말이 곧 듣는 사람들의 사고를 결정하기 때문이다. 한번 잘못 인식된 사실을 바로잡는 데는 많은 시간과 노력이 필요하다는 것을 마음에 새겨서 언어활동을 해야 할 것이다.

교사와 학생, 그리고 스승과 제자

오래 전에 작고하신 윤석병 교육감에게서 들은 이야기이다. 군사정권 시절 한 군출신 인사가 그의 고향인 K도의 지사발령을 받았다고 한다. 그로서는 금의환향의 짜릿한 흥분을 맛보았을 것이다. 마침 그의 고향에는 그의 초등학교시절, 그를 가르친 담임선생님이 아직도 교직에 몸담고 계셨다고 한다.

이 노老 교장 선생님은 자신이 평교사 때 가르친 제자가 도지사가 되어 부임해 왔으니 그 기쁨이 어떠했겠는가. 마치 자기가 도지사라도 된 듯 기뻤다고 한다. 나도 평생 교직에 있었지만 제자의 성공이야말로 교직의 보람인 것이다.

그래서 시골의 이 노교장은 도지사가 되어 온 제자를 만나 축하와 격려를 하고 싶은 심정에서 도청을 방문했다고 한다. 수위실에서부터 복잡한 과정을 거쳐 마침내 지사실에 들어가게 되었단다. 비서의 안내를 받아 지사실에 들어섰는데 지사는 자리에

서 일어나지도 않고 빤히 쳐다보면서,

"어찌 오셨어요. 뭐 부탁이라도 하실 일이 있으세요?"

하더라는 것이다. 이 말과 행동에 너무나 실망한 노교장은 아무 말 없이 그를 쳐다보다가 되돌아 나와서 집에 돌아왔다고 한다. 그리고는 "내, 또다시 저런 제자를 키울 수 없다."면서 사표를 던졌다는 이야기이다.

'제자 사랑, 스승 존경'은 지역과 시대를 초월하여 늘 강조되고 있는 교육계의 윤리라 할 것이다. 그런데 언제부터인가 '교사는 많은데 스승은 없으며, 학생은 많은데 제자는 없다'는 걱정들이 만연해 있다. 제자를 위하여 많은 것을 희생하는 교직자의 미담이 점점 사라지고 있고, 스승의 고마움을 잊지 않아 정성을 다한다는 아름다운 제자의 이야기도 들어볼 수 없는 시대가 되었다.

앞의 이야기에서 초등학교 시절의 담임이 도지사가 된 제자에게 존경 받을 인격을 갖춘 분인지 그렇지 못한 분인지는 나는 모른다. 설사 그렇다고 해도 도지사가 된 그가 어린 시절 자신을 가르쳐주신 선생님이 찾아오셨는데 큰 절 까지는 모르지만 자리에서 일어나지도 않고 무슨 부탁이나 하러 온 민원인 취급을 했다는 것은 한심한 일이 아닐 수 없다. 스승에 대한 그 정도의 생각을 가진 사람이 도의 행정 책임자가 되어 있다는 것이 얼마나 황당한 일인가. 스승에게도 그러할진대 다른 사람들에게는 어떠했겠는가.

나의 고등학교 교사 재직 시절의 제자들이 교직에서도 모두 정년을 했다. 어쩌다 그들과 만나 대화를 하다 보면 오늘의 교육 현장이 걱정스러운 경우가 많다. 인격적인 교류가 어렵다고 호소한다. 교직에 실망하여 명예퇴직을 원하는 교사가 부지기수라는 것이다. 수업시간은 입시 학원이 되어 있고, 생활지도는 지극히 사무적이 되지 않을 수가 없다는 것이다. 가르침을 고마워하기 보다는 월급 받고 당연히 해야 하는 일을 할 뿐이라 생각한다는 것이다. 이는 젊은 학부모들까지 그런 생각이 지배하고 있다는 것이다. 지식의 전달자일 뿐 인격을 수련하는 기관이라고 볼 수가 없는 지경에 이르렀다는 것이다.

　가령, 가정에서 부모는 학비나 대주면 자기 일을 다 했다고 생각한다면 제대로 된 자식교육이 이루어 질 수 있겠는가. 마찬가지로 교사는 지식만 가르치면 그만이라고 한다면 학생교육이 제대로 되겠는가. 교사는 지식의 전달자 이전에 인격자 이어야 하고, 학생은 지식과 더불어 스승같은 인격을 갖추고자 하는 풍토로 바뀌어야 한다. 우리 사회의 지도층이 먼저 교육과 교육자에 대한 인식이 달라져야 한다. 교사는 스승이 되어야 하고, 학생은 제자가 되기 위하여 노력해야 한다.

　나는 위의 노교장에 비하여 행복한 교사였던 것 같다. 이번 명절에도 고등학교 재직시절 제자 가운데 지역교육의 수장이 된 S교육감이 정성어린 선물을 들고 직접 누추한 나의 집을 찾아 와 감사했다고 인사를 하니 말이다. 고맙기도 하고 미안하기도 하다. 그만한 인격을 갖추지 못해 부실했던 교사였는데도 이런 대우를 받으니 부끄러운 심정이다. 그러나 한편 이런 인성을 가진 교육 지도자가 이 고장의 교육을 책임지고 있는 한, 나는 우리 지역의 교육은 밝으리라 확신한다.

이렇게 변했나, 설명절

"어버지. 이번 설날은 제가 대천에 콘도를 예약했으니 거기서 우리 식구들이 모여 지내요."

하나 밖에 없는 딸에게서 전화가 왔다. 고향에 어머니가 살아 계시면 감히 생각지도 못할 제안이다. 작년에 홀로 계시던 어머님께서 하늘나라로 떠나신 다음, 시골집에 가 보았자 마땅히 들러 음식을 나누고 머무를 집이 없으니 이런 제안을 한 것일 게다.

고향은 역시 부모님이 계실 때가 고향답다. 부모님 중에 한 분이라도 계시면 형제들이 명절 전날 모여 정담을 나누고 음식을 마련하여 즐기지만 부모님이 계시지 않은 동생네 집에 모여 그런 행사를 하기에는 부담스럽지 않을 수 없는 것이 현실이다. 그러니 딸 아이가 이런 제안을 한 것이다. 말하자면 고향 산소에는 일찍 모여 성묘나 하고 콘도에 모여 정을 나누자는 이야기이다.

그래 난생 처음으로 대천의 예약된 콘도에 갔다. 나는 여기서 참으로 놀라운 현실을 발견했다. 17층 콘도, 그 옆에는 많은 호텔들이 있는데 모두가 만석이었다. 저들이 제사를 모시고 온 것 같질 않고 콘도나 호텔에서 명절을 지내고 있음을 발견한 것이다. 저들도 나처럼 부모님이 계시지 않아서 모인 것일까 하는 의문도 일었지만, 사실은 그렇지 않고 명절은 고향집에서 보내는 것이 아니라 이처럼 호텔이나 콘도에서 보내고 있는 것이라는 이야기이다. 더러는 늙은 부모님을 모시고 온 가족들도 있었지만 대부분 젊은이들이었다. 그러니 이제 명절날 제사를 고향집에서 모시기보다는 이렇게 호텔이나 콘도에 모여서 즐기는 풍토가 된 것이다.

그러니 명절날 고향집에 형제들 가족이 모여 경건하게 제사를 모시고 성묘를 하는 문화 자체가 이렇게 변한 것이라는 것을 실감한 것이다. 자연스레 이 문제가 화제가 되었는데 아이들 이야기로는 명절에 음식을 만드는 일에서부터 그 복잡한 일을 젊은이들은 하지 않는다는 것이다. 제사에 대한 부담을 느끼는 사람들도 한데 모여 음식을 하기 보다는 각자 조금씩 마련하여 산소에 모여 성묘하고 간단히 의식을 치룬 다음 뿔뿔이 헤어져 각자 명절을 즐긴다는 것이다.

명절 증후군이라는 말을 들은 지는 오래다. 즉, 명절을 지내면서 생겨나는 병의 증후라는 말이다. 특히 주부들의 경우, 제사상을 차리고 식구들 음식을 장만하느라 피로하여 육체적인 질병이 생긴다는 것이다. 그런데 이보다 더한 병은 명절을 보내면서 발생하는 가족 간의 갈등으로 생겨나는 정신적인 질병이 더 심각하다는 것이다. 그래서 명절을 지나고 나서 이혼하는 가정이 늘어난다는 이야기까지 있다. 옛날 같으면 상상할 수가 없는 신종 질환이라 할 것이다.

　우리가 어렸을 때만 해도 명절 전에 제사상을 차리기 위한 음식을 마련한다는 것은 당연한 의무로 알았고, 특히 대가족의 경우 며느리들은 시어머니의 명에 따라 일사불란하게 음식을 마련하고 손님을 대접하는 것을 의무로, 운명으로 알고 지냈다. 물론 그때라고 육체적인 고통이 어찌 없었으랴만, 불평을 말할 엄두도 못내고 지냈다. 오히려 자신들이 그렇게 노력함으로 가족 간의 우애를 다지는 것을 보람으로 살아왔다고 할 수 있었다.

　그런데 지금은 아니다. 우선 명절에 조상을 생각하여 제사를 모신다는 의식이 달라졌다. 전에는 조상에게 제사를 모시지 않으면 재앙을 당할 것 같은 강박관념이 있었고, 세상 사람들로부터 아주 잘못된 사람 취급을 당해야만 했다. 마음에서 울어나는 감사의 마음 보다는 의무감이 앞섰다. 따라서 당장 내일 지낼 일이 어려운 경제 형편에도 제사를 모시고 성묘를 하지 않으면 용서받기 어려운 환경이었다. 제사를 모시는 엄격한 규칙이 있어 그 법에 다르지 않으면 불효자로 낙인이 찍혀 얼굴을 들 수 없는 지경이었다. 심지어는 제사상 차리는 법까지 정하여 시행하지 않았던가.

　그런데 이제는 이러한 형식에서 벗어나는 환경이 되었다. 장묘문화부터 완전히 달라졌다. 예전에는 상상도 못했던 화장문화가 일반화 되었다. 그러니 성묘의 관념도 달라졌다. 묘앞 상석에 음식을 차려놓고 제사지내는 경우를 찾기가 어려운 지경에 이르렀다. 그러니 조상에 제를 잘 모시는 것이 후손의 앞날에 행복을 가져다 줄 것이라는 생각을 가지지 않게 되었다. 합리성을 앞세우는 현대인의 입장에서 볼 때 이는 당연한 변화라고 할 수 있다. 내가 어렸을 때에 어떤 동리 어른은 제사상에 올렸던 밥과 그렇지 않은 밥을 저울에 달아보았더니 제상에 올렸던 밥의 무게가 덜 나가더라며, 조상이 운감하는 것이 분명하다고 말을 들었던 기억이 있다. 그러나 이는 과학 앞에 전혀 근거가 없는 이야기가 아닌가. 이를 믿을 사람이 어디 있겠는가.

이렇게 점점 과학화하고 합리화 하는 것이 바람직한 변화인 것만은 분명한데, 어쩐지 우리가 간직해 온 중요한 정신적 자산을 잃는 것 같은 서운함은 지울 수가 없다. 명절을 부모와 같이, 가족과 같이 행복하게 지낼 수 있는 방법을 찾았으면 한다. 말하자면 조상을 생각하는 마음과 가족 간의 친화를 가져오는 명절의 정신은 잃지 않는 길을 찾았으면 하는 것이다.

이번 명절을 보내면서 딸 아이의 이런 제안을 탓할 수 없다는 것을 실감한다.

지인들을 보내면서

　어쩌다 80을 넘긴 나이. 지난 한 해 동안 나의 50년 지기 여덟 분이 세상을 뜨셨다. 몇 분은 나보다 몇 살 연상이시고, 동년배도 있으며, 한두 살 아랫 분도 있다. 지인이 세상을 떠났다는 것은 내가 살아있는 동안에는 다시 만날 수 없다는 뜻이다. 다시 볼 수 없으니 목소리를 들을 수도 없고, 이야기를 나눌 수도 없다. 살아 있다면 당장에는 아니더라도 다시 만날 수 있다는 기대와 희망이 있지만 그렇질 못하니 가슴 아픈 일이다. 50여 년 동안 쌓인 정이 하루 아침에 사라지는 심정이다. 인생이 허무하다는 것을 절실히 느끼게 된다.

　일주일에 네 번 만나면 정상이고 두 번 만나면 서운하다면서 자주 만나 소주 마시면서 수 많은 이야기를 나누던 충남대 송백헌 명예교수의 부음이 며칠 전 알려왔다. 천부적인 기억력의 소유자인 송교수는 성대에 이상이 생겨 언어가 자유롭지 못하다면서 서울의 유명 병원에 가 수술을 하면 며칠 안에 돌아올 수 있다고 쾌쾌하게 전화 나누고 상경하였는데 불과 2개월여 만에 장례식장에서 영정으로 만났다. 20여 년 전에 대장암 수술을 하고도 잘 이겨내고 정년을 하고도 대전시사 편찬일을 맡아 공무를 수행하며 노익장을 과시하면서 한 자리에서 소주 두 병쯤 거뜬히 치우던 분인데 이렇게 허무하게 우리 곁을 떠났다. 이 지역의 지리는 물론 역사, 더욱이 야사를 많이 알아서 언제나 좌중을 뒤 흔들고, 정년 후에도 여러 권의 저서를 집필하면서 문학에 대한 열정을 과시했었는데 그 목소리를 들을 길이 없게 되었다.

며칠 전에는 대전을 떠나 안산의 실버타운에 가 있던 한남대 명예교수 이인영 화백의 서거 소식이 문자로 전해 왔다. 1960년대 대전에 미술을 전공하는 분이 몇 명 되지 않을 때 그림을 열심히 그려 국전에서 국회의장상을 타 화제를 일으키고 평생을 그림 그리기와 교육에 헌신한 분이었다. 최근 거동이 자유롭지는 않았지만 지팡이를 짚고 가끔 만나 식사를 같이 했었는데 몇 달 전, 대전 살림을 정리하여 자제들이 서울에 있어 안산으로 떠난다며 작별을 하고 심심치 않을 정도로 전화 통화를 했었는데 갑자기 이런 소식을 듣게 된 것이다.

1960년대, 대전에 대전일보와 중도일보 두 일간신문이 발간되고 있을 때, 대전일보 문화부 기자로 시작하여 문화부장, 논설위원으로 이 지역 문화 예술 발전에 일역을 담당했던 이용호 선생이 월여 전에 타계하였다. 나의 고등학교 선배이기도 해서 오랜 기간 동안 정을 나누고 살았었는데 몇 년 전부터 치매로 고생한다는 소식을 들었으나 연락이 안 되어 뵙질 못했는데 부음이 날라 온 것이다. 시조 시인이기도 한 이 선생은 교육에도 뜻을 두어 늦게 박사학위를 취득하고 대학 강단에도 섰으며, 출판에 의욕을 가져 충무공 이순신 장군의 난중일기를 완역, 꿈에 부풀기도 했었는데 그 꿈을 실현하지 못하고 떠났다.

나의 20대 중반, 충남교육연구소가 발족될 때, 인연을 맺은 심기복 선생과 임원규 선생이 한두 달 간격으로 영면에 드셨다. 임원규 선생은 충남 초등교육계의 산 역사라 할 정도로 일생을 초등교육에 헌신했다. 교사, 장학사, 교장, 연구사, 교육연구원장, 초등교육국장으로 이어지는 그의 교육 경력은 교육계의 열정 그 자체였다. 심기복 선생은 교육 행정직을 거쳐 남대전고 교감, 서일여고 교장으로, 또 산업체 학교의 교장으로 역시 평생을 교직에 헌신하였다. 나와 이 두 분과의 관계는 인간적으로 형제처럼 지냈었다. 말년에 몸이 자유롭지 못했는데도 한달에 한 번씩 만나서 음식을 나누고 정담을 나누었던 사이였다.

MBC 아나운서로 출발하여 대전 MBC TV 편성부장, 심의실장으로 방송발전에 크게 기여한 지장상 형이 갑작스럽게 암이란 놈의 기습으로, 발병 1년여 만에 우리 곁을 떠나고 말았다. 지형은 나와는 방송 출연관계로 만나, 적십자 청년봉사회 때부터 수십 년을 교류해 왔었는데 나보다 먼저 간 것이다. 그런가 하면 고등학교 동기동창으로 젊은 시절 매일 만나 어울렸던 일신한의원 이창복 원장이 안타깝게 세상을 떠나 나의 절을 받았다.

이분들은 모두 일제하에 출생하여 8.15광복, 4.19, 5.16, 5.18 등 거센 역사의 파도를 헤치면서 산업화와 민주화의 역정을 이겨내고 나름대로 인생을 개척해 온 역전의 용사들이었다. 이 과정을 같이 하면서 많은 추억을 공유한 분들이기도 하다.

이런 친지들이 불과 1년 안에 세상을 뜨니 주변이 텅 빈 듯한 심정이다. 이럴 줄 알았으면 생전에 더 자주 만날 걸, 조금 더 정을 나눌 걸 하는 후회를 하게 된다. 나는 마무리를 어떻게 해야 할 것인가 하는 과제도 절실해진다. 만일 저 세상에서 다시 만나다면 우리는 또 어떤 모습들일까. 이제 남은 친지들이나 자주 만나려 노력하여야 하려나. 그나마 코로나가 훼방을 놓고 있으니 어렵구나.

상식적인 신앙심

"내가 전세에 무슨 죄를 지었기에 오늘 이 고난을 당하는지 모르겠어" 또는 "내가 전생에 저 인간에게 무슨 잘못을 했기에 오늘 이런 수모를 당하는지?" 하는 하소연을 더러 듣게 된다. 특정 종교를 가지지 않은 분들도 이런 이야기를 하는 경우가 더러 있다.

이는 두말할 것 없이 불교에서 이야기하는 현세現世, 전세前世, 내세來世라는 삼세三世 인연관因緣觀에서 연유한 것일 게다. 즉, 불교에서는 전생의 인연에 따라 오늘 인간으로 태어났고 또 오늘의 삶을 어떻게 사느냐에 따라 다음 세상에 인간으로 태어날 수 있다는 것이다. 그리고 이승의 인간관계도 전생의 인연관계에 따라 맺어진 것이라는 것이다.

약문전생사若問前生事면 금생수자시今生受者是라. "만약 네가 전생에 어떻게 살았는지 궁금하다면, 그것은 지금 네가 받아 누리고 있음이 바로 그 답이다."라는 것이다. 오늘의 삶이 행복하다면 전생에 그러한 업을 쌓았기 때문이라는 것이고, 오늘의 삶이 불행하다면 그것도 전생에 그러한 업을 쌓았기 때문이니 지금 내가 받고 있는 행·불행이 모두 전생의 결과라고 하는 것이다. 이는 다분히 운명론적인 것이다. 이렇게 운명으로 받아들인다면 이승의 삶이 어떻게 되었던 나의 노력으로 어떻게 해볼 수 없다는 절망에 빠지고 말 것이다.

그러나 이 경經에서는 곧바로 이렇게 가르치고 있다.

약문후세사若問後世事면 금생주자시今生做者是라. "만약 네가 다음 생에 어떻게 될 것인가 묻고싶다면 그것이 네가 이승에서 지은대로 될 것이다."라 했다. 말하자면 네가 이승에서 바르게 살면 다음 세상에서 행복하게 살 것이요, 그렇지 못하면 고통의 삶을 살게 될 것이라는 것이다. 여기에 따르면 오늘의 삶을 운명으로만 받아들일 수 없는 것이다. 그래서 운명을 극복하려는 의지가 중요하다는 점을 가르치고 있는 것이다.

이는 비단 불교만의 가르침이 아니다. 기독교 또한 이생의 죽음이 끝이 아니요, 다음 생이 있다고 가르치고 있는 것이다. 신의 섭리로 이 세상에 태어났으니 하느님 말씀대로 살면 다음 생은 천국에 이른다는 것이고 그렇지 못하면 지옥에 떨어진다는 것이다. 모든 종교의 가르침이 이승의 삶을 바르게 살아야 다음 생에 평안을 얻는다고 가르치고 있다.

이는 종교의 가르침이 아니더라도 대부분의 사람들이 일상생활에서 인식하고 있는 생각이 아닌가 한다. 특히 유교적 전통을 삶의 기본으로 인식하며 생활해 온 우리 민족은 일상생활에 있어 선량하게 살 것을 강조해 왔다. 획죄어천獲罪於天이면 무소도야無所禱也라. "하늘에 죄를 지으면 빌 바가 없다."라 했다. 죄를 지으면 천벌을 받는다 가르쳐 왔다.

그런데 우리는 이렇게 아주 평범한 진리를 외면하고 있는 것이 아닌가. 자기들이 생각하고 행하는 일이 잘못된 것이라는 인식조차 하지 못하는 일이 얼마나 많은가. 제발, 이승에서 잘못하면 다음 생에 죄를 받는다는 상식의 기본만이라도 인식하면서 살아갔으면 좋겠다. 대부분의 범죄는 지나친 이기심에서 비롯된다. 언제부터인가 내가 잘 사는 것만으로는 부족하고 남이 잘 못 살고 내가 잘 살아야 만족한다는 아주 잘못된 심리가 우리 주변에 번져가고 있는 것 같다. 수없이 되풀이되는 정치적인 보복, 보복은 또 다른 보복을 만들고, 그래서 상대를 없애야 내가 잘 살 수 있다는 비뚤어진 생각이 연속적으로 이어지는 역사. 이는 아주 상식적인 신앙심만 가져도 치유될 수 있지 않을까 생각한다.

생각과 행동을 잘 못하면 벌을 받는다는 신앙의 기본, 교육의 기본, 윤리의 기본만이라도 생각하면서 산다면 우리 사회는 훨씬 살만한 사회가 될 것이다. 유치원에서 대학까지의 교육, 밤이면 온통 십자가의 불빛으로 찬란한 많은 교회나 성당에서의 가르침, 그 많은 목탁 소리와 범종의 울림이 있는 불교의 신앙, 선비정신을 강조하는 유학자들의 탄식, 날마다 날마다 지면을 통하여 설파하고 있는 지도자들의 언설, 이것들의 가장 상식적인 부문만이라도 지켜가려는 시민이 많아진다면 우리 사회는 많이 맑아질 것으로 본다. 아니 이분들 만이라도 사회의 청량제 역할을 제대로 한다면 다음 생을 걱정하지 않아도 되지 않을까. 우리 모두 상식적인 신앙심을 가져보면 좋겠다.

공원산책과 코로나19

이제 아침 식사 후의 남선공원 산책은 중독이 되었다. 몇 년 전부터 인근 야산인 공원 산책을 건강유지의 방편으로 삼아서 자주 다니었는데 코로나19라는 전대미문의 대 재난을 만나서는 매일 오르다 보니 그리되었다. 사실 산책이라고 하지만 운동이라고 해야 옳을지도 모른다. 약 20분을 걸어서 산 중턱에 마련된 여러 운동기구가 시설되어 있는 곳에서 10여 개의 운동을 한 다음, 숲속 광장을 여러 바퀴 돌고 돌아오면 약 9천 보를 걷게 되니 나로서는 아침운동이라 하지 않을 수 없다.

신년 초에 중국 발 코로나비이러스가 이 땅에 전염되기 시작하여 한두 명이 확진되었다고 뉴스에 오르더니 불과 며칠 만에 수십 명으로 다시 매일 백 명 넘는 환자가 발생하고 사망자가 나타나기 시작하면서 전 국민이 불안과 공포 속에 살아가는 재난으로 진전되었다. 특히 대구의 신천지 교인들에게서 급속히

전파되면서 불과 두 달 만에 1만명이 확진판정을 받게 되니 대체 이런 가공할 만한 일이 어떻게 해서 이 과학의 시대에 일어난단 말인가.

처음에는 우리나라에만 이런 일이 일어나는가 싶었는데 동남아 여러 나라를 넘어서서 유럽과 미국 등 전 세계의 재난으로 번져갔으니 가히 인류의 재난이라 하지 않을 수 없게 되었다. 그래도 우리나라의 경우, 초기에는 발원지 사람들의 입국을 철저히 막지 않아 정치적인 논란까지 불러왔지만 의료진들의 헌신적인 희생과 비교적 잘 훈련된 국민의식으로 3개월 만에 진정국면을 만들었지만 오히려 선진국이라는 유럽이나 미국 등에서는 상상을 초월하는 감염자와 사망자가 쏟아져 나왔다.

이놈의 바이러스는 이제까지 알려진 다른 바이러스와는 달리 공기 전염이 아니라 환자의 입이나 코에서 나오는 포말에 의해서 전염되기 때문에 반드시 마스크를 하고 손 씻기를 철저히 하면서 가급적 사람과 접촉을 피해야 한다니 보통 괴로운 일이 아닐 수 없다. 사람과 사람이 서로 만나서 어울려 살 수밖에 없는 우리 현실에서 만나지 말고 살아야 한다니 얼마나 답답한 일인가. 더구나 이놈의 바이러스는 들어오면 바로 증상을 일으키는 것이 아니라 잠복기에는 환자 자신도 잘 인식하지 못하는데 다른 사람에게 전염을 시킨다니 도대체 누가 환자인지도 모르는 현상에서 누구를 믿고 만날 수가 없는 것이다.

나는 노년에 이르렀으니 지금 염라대왕이 불러 간대도 크게 서운할 것 같지 않은데 나로 하여금 다른 사람에게 혹시 전염이라도 된다면 이는 상상할 수 없는 불행이다. 따라서 밖에 외출할 때는 내 건강을 위해라기보다 다른 사람을 위해서라도 반드시 마스크를 하지 않을 수 없다. 어쩌다 잊고 마스크를 하지 않고 거리에 서면 다른 사람의 눈치가 보여 곧바로 집에 돌아와 마스크를 하지 않을 수 없을 정도로 신경을 쓰지 않을 수 없을 지경이다. 그러니 사람들과 접촉하지 않는 것이 상책이다.

그렇다고 집에서만 처박혀 있을 수도 없는 형편이니 밖의 바람을 쏘일 수 있는 유일한 길은 공원산책 운동 밖에는 다른 길이 없다. 말이 그렇지 온종일 집에 들어박혀 생활한다는 것이 하루 이틀이지 보통 어려운 일이 아니다. 감옥살이라는 것이 바로 이것이구나 하고 실감하게 된다.

이 사태 전에는 헬스도 다니고 친지들과 어울려 소주도 마시고 하여 그런대로 노년이 심심치 않았는데 도대체 사람들 모이는 곳에는 갈 수가 없고 식당들 마저도 출입이 망설여지는 판이니 답답한 노릇이 아닐 수 없는 것이다. 자유로운 일상생활이 얼마나 소중한 것인가를 뼈저리게 느끼게 된다. 아마도 많은 사람들이 일상의 자유에 대하여 느낀 바가 많았으리라 생각된다. 학교 가는 것이 지겨웠을 학생들도 이번 사태를 경험하면서 학교생활이 얼마나 고마운 것인지도 깨달았으리라.

나 또한 이번 사태가 아니었으면 운동이 얼마나 소중한 것인가를 절실히 느끼지는 않았을 것이다. 중독처럼 아침식사를 마치면 산행을 하는 것이 일과가 되면서 도심의 이 자그마한 공원이 얼마나 중요한 곳인가를 이렇게 절실히 깨닫지는 못했을 것이다.

 불과 이 몇 달 동안 공원의 나무들을 싹을 틔우더니 금세 꽃을 피워내고 벌써 꽃이 시들어 지저분하게 처지니 세월의 무상함도 절감한다. 꽃도 산수화가 피고 목련이 피더니 라일락이 뒤를 잇고, 영산홍이 만발하여 온 공원이 꽃동산이 되는가 했는데 불과 수일 만에 이들은 시들고 아카시아 꽃과 이팝나무 꽃이 향기와 더불어 눈내린 동산처럼 화창하다. 소나무 등 사철나무잎만 푸릇푸릇 외롭더니 이제 완전히 녹음의 천지가 되어 눈과 마음을 시원하게 한다.

 그러니 보이지도 않는 적, 바이러스와의 무서운 전쟁 속에서도 이처럼 교훈도 얻는구나 하고 느낀다. 많은 사람들은 이 바이러스와의 전쟁 후, 달라질 세상에 대하여 예상들을 하고 있는데 글쎄, 어떻게 달라질까? 절박한 궁금증이 인다.

놀라운 여행체험

지난 연말, 서울의 한 대기업에 다니는 딸로부터 전화가 왔다.
"아버지. 제가 맡은 프로젝트가 끝나서 연가를 받아 제주살이 한 달을 하려하는데 아버지도 한 일주일 제주에서 살아보면 어떻겠어요?"

나는 망설임 없이 고맙다 했다. 사실, 코로나19 때문에 집에만 웅크려 살기에 실증이 나 있는 상태에서 그보다 반가운 제안이 또 어디 있겠는가.

우리가 직장생활을 할 때에는 연가라는 제도 자체가 없었고, 기껏해야 공휴일을 통한 연휴가 있을 뿐이었다. 하긴 나의 경우 교직에 있어 방학을 이용한 휴가를 활용할 수는 있었지만 기업체의 경우에는 연가라는 용어 자체가 없었던 것 같았는데 이제는 그렇게 변하였으니 격세의 느낌이 들었다.

어찌되었던 제주도에서 한 주일 동안 사랑하는 딸과 함께 살아보게 되었으니 얼마나 마음 설레는 일인가. 이어서 연락이 왔다.

"한 달을 살려면 아무래도 차를 가지고 가는 것이 편리할 것이니 일정이 결정되면 제가 차를 몰고 대전에 들러 아버지를 싣고, 여수에 가서 하루 쉬고 배편으로 갈거예요." 했다. 그럴 수 있겠다 했는데 며칠 후 다시 연락이 왔다.

"가만히 생각해 보니 그보다는 서울에서 차를 화물로 부치고 비행기로 가는 것이 더 편리할 것 같아 그렇게 하고 저는 인천에서 비행기로 갈테니 아버지는 청주에서 비행기로 오세요. 수속은 제가 다 해 놓을 테니." 하는 것이었다.

그래 예정된 날이 되어 우리 내외는 청주공항에 가서 딸이 핸드폰으로 예약해 준 과정에 따라 비행기에 올랐다. 예전 같으면 우리가 공항에 가서 복잡한 절차를 밟아야 할 텐데 모든 것이 핸드폰에 보내온 정보에 따라 수속을 할 수 있었다.

제주공항에 도착하여 짐을 찾으려 내려갔더니 바로 옆 벨트에 딸이 제 짐을 찾으려 대기하고 있는 것이 아닌가. 우리보다 15분 먼저 도착하였다는 것이다. 이렇게 반가운 인사를 나누고 인천에서 온 짐과 청주에서 온 짐을 찾아 대합실에 같이 서게 되었다. 딸은 바로 전화를 걸더니 서울에서 부친 제 차가 10분 이내에 공항으로 온다는 것이 아닌가.

정말로 곧 바로 딸의 차가 도착하고 차의 키를 받자, 차체를 한번 둘러 본 다음 우리를 싣고 공항을 빠져나와 제주 서쪽 항구인 애월의 숙소로 출발했다. 그리고 점심을 하자면서 도중에 어떤 음식점 앞에 차를 세운다. 이 음식점 역시 핸드폰의 인터넷 정보에 의하여 찾았고 예약이 되어 있었다.

내 딴에는 나도 교수 생활을 하면서 그런대로 현대적인 삶을 산다고 생각했는데 전혀 딴 세상에 온 느낌이었다. 더욱 가관인 것은 애월의 어느 아파트에 도착하여 차를 주차장에 세우더니 엘리베이터 앞에 서서 전화를 건다. 바로 비밀번호를 받고 예약된 5층 대문 앞에서 문을 열고 안으로 들어가는 것이었다. 마치 오래 살아온 제집처럼.

24평 쯤 되는 집 안은 깨끗이 정돈되고 청소되어 있었다. 집주인이나 관리인을 만나지 않고 오로지 전화로 모든 과정이 진행되었다. 뒤에 들으니 집의 선택도 인터넷을 통하여 했고, 계약도 그렇게 했으며 잔금 처리도 그렇게 했다는 것이다. 집의 임대가 이렇게 집주인을 만나지 않고 완전히 인터넷으로만 체결되었다는 것이다.

이렇게 해서 딸과의 제주 생활을 시작했는데 그 다음의 일정도 모두 핸드폰 인터넷으로 진행되었다. 관광지 입장 예약이라든지 식당 찾기, 심지어는 다방까지도 이렇게 정보를 찾아 진행되었다. 코로나 때문에 관광지 입장도 시간과 인원의 제한을 받았는데 이 또한 폰 하나로 어렵지 않게 진행되었다. 그러니 딸이 아니었으면 이번 여행은 불가능했을 것이다. 아니 앞으로는 딸 같은 젊은이의 안내가 아니고서는 여행 자체가 어려울 것 같다는 생각이었다.

떠나오기 전날 저녁 우리들의 핸드폰을 달래더니 사진을 모두 자기 컴퓨터에 옮기었다. 우리 내외는 기분 좋은 여행을 마치고 일주일 만에 집에 돌아왔다. 며칠 후, 아직 딸은 제주에 있는데 서울에서 우편물이 하나가 찾아왔다. 뜯어보니 제주에서의 우리가 여행 중에 찍은 사진이 앨범으로 편집되어 온 것이 아닌가. 우리가 이런 기상천외의 세상에 살고 있다는 것을 실감하였다.

정년과 시간

　사람이 생명을 부지하고 있는 동안 누구에게나 허락되어진 하루 스물네 시간, 이 시간을 어떻게 보내느냐 하는 것은 대단히 중요한 일이다. 학생 시절에는 뭐니뭐니 해도 공부하는데 시간을 어떻게 활용하느냐가 최대의 과제이니 거기에 매달려 사는 수밖에 없었다. 그러나 사람마다 어떤 공부를 하는데 시간을 썼느냐에 따라 그 결실은 실로 천차만별이었다. 직장 생활에도 맡은 바 임무를 수행하기 위하여 시간을 썼지만 얼마만큼, 열정적으로 그리고 효율적으로 사용했느냐에 따라 그 열매는 가지각색으로 나타난다.

　자. 이제 그런 의무에서 자유롭게 된 것이 이른바 정년이라 할 수 있다. 진학할 걱정이 없으니 공부에 매일 일이 없고, 직위를 유지하거나 승진을 걱정할 일이 없으니 직장 일에 매이지 않아도 된다. 정년이 없는 직업의 경우는 다르지만 정년이 있는 사람에게는

정년이야 말로 시간의 억매임에서 해방된다 할 수 있다.

과연 그럴까? 재직 기간 동안 어떻게 시간을 보냈느냐에 따라 그 시간적 자유가 또한 천차만별이다. 경제적 여건을 어떻게 마련했느냐에 따라 정년 후의 시간이 행복할 수도 있고 그렇지 않을 수도 있다. 가령 많은 빚을 안고 정년을 하면 생활의 안정이 안 되고, 늦게까지 자식의 교육과 생활을 책임지게 된다면 또한 시간의 자유가 주어진다고 해도 괴롭게 되어 있다.

어떤 사람은 인생 이모작을 한다면서 정년 후를 철저히 준비한다. 귀농을 해서 텃밭을 마련하고 거기서 뜻있는 시간을 보내기도 하고 전공을 살려 또 다른 직장을 마련해서 새 생활을 하는 경우도 있다. 이렇게 본다면 시간에 자유롭다는 것이 결코 행복한 것은 아니라는 결론을 얻게 된다.

나는 교직에서 정년을 맞았다. 중학교 강사에서 시작하여 교육 관계 여러 직장을 거쳐 대학에서 정년을 맞았다. 적어도 비난의 대상은 되지 말자는 생각에서 나름 열심히 교직 생활을 했다. 그리고 독자적인 학문의 체계는 세우지 못한다고 하더라도 선진 학술적 이론을 전달하고자 열심히 읽고 쓰고 노력했다. 그러다 보니 노후를 설계하는 일은 생각할 겨를이 없이 정년을 맞았다. 참으로 다행인 것은 연금에 가입하여 의식을 유지하는데 어려움을 느끼지는 않고 있다. 또 자식들 문제로 경제적 부담을 심각하게 느낄 일도 없으니 기초적인 생활을 하는데 부담은 없는 편이다.

그러나 나에게도 어김 없이 하루 스물 네 시간은 주어지고 있으니 이를 어떻게 사용하는 것이 현명할지 하는 것은 나에게 크나 큰 과제가 아닐 수 없다. 이 시간을 뜻 있게 활용하면 행복할 것이요, 그렇지 못하면 불행할 것이다. 어떤 친구는 늦게 욕심이 생겨서 돈을 벌어보겠다고 사업을 시작했다가 어렵게 된 경우가 있고, 어디에 투자했다가 낭패를 본 친구도 있다. 나는 아예 그런 욕심도 의욕도 없으니 경제적으로 수난을 당할 일은 없는 편이다. 그렇다면 주어진 스물 네 시간, 삼백 육십오 일, 살 날이 얼마나 남았는지, 그 시간을 어떻게 보낼 것인가, 참으로 걱정이 아닐 수 없다.

사실, 나는 정년과 더불어 약 10여 년 동안은 병고에 시달리는 아내의 병간호로 다른 생각을 가질 겨를이 없었다. 그런 가운데에도 은사 이재복 선생님 추모 기념사업으로 전집을 간행, 봉정한 일이나 대전예술단체 총연합회의 50년사 간행의 책임을 맡아 일한 것은 보람이라 하겠다. 그러나 50년 가까이 고락을 같이 한 아내를 보내고, 어머님을 여의고, 하나 뿐인 아들을 잃는 아픔을 견디느라 정년의 자유로움을 느낄 시간을 가질 엄두를 내지 못했다.

여든 가까이 되어서야 새로 아내를 맞고, 내 시간을 가져볼까 하는데 기억력도 감퇴했고 육체적인 기동력도 떨어진 형편이라 난감하다. 그래도 딸의 권유로『어쩌다 여든살』산문집 한 권을 남긴 것은 보람이라면 보람일 수 있겠다. 이제야 나에게 주어지는 하루 24시간을 가급적 효율적으로 써 보고자 한다.

나는 요즈음 저녁 10시면 잠자리에 든다. 아내를 보내고 불면증으로 고생할 때 책을 읽으면서 잠에 들던 버릇으로 지금도 독서가 수면제가 되었다. 그러면 대개 4시 경에 잠이 깬다. 이때에 약 1시간 제대로 책을 읽고 다시 잠이 들었다가 6시에 신문이 오면 1시간 반 가량 신문을 읽고, TV 앞에 앉아서 인간 극장 등 다큐 프로를 보면서 아내가 차려준 아침 식사를 하고 인근 야산 공원에 다녀오면 대략 9천보를 걷는 운동을 한다. 내 건강의 유지책은 바로 이 아침 산책 겸 운동인 셈이다. 전에는 오후에 헬스에 나갔었는데 이제는 코로나19로 그 운동을 하지 못하고 있다. 오후 시간이 컴퓨터 앞에 앉거나, 책을 들거나, 붓을 들거나, 아니면 TV에 매달리는 시간이다. 그러니 사회적으로 쓸모 있는 시간은 보내지 못하고 그저 살아가는 것이 아니라 살아지고 있는 셈인데 어쩌겠는가. 다른 사람에게 큰 폐해나 끼치지 않고 있음을 위안 삼을 수밖에.

 그러나 분명한 것은 정년 후 나에게 허락된 시간을 어떻게 보내느냐에 따라 이 세상을 떠난 후 나에 대한 평가는 많이 달라질 것이다. 그러니 주어진 하루 24시간이 소중하지 않을 수 없다 할 것이다.

억지 인생

"손님, 이렇게 손님을 태우고 운행 중에는 다른 손님이 손을 들어도 차를 세우면 안 되겠지요?"

하고 택시 운전기사가 뒤에 탄 나에게 질문을 한다. 택시를 타고 불과 몇 분이 지나지 않아서 이런 질문을 하는 기사의 의도가 무엇인지 알 길이 없는 나는 다소 망설이지 않을 수가 없었다. 사실 악덕 운전기사의 합승행위가 사회적인 문제가 되었던 일이 있었으니 당연히 "그렇지요."

라고 대답을 해야 맞는 말이겠지만 경우에 따라서는 택시 잡기가 어려울 때 같은 방향이면 합승을 한다는 것이 오히려 승객을 돕는 일일 경우도 있으니 쉽게 대답할 일도 아니지 않는가? 더욱이 아침부터 이런 일로 입씨름을 할 까닭이 없으니 운전기사의 눈치를 살필밖에. 그래 머뭇거리고 있는데

"손님. 그런데 말입니다. 며칠 전에 손님을 모시고 운행 중이

었는데 어떤 분이 제 차를 향해 손을 들었던 모양입니다. 저는 손님을 모시고 가는 중이었으니 별로 관심이 없어서 사실은 그 손님이 손을 드는 것 조차도 몰랐었습니다. 그런데 그 분이 경찰에 제가 승차 거부를 했다고 신고를 한 것입니다. 경찰에 불려 나가 그 사람과 만나서 나는 당연히 다른 손님을 모시고 가는 중이었다고 대답을 했지요. 아 그랬더니 증거가 있느냐는 겁니다. 참으로 난감한 일이 아닙니까. 그런데 다행인 것은 제 차의 운행기록 판에는 어느날 어느 시간에 승객을 태우고 간 기록이 자동으로 입력되어 있었습니다. 그래 그 기록지를 증거로 내놓았더니 그때에야 미안하게 되었다는 것입니다.

 손님, 제가 그 증거를 대지 못했으면 벌금 이십만원을 물을 수 밖에 없습니다. 그래 나는 당신 때문에 영업을 못했으니 손해배상을 하라 요구 했습니다. 적어도 당신은 나를 처벌하려고 고발한 사람이니 벌금에 해당하는 이십만원은 내라 요구했지요. 실제로 정신적인 고통은 그만 두더라도 그 시간 영업을 했으면 그보다는 많은 수익을 했겠지요. 그런데 그는 오히려 뭐 그런 것을 가지고 그러느냐는 투로 지나치려 하는 것이 아니겠습니까. 그래 저도 정색을 하고 당신을 무고죄로 고소하겠다고 따졌지요. 그랬더니 그는 변호사 비용도 안될텐데 무슨 고소냐는 것입니다. 나는 그것은 내 사정이니 당신이 관여할 문제가 아니니 알아서 하랬더니 그때에야 깎아달라지 않아요. 제가 보기에 그는 그런 일을 여러 번 한 것 같았습니다. 이런 세태는 어떻게 설명해야 합니까?"

자연히 우리는 승차에 대한 이런저런 이야기를 나누면서 목적지에 다았다. 가령 지나가는 차를 향해 손을 들었는데 그냥 지나친 것만 가지고 승차 거부로 볼 수 있느냐. 적어도 차를 세우고 목적지를 이야기 했을 때 승차를 거부했을 때라야지 해당되지 않느냐. 뭐 그런 이야기였다.

지금 우리 사회에는 지나치게 고발정신이 실종된 것도 문제이지만 이렇게 지나친 것도 또한 문제인 것 같다. 요즈음 무슨무슨 파라치 문제가 심심치 않게 회자되고 있다. 교통위반 차량을 고발하면 보상한다 해서 차파라치가 가위 전문적인 영업 수준에 이르렀다더니 이제는 또 과외를 단속하기 위한 학파라치가 성행이라는 뉴스를 들은 기억이 있다. 전문적인 학원이 생겨서 증거 사진 찍는 기술 까지 교육한다던가.

나는 이날 고향에 사는 외사촌 형수가 작고하셨대서 문상을 가기 위해 시외버스 터미널에 가는 중에 이런 이야기를 들었는데 문상을 마치고 오는 중에는 또 이런 일을 경험하였다.

논산에서 시외버스를 타게 되어서 차에 올랐는데 차가 막 출발하려 할 때 술이 건하한 중년의 남자 한 사람이 차에 올랐다. 옷차림은 신사인데 몸매나 얼굴은 고운 편이 아니어서 함부로 말을 걸기가 두려울 정도였다. 때는 시월 중순 좀 선선한 날씨였는데 이 사람은 오르자마자 날씨가 덥다면서 운전 기사에게 어어컨을 켜라는 것이다. 그것도 사뭇 시비쪼로 큰소리이다.

"보세요 손님들도 다 더워하잖아요."

가운데 서서 승객들을 둘러 보는 눈길이 행여 자기 의사에 거스르는 말을 하면 금방 달려들 것 같은 위세이다. 십여 명 되는 손님들은 중년 이상의 아녀자와 나 같은 노년이 대부분이었는데 사실은 모두 더위를 느끼기 보다는 오히려 서늘한 느낌을 가지고 있는 형편이었다. 그러나 그 사람의 위세에 눌려 누구도 말을 하지 못하고 있자, 기사는 에어컨을 가동하는 것이 아닌가. 몇 분이 지나지 않아서 나를 비롯한 여러 승객들은 창문 위의 에어컨 바람을 막느라 몸을 이리 틀고 저리 틀면서 불편한 표정을 짓고 있었다. 얼마지 않아 어떤 손님은 기침을 하는 형편이었지만 한 사람도 대 놓고 불평을 말하지는 못하고야 말았다.

이것이야말로 여러 승객들의 진심과는 전혀 다른 생각을 승객들의 의사로 둔갑시켜서 자신에게 유리하도록 하는 독선이 아니고 무엇인가. 여기에 항의하지 못한 나를 비롯한 승객들의 용기 없음이 문제이기는 하지만 우리 생활주변을 자세히 들여다보면 이 비슷한 현상은 도처에서 찾을 수 있다. 민의를 대변한다는 선량들도 국민의 의사와는 아무 상관이 없는 일을 국민의 뜻이라고 내세우면서 억지를 부리는 일이 비일비재하지 않던가. 이것도 따지고 보면 권력이라는 위세로 국민의 진의를 왜곡하는 독선이 아니고 무엇인가.

이날 나의 주된 일은 문상이었는데 엉뚱한 일을 경험하면서 우리 사회의 두어 단면을 관찰한 셈이다. 승차거부의 엉터리 고발은 법을 악용한 선량한 사람 불편하게 만들기의 한 사례라면 다수를 빙자해서 그 다수를 불편하게 만드는 에어컨 가동 또한 힘의 오용을 설명하는 한 사례가 될 것이다. 이는 바로 억지쓰기와 억지부리기의 단면이 아닌가.

　우리는 일상을 살아가면서 그날이 그날 처럼 권태로움을 느끼는 경우가 많은데 사실은 이렇게 자세히 관찰하면 하루도 전 날과 똑 같은 날이 없음을 알게 된다. 이런 것을 통털어 우리 사회의 억지문화라 하면 망발일까. 어쩌면 우리는 억지 문화의 환경 속에서 억지문화를 피차 누리면서 억지 인생들은 아닐런지.

테스형!「천국은 있습디까?」

　소크라테스를 형이라 불러 화제를 모은 가수 나훈아씨는 '세상 살기가 왜 이렇게 힘드냐?'고 외친다. 그리고 '사랑은 또 왜 그러냐?'고 하소연한다. 그러면서 먼저 가신 저 세상 천국은 있더냐고 묻는다. 정말 저 세상에 천국은 있는 것일까.
　종교가 우리 인간에게 가르치는 최대의 가르침은 다음 세상이 있다는 것이다. 이 세상의 삶이 죽음으로 끝나는 것이 아니라 다음 영혼의 세상이 있다는 것이다. 그러니 이 세상을 살아가면서 죄를 짓지 말라는 것이다. 이 세상에서 죄를 지으면 저 세상에서 벌을 받는다는 것이다. 불교에서는 극락과 지옥이 있다는 것이고, 기독교 역시 천국과 지옥이 있다는 것이다. 이 세상에서 죄를 짓지 않고 선하게 살면, 죽어서 극락에 가고 천국에 가지만, 죄를 짓고 악하게 살면 지옥에 떨어져 말로 할 수 없는 고통을 당한다는 것이다.

그러니까 이 세상에서 많은 돈을 모아 부자가 되는 것이 성공이 아니요. 그 부를 선하게 써야 저 세상에서 가서 대접을 받는 것이요, 이 세상에서 높은 지위를 얻어 권력을 얻는다 하더라도 그 권력을 잘 못 써서 죄를 지으면 저 세상에 가서 지옥에 떨어져 고통을 받게 된다는 것이다.

나훈아씨는 다시 노래한다. 테스형 당신은 '너 자신을 알라'고 툭 내뱉고 가셨는데 나 자신을 모르겠다고 호소한다. 그렇다. 우리는 자신을 알기가 결코 쉽질 않다. 자신을 알면 죄에 빠질 일이 없는데, 그런데 자신을 알기가 결코 쉽지 않다는데 인간의 비극이 있다. 사람들은 자기 자신을 안다고 큰소리들을 치면서 살고 있는데 하나님 보시기에 부처님 보시기에 과연 잘 알고 있다고 평가해 주실지 의문이 아닐 수 없다.

아니 부처님, 하나님은 멀리 계시니 아시는지 모르시는지 감이 잡히지 않는다고 치고, 당장 우리 주변에 있는 사람들로부터도 어떤 평가를 받고 있는 것인가. 부모님 보시기에 자녀들이 자기 자신을 잘 알고 산다고 평가하시는 것일까. 또 자녀들이 보기에 부모님은 자신의 분수를 잘 알고 사신다고 자신 있게 평가받고 사는 것일까. 나훈아 씨의 고백처럼 모르겠다는 것이 정답인 것 같다. 교사가 보기에 학생은, 학생이 보기에 선생은, 사원이 보기에 사장은, 사장이 보기에 사원은, 국민이 보기에 정치 지도자는 어떻게 평가하고 있을까. 생을 마감하고 저 세상에서 어떤 대우를 받게 될까.

우리나라의 역대 대통령들은 극락에 갔을까. 지옥에 갔을까.

이승만 대통령은 그가 신앙하는 천국에 갔을까, 아니면 말년에 이 세상에서 많은 사람들로부터 독재자 소리를 들었으니 지옥에 갔을까. 박정희 대통령은 또 어디로 갔으며, 김영삼 대통령, 김대중 대통령, 노무현 대통령은 과연 어디로 갔을까. 아마도 저 세상은 이 세상처럼 다수결의 평가에 따라 천국과 지옥이 결정되지는 않을 것 같다. 성경에서는 부자가 천국에 가기는 낙타가 바늘구멍을 통과하기 보다 어렵다 했는데 정치인 역시 지위가 높을수록 천국 가기가 어려운 것은 아닐까. 그들은 누구보다도 자신을 잘 안다고 생각하면서 통치를 하지 않았던가.

나는 종교 생활을 하지 않았으니 천국이나 극락을 바라볼 수도 없는 처지이지만, 종교를 가지었던 대통령들은 어떻게 되었을까. 뿐만 아니라 스님이나 목사님이나 신부님들은 과연 천국이나 극락에 가서 평안한 복을 누리고 있는 것일까. 나도 테스 형에게 묻고 싶다. 어디에 계신가.

오늘, 나훈아씨의 세상 살기가 어렵고 사랑조차도 어렵다는 이 호소가 오늘을 사는 많은 사람들의 가슴에 공감을 한다면 오늘의 우리 정치 지도자들도 다음 세상에 천국 가기가 쉽지 않을 것 같다는 생각이 든다.

분명한 것은 다음 세상이 있다고 생각하면서 사는 인생은 이 세상에서 말과 행동을 한 번쯤 생각하면서 살아갈 것 같다. 나도 이제 가까이 보이는 저 세상을 생각하면서 이제부터라도 자신을 돌아보는 시간을 자주 가지어야 하겠다는 다짐을 해 본다.

많은 사람들로부터 박수를 받는 대중가요 가수 나훈아씨의 저 「테스 선생」의 가사를 음미하면서 오늘 이 사회의 지도자들이 자신을 잠깐 되돌아보는 시간을 가지었으면 하는 희망을 말해 본다.

참회懺悔를 생각하며

"- 살생한 죄. 오늘 참회하나이다. 도적질한 죄 오늘 참회하나이다. 거짓말한 죄 오늘 참회하나이다. 아첨한 죄 오늘 참회하나이다. 이간질한 죄 오늘 참회하나이다. 나쁜 말한 죄 오늘 참회하나이다. 탐애貪愛한 죄 오늘 참회하나이다. 성낸 죄업 오늘 참회하나이다. 어리석은 죄업 오늘 참회하나이다. 백겁 천겁 쌓아온 업, 한 생각에 없어져서 마른들枯草 불태우듯 흔적조차 없어지소서. 죄의 자성自性 본래 없어 마음 따라 일어난 것. 마음 한 번 없어지면 죄업 또한 없어지네…."

이는 불가佛家에서 천도재를 지낼 때, 송주誦呪하는 참제경懺除經의 한 부분이라고 한다. 그러니까 인간으로 태어나서 지은 모든 죄를 참회함으로 저승 길에 무사히 갈 수 있도록 축원하는 경인 것 같다.

이는 최인호의 소설 「山門」을 읽다가 만난 글이다. 만일 저승이 있다면, 그래서 생을 마친 후에 그 길을 가려면, 이처럼 이승에서의 모든 죄업을 참회하여야 만 한다면, 오늘을 사는 우리들은 자신의 삶을 심각하게 되돌아 볼 필요가 있을 것이다. 어찌 이승에서 지은 죄를 세상 떠날 때에 참회한단 말이냐? 차라리 지금 살아 온 날을 되돌아보며 단 한 가지라도 참회하는 것이 더 값진 것이 아니겠는가. 모든 종교에서는 날마다 날마다 자기가 지은 잘못을 끊임없이 참회하도록 가르치고 있는 것이 아닌가.

여기에서 말하는 죄라 함은 무슨 사회적인 위법성을 말하기 보다는 양심의 죄업을 말하는 것이다. 가령 위의 참제경에서 도적질이나 거짓말, 혹은 아첨이나 이간질한 죄라 함은 사회의 제도로 만든 법을 위반한 죄를 말하기 보다 법 이전의 양심적인 죄를 말하고 있다는 것이다. 따라서 재판을 받고 교도소에서 징역을 살은 죄가 아니라 거기까지는 이르지 않았어도 마음으로 지은 죄까지를 말하고 있다고 볼 수 있다. 그렇기 때문에 이를 반성하는 것을 참회라고 하는 것이고, 마음 한 번 없앰으로 그것이 가능하다 가르치고 있는 것이다.

불가에서는 화택火宅이라는 말을 쓴다. 속된 사바세계, 죄업으로 가득한 이 세상을 그렇게 말하고 있다고 한다. 오늘 우리가 살고 있는 세계가 바로 화택이 아닐까 느껴질 지경이다. 정치, 경제, 사회, 문화, 어디를 돌아봐도 분열과 갈등으로 하루도 편할 날이 없다. 유독 나만의 생각인지는 모르지만 특히 정치판이 가장 심한 것이 아닌가 본다. 말로는 국민을 위한다면서 자신들의 권력 쟁취를 위해 혈안들이 되어 피 터지는 싸움질들을 생업으로 삼고 있다. 거짓말, 아첨, 이간질, 탐애, 성냄, 나쁜 말, 심지어는 정신적인 살생에 이르기까지 참제경에서 말하는 모든 죄업을 골고루 저지르고 있는 사람들이 정치인이 아닌가. 그런 면에서 이 땅의 정치인들이 먼저 참회하는 운동이 벌어졌으면 한다.

나는 가끔 국내 여행을 다녀온 사람들로부터 이런 말을 듣는다.

"참 우리나라 좋아졌어요. 사통팔달 아스팔트길이 시원하게 뚫려 있지요, 산에 들어가나 강가를 가나 체육 문화 시설이 없는 곳이 없지요, 세계 어느 나라에 가 봐도 우리나라의 변소처럼 깨끗한 곳이 없을 지경입니다. 더욱이 버스에 기차에 교통이 얼마나 편합니까. 요즈음 같으면, 가는 곳마다 꽃천지가 되어 얼마나 아름답습니까. 그저 정치만 좀 잘하면 좋은 나라인데…."

그렇다. 지금 나이 든 사람들이라면, 어린 시절 전쟁의 폐허 속에서 너나 할 것 없이 가난에 찌들려 고생해 온 경험을 가졌기 때문에 오늘의 세상을 보면 상전벽해의 변화를 실감하고 있는 것이다. 몸소 이런 세상을 만들기 위하여 피땀을 흘린 세대들은 오늘의 세태를 볼 때 화택처럼 느껴 한숨을 내쉬지 않을 수 없을 지경인 것이다.

종교에서는 다음 생을 위해서 마지막 죽음 앞에서라도 참회하라는 가르침이겠지만, 이승의 평화로운 삶을 위해서는 지금 당장 참회하는 것이 필요한 것이다. 그래서 경에서는 바로 오늘 참회한다는 서약을 하도록 하는 것이 아닐까. 그리고 그 참회는 법에 의해서가 아니라 마음 한번 바꾸면 된다고 가르치는 것이다. 결코 참회는 법으로 가능하지도 않다. 법 이전의 양심의 문제이기 때문이다.

단골 술집 이야기

　우리가 일상생활을 하다 보면 여러 가지 거래를 하면서 살 수밖에 없다. 물건을 사게 되고 음식점을 드나들어야 하며 더러는 술집도 찾아가게 된다. 그러다 보면 자연히 자주 찾아가는 거래처가 생기게 되어 이른바 단골집이 이루어진다.
　왜 자주 찾게 되는가? 친절해서 찾기도 하고 값이 싸서 찾기도 하며. 이런저런 인연이 닿아서 찾기도 한다. 뿐만 아니라 상품의 품질이 좋거나 소비자가 원하는 상품을 잘 소개해 주어서 찾기도 할 것이다.
　술집이나 음식점의 경우, 우리 같은 술꾼들은 우리 처지에 맞는 주류에 우리 형편에 맞는 안주가 구비되어 있고 주인이 친절할 경우 찾아가게 된다. 지금은 카드라는 것이 있어서 외상이 문제되는 경우는 적지만 옛날에는 외상술을 잘 주는 주점이 단골이 되기도 했다.

칠팔십 년대 나의 젊은 시절, 직장 동료나 친지들과 어울려 자주 주점을 드나들 때에 외상술이 아니고서는 술집에 드나들 수 없는 것이 당시의 형편이었다. 월급은 집에 주고 용돈 몇푼 가지고 생활하다보면 현금으로 술을 마신다는 것은 거의 불가능에 속했다. 따라서 월급날이면 외상 술값을 갚고 남은 돈을 집에 가져가게 되는데 분수에 넘는 외상을 갚으면 당연히 집에서는 분란이 생기기 마련이었다. 이게 어디 술값만인가. 양복도 월부요, 책값도 월부이어서 월부 인생이라는 말이 생길 정도이어서 생활이 각박했다.

월급날 단골주점들을 돌아가면서 술값을 갚으면 그냥 나올 수 없으니 다시 한잔씩 하고 집에 이를 때면 거나해서 식구를 만나게 된다. 그러니 내 내자는 얼마나 속이 터졌겠는가. 지금 생각하면 끝까지 살아준 것만 해도 고마운 일이다.

이제 그런 시절이 아니어서 정년을 했고, 음식점이나 술집도 그전처럼 드나들 수 없는 형편이다. 오히려 어울릴 사람들조차 없어서 세월이 무료하기까지 한 시간들이다. 그래도 더러 친지나 친구들과 만나다 보면 자주 들르는 음식점이나 술집이 없을 수 없다. 그러다 보면 역시 단골은 있게 마련이다.

나는 요 몇 년 전부터 석재 사업으로 상당히 성공하여 비교적 여유로운 생활을 하고 사는 김정길사장과 친절하게 지내는 중이다. 그 부부와 우리 내외가 보름에 한번 꼴로 만나 화기애애한 시간들을 보내면서 노년의 외로움을 달래고 있다. 사업을 아들에게 물려주었기 때문에 자유로운 시간이고 경제적으로도 아쉬움이 없는 분이어서 만나는데 부담이 없어 우리들 대화는 항상 즐겁다. 지난 시절 어려운 경제 형편에 학교를 다니고 결혼을 해서 고생했던 추억들이 화제가 되기도 하고 친지들의 소식이나 세상 돌아가는 이야기도 재미있다. 더욱이 여러 면에서 서로 이해가 깊은 편이어서 만날 날이 기다려지고 만날수록 정이 깊어지고 있다고 생각한다. 특히 내자들이 서로 좋아하는 편이어서 대화가 즐겁다.

우리는 자연히 여러 음식점을 드나들게 된다. 고급은 아니더라도 정갈하고 음식과 술이 우리들 형편에 맞는 집을 찾아 음식점을 고른다. 그러다가 특히 마음에 드는 집이 있으면 서로 소개하면서 찾게 된다.

지난달에는 낙지 전문집을 골랐다. 즐거운 시간을 보내고 헤어졌는데 다음 만남도 그 집에서 하자는 연락이 왔다. 그리고 우리는 참으로 근래에 만나기 어려운 친절한 주인 이야기를 들었다. 김사장은 청력에 문제가 있어서 보청기를 사용하고 있다. 잘 적응이 안 되어 고생하다가 값비싼 보청기를 근래에 구입해서 비교적 잘 활용하고 있었는데 지난번 만나고 귀가해서 보니 그 보청기가 없어졌더라는 것이다. 당황해서 백방으로 찾아보았지만 오리무중이었다는 것이다. 실망하고 있었는데 그 부인이 생각해 보니 혹시 그 음식점에 떨어진 것은 아닐까 하는 생각이 들어 김 사장에게 이야기 했으나 그럴 가능성이 없고 설사 거기에 떨어졌다 하더라도 찾을 수 없을 거라는 것이었다.

다음날 아침 부인은 남편에게 알리지도 않고 그 음식점을 찾아 종업원에게 사정을 이야기 했으나 어제 그런 것을 본 일이 없다고 하는데 저쪽에 있던 음식점 사장이 쫓아와서 무슨 일이냐고 묻더란다. 그래 언간의 사정을 이야기 했더니

"어제 영업을 마무리 하고 문 앞을 쓸다가 단추 딱지 같은 것을 보았는데 망가진 것 같아서 쓰레기통에 버렸어요."

그것이 보청기라는 것을 설명했더니 곧바로 쓰레기 버린 곳으로 가서 음식점 사장이 자기가 버린 쓰레기 봉투를 찾아 손수 정성껏 하나하나 확인해서 드디어 그 비싼 보청기를 찾았다는 것이다. 집나간 자식이 돌아온 것 같은 심정이었다고 그 감사의 심정을 표현했다.

고마운 마음에 남편을 불러 음식을 시켜 먹고 사례금을 조금 더하여 계산대에 놓고 나왔더니 쫓아 나와서 당연히 할 일을 해서 잃은 물건을 찾은 것인데 이러시면 곤란하다면서 사양을 하더라는 것이다. 근래에 만나기 어려운 친절이었다.

우리는 당연히 이 집을 단골로 정하고 당분간 이 집에서 만날 것이다. 이렇게 해서 우리는 새로운 단골을 찾은 것이다. 각박한 세상에 아직도 이런 분이 있어서 살맛이 나는 것이 아닌가.

그래서 단골이 좋다.

독서 한담 讀書 閑談

65세 교수 정년을 하고도 15년을 더 살고 있다. 동료 가운데는 아직도 자기 전공을 위하여 열심히 연구하고 저술을 하는 분도 있지만 나 같은 고령자 대부분은 그저 평범하게 시간을 보내고 있는 분이 많다. 학교생활을 할 때에는 강의를 위하여, 또 논문을 쓰려고 전공 분야의 책을 읽지 않을 수 없었지만 이제 그런 의무에서 해방되면서 자연히 취미에 가까운 독서 생활을 하게 되었다.

어떤 분처럼 골프를 칠 줄도 모르고 바둑이나 장기나 화투를 모르는 나로서는 그래도 시간을 보내는데 책밖에는 없다. 다행이 문학을 전공한 나는 크게 신경 쓰지 않으면서 즐겨 읽을 수 있는 소설, 수필 등 책이 있어 지루할 새 없이 책과 가까이 지낼 수 있다.

특히 8년 전, 40여 년을 같이 생활해 온 아내가 세상을 뜨고

한 3개월 동안 불면증으로 고생하면서 어떻게 하든지 잠을 불러오기 위해서 책을 펼쳤던 것이 이제는 습관이 되어버렸다. 그러니 나에게 있어 독서는 수면제 역할도 하고 있다고 할 수 있다. 그리고 즐겨 찾는 책들도 어려운 논문이나 평설의 책이 아니요, 주로 문학작품을 찾는 편이다. 수필이나 소설들이 부담없이 읽혀지는 것이다. 그리고 문학 작품은 발표 시기에 크게 구애를 받지 않고 찾을 수 있는 장점이 있다. 수십 년, 더러는 수백 년 전에 쓰여진 작품이라 하더라도 재미만 있으면 아무런 부담을 갖지 않아도 되는 것이 문학 작품이기 때문이다.

전에는 소설 한편을 읽어도 그 작품에 내재된 의미를 찾아 연구 논문의 자료로 삼거나 학생들에게 설명하려는 의무감 같은 부담을 가지고 읽어서 가급적 내용을 오래 기억하려고 노력을 하지 않을 수 없었는데 이제는 그저 취미나 기호로 읽다보니 바로 내용을 잊어버리는 단점이 있다. 그러니 독서가 시간 보내는 수단이 된 듯하여 스스로 자괴감에 빠지기도 한다.

책을 구입하는 것도 그전에는 연구나 교재로 적당한 작품들을 찾아 구입했지만 이제는 크게 신경 쓰지 않고 구입하게 된다. 경제력이 빈약했던 학생시절, 중고서점을 열심히 찾았던 기억이 생생하다. 대전에서는 원동초등학교 앞의 여러 고서점이나, 중앙극장 통의 고서점을 주로 드나들었다. 철지난 문학잡지나 작품들을 싼 값에 구입할 수 있었고, 더러는 오래 전에 발간되어 희귀한 책을 만났을 때, 그 기쁨은 말로 할 수 없을 지경이었다. 특히 서울의 대학 학창시절에 동대문 고서점가를 정말 열심히 쫓아다녔었다.

　직장 생활을 하면서는 비교적 전공에 필요한 책을 선택해서 구입할 수밖에 없었고, 신간서적을 제 때에 구입하지 않으면 강의를 제대로 할 수 없으니 자연히 책을 고루 갖춘 서점을 찾지 않을 수 없었고 더러는 고가의 영인본이나 고서를 찾기도 했다. 더욱이 국문학이나 사학 등 국학의 경우 책이 생명이어서 나도 부지런히 사 모았었다.

　정년을 하고 집에 보관하기가 어렵게 되어 학교 도서관에 보내려 했는데 이제는 기증하려 해도 도서관에서 복권이 아닌 책만 선택해서 받는다. 이삿짐 센터에 연락하여 만권 가까운 책을 실어 보냈더니 도서관에서 필요한 4천여 권만 받고 나머지는 버린다 해서 학과 사무실로 보내 학생들이 나누어 가지도록 하고 말았다.

　요즈음에는 중고서적 전문점인 알라딘을 자주 찾게 되었다. 어쩌다 간판을 보고 들렸는데 나는 깜짝 놀랐다. 중고서적을 사고파는 기업이었다. 전국 체인인데다가 규모가 커서 분야별로 분류해서 수만 권을 진열해 놓았다. 값도 30%에서부터 50, 60%까지 다양하고 최근의 책으로 한번 독자의 손을 거친 책들이어서 더러는 앞에서 읽은 사람의 메모까지 같이 할 수 있는 것들이 많았다.

　옛날 헌책방의 개념과는 확연히 달라 한쪽에는 독서시설까지 갖추어 그곳에서 독서하는 친구들도 있었다. 뿐만 아니라 컴퓨터를 통하여 비치된 책을 편리하게 찾을 수 있는 시스템도 갖추고 있었다.
　나는 오늘도 소설 진열대를 돌아 다섯 권의 책을 골라 계산대 앞에 섰다. 그런데 이게 웬일인가. 이중 세권이 이미 이 책방에서 구입해 간 책이란다. 기억력이 이 지경에 이르렀으니 독서를 한들 얻어지는 것이 무엇이란 말인가. 그래도 싼 값에 또 서가를 돌면서 책을 고르고 있다. 잡기를 모르는 나로서는 시간을 보낼 다른 방법이 없기 때문이다. 내 방의 네 벽에는 다시 책으로 가득 찼으니 처리할 방법을 또 연구해 보아야 하겠다.

문학과 그 주변

정년기념으로 그간 발표한 수필과 평론
(국판 388p)

5부

우리 고장의 문학 담론

冷硯欲書先自凍

차가운 벼루에 먹 갈아 글을 쓰려하였으나
먹물이 먼저 얼었구나

교사로서의 錦汀선생님!

나이 드니 오는 전화가 많지 않은데 뜻밖에 전화벨이 울립니다.

"송교수여. 나 최원규야."

우선 죄송스러웠습니다. 먼저 안부 전화라도 여쭈어야 할 일인데 이렇게 먼저 전화를 주시다니. 몇 달 전, 금당 선생님 전집 중 문학 편이 결본이 되어 구했으면 하셔서 금당의 자제인 이동녕 교수에게 부탁하여 구해드리라 했는데 혹시 차질이 생긴 것은 아닌지.

"내가 금년에 아흔이야. 집 나이로는 아흔 하나, 어쩌면 마지막이 될 지도 모르겠는데 시집을 내려 해."

가슴 벅찬 말씀이 아닌가요. 보통 아흔 살까지 건강하게 사시는 것도 어려운데 그 연세에 시집을 간행하신다니 말씀입니다. 얼마나 놀라운 일입니까. 그저 감사, 감탄할 일이지요. 그런데

"시집 끝에 발문 몇 편 편집하려하는데 원고지 한 열 장쯤 써 줘."

하시는 것이 아닙니까. 선생님께서는 20여 권의 시집 등 많은 책을 내셨는데, 그래서 많은 시인과 평자, 그리고 학자들에 의하여 쓰여진 글이 많은데 아흔에 내시는 시집에 제가 흠을 낼 생각을 하니 아득하기만 한데

"멀리서 지켜 본 내 모습을 쓰던지, 시 한편을 골라 감상을 하던지. 부담 갖지 말고…."

저는 사양의 말씀을 드릴 수가 없었습니다.

저는 아직 학교도 지어지지 않아 홍산면 창고를 교실로 쓰는 신설 중학교를 졸업했습니다. 촌 녀석이 대전 보문고등학교로 진학을 하였는데 중고 병설이었습니다. 중학생 때 문예반에 들어 프린트본 교지를 내 본 경험이 있어서 문예반에 들었습니다. 그때 중학교에 재직하시면서 문예반을 지도해 주신 선생님이 바로 최원규 선생님이셨습니다.

그때 보문은 선생님의 열정으로 문예반 활동이 활발했습니다. 교지는 물론 신문을 발간하고 과외 활동도 많았습니다. 시인이신 교장선생님의 영향도 있었지만 고교, 대학 시절에 문학 활동의 경험을 가지신 최선생님께서 열심히 지도해 주셨기 때문입니다. 더러는 하숙집으로 불러 문학 이야기를 들려주시고, 책도 빌려주셨습니다. 저의 소년 시절은 이렇게 선생님의 지도로 문학의 꿈을 키웠다고 할 수 있습니다.

그 후, 저는 가정 사정으로 대학 진학을 접고 아버님이 하시는 양조장 일을 돕다가 우여곡절 끝에 야간대학에 진학, 졸업했을 때, 보문중학교 교사로 이끌어주신 분도 선생님이십니다. 그러니 평생의 은인이시지요. 그런데 제가 보문을 이탈해서 여러 직장을 옮기는 통에 자주 뵙지 못하면서 전화조차 소원하게 되었네요. 그저 죄송한 일이지요.

그러나 저에게 있어서 선생님은 항상 많은 길을 인도해 주신 셈입니다. 중학교 교사에서 고교 교사로 대학 교수로 발전해 나가시는 역정, 그 자체가 저에게는 선망이요 교훈이었으니까요. 저도 그렇게 교직의 길을 걸어 오늘에 이르렀습니다. 2년제 공주사대를 나와 중학교 선생님으로 봉직하시면서 충남대에 편입, 대학을 마치시고 고등학교 선생님으로, 다시 대학원을 마치고 대학 교수로 발전해 오신 그 길을 저도 닮고 싶었습니다. 그러니 선생님의 삶, 자체가 저에게는 이정표였던 셈입니다. 이보다 더 큰 가르침이 어디에 있겠습니까.

이제 선생님께서는 연부역강의 의지를 저희들에게 가르치시고 계십니다. 몇 달 전, 대전문협에서 원로 문인을 접대한다고 10여 명이 모였을 때, 90 노인이심에도 모인 사람 하나하나 거명하시면서 그와의 인연을 설명하시고 그들의 문학에 대하여 일일이 설명해 주시던 모습을 보면서 우리들 모두는 감탄하였습니다. 거기다가 이렇게 시집까지 간행하시니 그 말년의 열정을 몸소 본 보이시고 있으십니다. '너희도 나처럼 90까지 건강하게 살아서 끝까지 작품을 쓰거라.' 하는 가르침 아니시겠습니까. 부디 연부역강하시어서 100세에 다시 시집을 간행하여 주시길 기도합니다.

 더 훌륭한 말씀으로 이 시집을 빛내주실 분들이 많고 많을텐데 저에게 이 글을 하명하신 것은 아무래도 선생님의 청년시절, 중등학교 교사시절의 추억을 되살려보시고자 하는 뜻이 아닐까 미루어 생각해 봅니다. 그때의 열정으로 평생을 살아오신 교사로서의 선생님은 많은 제자들의 삶에 그대로 교훈으로 이어지리라 믿습니다. 만수를 다시 한번 기원드립니다.

- 최교수님의 시집 『九旬에서 七旬에게』에

원로 문학 언론인 안영진 선생을 생각하며

　우리 고장의 원로 언론인 안영진 선생이 영면에 들면서 대전을 포함한 충남 언론사의 한 페이지를 넘기었다. 젊어서 신문기자의 길에 들어서 부장, 편집국장, 논설위원. 주필로 평생을 언론인으로 봉사하다가 은퇴 후에도 끊임 없이 글을 써 온 언론계의 몇 분 안 되는 어른이었다.
　선생은 대전이 충남 도청 소재지가 되면서 지역 정치 경제의 중심이 되자《대전일보》《중도일보》라는 일간 신문이 창간되었고, 6.25의 전란으로 야기된 혼란을 이겨낼 무렵 중도일보 기자로 언론계에 첫 발을 내디디었다. 모든 분야가 그러했지만 정치 경제 문화 교육이 새롭게 출발하는 초창기여서 많은 고난을 견디지 않을 수 없었다. 통신 수단이 여의칠 않으니 일일이 발로 뛰어야 했고, 펜으로 잉크를 찍어 원고지에 원고를 작성했어야 했으며, 때로는 교정까지 기자가 담당할 지경이었으니 지금으로서는 상상할 수 없는 노력을 필요로 했던 것이다. 인쇄도 활판 인쇄였는데 원고를 놓고 활자를 일일이 뽑는 문선과정을 거쳐 식자, 조판, 교정, 연판으로 인쇄에 들어갔는데 윤전기가 아니요 또드락거리는 활판 인쇄였으니 얼마나 복잡한 과정이었던가. 따라서 당시의 언론인들은 모든 일을 스스로 창조한 세대라 할 것이다.

어짜피 신문기자는 글쟁이일 수밖에 없다. 사건의 현장을 찾아 취재를 하고 독자가 정확하게 이해하도록 원고를 작성해야 하는 문장가이어야 한다. 사실적이면서도 감동적으로 글을 써야하는 글 기술자이어야 했던 것이다. 특히 안선생은 문화부 기자로 출발하여 문화부장으로 장기간 근무했으니 우리 고장에서 일어나는 문화계의 현장에는 항상 그가 가 있어야 했다. 특히 예술인들과의 교류가 많아야 했는데 문인들과 가까웠고 급기야는 등단이라는 과정을 거쳐 작가가 된다.

당시에는 변변한 문학지가 없어서 작가들의 발표무대가 신문이 되었었다. 신문의 문화면을 담당한 문화부 기자는 투고되는 작품을 선정하기도 해야 했지만 좋은 원고를 받아내야 하는 과제를 안고 살았다. 당연히 문학계에 영향력을 가지지 않을 수 없었다. 자연스레 문학단체에도 관여하기도 하고 각종 문학행사에도 참여하면서 많은 화제를 만들기도 했다.

흔히 들 언론을 제4부라고 말한다. 입법, 사법, 행정, 그리고 이들을 감독하고 견제하는 기능으로서의 언론을 말한다. 그래서 한 때 기자를 특권층의 직종으로 인식해서 풍자하는 말들이

나돌기도 했었다. 신문기자와 세무서 직원과 형사가 술을 먹으면 술값을 누가 내느냐는 우스갯소리 말이다. 답은 술집 주인이라는 것이다. 말하자면 이들은 사회의 권력자로 자기들이 술값을 내지 않도록 행세하고 살 수 있었다는 이야기이었다. 그런데 특히 당시 기자는 신문사에서 정당한 급료를 받고 생활해 나갈 수 있는 여건이 마련되지 못하여 그럴 수밖에 없다는 설명이 뒤따르기도 했다. 물론, 정치부 기자나, 경제 사회부 기자의 경우, 더러 촌지라는 것을 받아 생활에 도움이 되는 경우가 있었을지 모르지만 문화부 기자의 경우는 그러하지 못했을 것이다. 문인이나 화가 음악을 하는 문화 예술인들의 경우에는 오히려 주머니를 털어 도와주어야 할 형편들이었기 때문이다.

이런 환경에서 안영진 선생은 문화부 기자로 출발하여 분화부장에 이르렀고, 5.16 후, 1도 1사 정책에 따라 대전일보와 통합한, 충남일보 기자로 편집국장으로, 논설위원으로 평생을 언론인으로 활동했다. 이런 인연으로 예총 회장을 맡기도 했었고, 대전 PEN문학 창립 멤버로 초대 회장을 맡기도 했다.

내 나이 이미 80을 넘어섰는데, 필자가 고등학교 재학 시절에 선생은 문화부 기자로 활동하고 있었으며, 중도일보에 고교생을 대상으로 하는 3.1문예상을 제정하여 시상하기도 했으니 까마득한 선배이셨다. 나도 여기에 투고하여 입선을 한 경험이 있었는데 그런 인연 때문이었는지 고등학교를 졸업할 때 졸업소감을 쓴 수필을 발표하기도 했다.

나는 대학 재학 중에도 대전일보에 여러 편의 글을 발표했었다. 선배인 이용호 기자 덕분이었다. 졸업할 무렵에는 「한국현대시의 배경」이라는 논문을 연재하기도 해서 지역의 문인들께서 관심을 가져주시기도 했다. 졸업 후, 보문중고교 교사로 발령을 받아 근무하던 어느 날, 어떤 시집출판기념의 자리였던 것 같은데 안선생을 뵙게 되었다. 장발에 해맑은 얼굴, 예술인 용모의 신사였는데 반갑게 맞아 옆에 앉히고, "우리 신문에도 글 좀 쓰시지"하고는 환하게 웃으셨다. 이렇게 안선생과의 교류가 시작되었다. 아마도 첫 부탁이 4월 초파일 부처님 오신 날 원고였던 것 같다. 그 후로 여러 자리에 같이 했는데 잊혀지지 않는 것은 언제나 줄담배를 태우셨던 것이다. 술도 즐기는 편이어서 한잔 들어가면 지역의 예술계에 대한 에피소드가 줄줄이 이어져 시간 가는 줄을 모를 지경이었다. 물론 기자다운 비평이 같이 해서 더욱 흥미가 있었다.

한 번은 내가 『충남교육』 편집을 맡아 일할 때였던 것 같은데, 오후 퇴근 무렵에 만나 늦은 밤까지 술자리를 같이 했는데 갑자기 내일 10시까지 원고 15매를 써오라는 것이다. 정해진 주제도 없이. 지금 기억이 가물가물한데 여하튼 그 숙제를 풀었던 것 같다. 나이 차를 떠나서 그만큼 끈끈했다고나 할까.

1970년 초, 선생은 『氣球의 思索』이라는 수필집을, 여류 수필가 이병남 선생이 『가을이 오는 길목에서』라는 수필집을 발간했는데 나는 「수필의 知와 情」이라는 서평을 썼던 기억이 있다. 은퇴 후에도 집필을 계속했는데 내가 『어쩌다 여든 살』이라는 수필집을 내서 보내드렸더니 반갑다면서 전화를 주시고 이어서 『안영진의 문화기행』, 『임진왜란과 조선도공』이라는 본인의 저서를 보내주셨다.

　선생은 이렇게 끝까지 글과 같이 했고, 예술하는 사람들과의 만남을 즐겨했다.

　선생은 문화예술의 불모지라는 이 고장에서 평생 문화계 언론인으로, 문인으로 활동하면서 오늘의 이 고장 문화를 이룩하는 데 초석을 다진 인사로 기록되어야 할 것이다. 『대전PEN』

「문학의 기능」에 대한 단상斷想

그러니까 근 60년 전 이야기이다. 자유당 정권이 사사오입 개헌으로 장기집권을 획책하여 학생은 물론 국민감정이 부글부글 들끓고, 드디어는 4.19혁명의 물결이 일렁이기 직전, 학교의 문학개론 강의실, 반백의 머릿결이 존경스럽던 백철 교수, "모든 학문은 그 학문을 처음 설명하는 개론에서 그 학문의 목적을 이야기하는 것이 일반적인 관행이지만, 문학은 목적을 말하지 않아요. 목적의식을 가지고 창작을 하면 순수성을 잃기 때문이지요. 그래서 문학에서는 목적이란 말 대신 기능機能을 이야기합니다"라고 강의를 시작했다. 백철의 「문학개론」과 최재서의 「문학원론」은 거의 모든 대학의 국문학과 문학시간의 문을 여는 책이었다. 특히 백철 교수는 이병기 교수와 함께 현대와 고전문학을 한 책에 묶어 『국문학전사』를 써서 고전과 현대로 나누어진 한국문학사를 하나로 통일하려 시도한 학자가 아니었던가.

이는 뒤에 조동일 교수에 의하여 『국문학통사』로 발전하지만 이 무렵, 이어령은 참여문학의 깃발을 들고, 유종호는 비순수의 선언을 내세우면서 문학의 사회참여를 주장함으로 젊은 문학도들의 가슴을 설레게 하였다. 20대의 현대문학 전공의 필자는 이런 분위기에서 이런저런 생각을 하게 된다.

"문학의 사회적 기능". 그래 모든 학문이나 예술은 일정한 사회적 기능이 있을 것이다. 그렇다면 도대체 문학은 사회에 어떤 기능을 가지는 것인가. 그래서 석사 논문의 주제를 〈문학의 공리성功利性 연구〉로 정했는데 명확한 답을 찾아내질 못하고, 이제는 망팔의 보수 꼴통이 되어 이렇게 넉두리를 하는 형편이 되었다. 아니 대학에서 문학을 가르친다는 교수가 되어서는 박사논문의 주제를 〈현대소설의 서정성 연구〉로 정했었으니 이 어인 아이러니인가.

그러나 처음 문학공부를 시작할 때의 생각은 쉽게 잊혀지질 않고 지금도 여전히 머리의 한 귀퉁이에서 용트림을 치고 있음을 스스로 느끼고 있다. 그래, 시와 소설과 희곡이 왜 존재해야 하는가. 정말 작가의 카타르시스를 위해서만 존재하는 것인가. 물론 작가도 한 인격의 개체로 스스로의 행복을 추구하기 위하여 글쓰는 일을 한다고 치자. 그러나 그가 쓴 글이 다른 사람들에게 읽혀지고 논의되는 한에서는 다른 인격에, 또 그 사회에 일정한 영향을 미치고 있는 것 또한 사실이 아닌가. 그리고 솔직히 말해서 작가들은 자기의 작품이 많은 사람들에게 읽히고 반응이 있기를 기대하고 있는 것이 아닌가. 오히려 더 공감해 주기를 바라면서 고민하고 있지 않은가 말이다.

★

 그렇다면 오늘의 우리 사회에서 문학의 기능은 어떻게 설명할 것인가. 아니 우리의 사회가, 우리의 삶의 공간이 엄청나게 빨리 변하고 있는 이 시점에 문학은 어떠해야 할 것인가. 오감으로 느끼는 미술과 음악의 변화를 보면서 머리가 어지럽다. 순수와 대중의 사이는 어떻게 조화를 이루어 낼 것인가도 걱정이다. 클래식 음악과 대중음악은 참으로 남남인가. 클래식 음악 감상자와 대중음악 감상자의 질은 다른 것인가. 과연 고급과 저급의 차원인가. 대중매체들은 이들의 융합을 위해서 많은 노력을 하고 있다는 느낌이다. 뭐, 서울대학에서 열린음악회를 한다니까 반대가 심했지만 조수미와 유행가 가수가 한자리에서 잘만 어울려 이제는 모두 그런 소리가 없었다는 이야기가 있던데 사실인가. 이제 세종문화회관이나 예술의 전당은 대중음악의 공연장으로 변해도 무어라 말 사람이 없는 것은 아닌가. 그렇다면 과연 음악의 사회적 기능은 어떤 것인가.
 대체적으로 사람들은 소음은 싫어하지만 음악은 좋아한다. 그런데 클래식을 즐기는 사람은 대중음악을 소음처럼 생각하고 클래식을 이해하지 못하는 사람들은 클래식을 소음으로 인식하는 것은 아닌가. 그렇더라도 클래식이나 대중음악이나 일단 연주가 되면 자기도 모르는 사이에 박자를 맞추고 즐기는 것은 어쩔 수 없는 인간의 심리가 아닌가. 여기서 우리는 음악이 사람들에게 영향을 미치는 첫 기능은 즐거움을 주는 것이라는 것을 이해하게 된다. 리듬감의 공유, 그것은 인간이 공통적으로 가지는 정서적 파장이라 할 것이다.

 어느 장례식장은 조용한 클래식 음악으로 조객의 마음을 달래주는가 하면 어느 장례식장에서는 고인이 부르던 유행가 가락이 그 기능을 하고 있다. 죽음 직전의 고민 속에 있던 어느 환자는 어느 대중가수가 부르는 노래소리를 듣고 새로운 삶의 길을 찾았다고 고백하는 소리도 들었다. 그렇다면 그 유행가 한 곡은 한 사람의 삶을 완전히 바꾸어 놓은 놀라운 기능을 한 것이 될 것이다. 참으로 예술의 사회적 기능은 복잡하고 다양한 것이다.

 이런데 문학은 어떤가. 사실 문학은 적어도 대중성의 문제에 관한 한 음악보다 먼저 이런 문제는 튼 것이 아닐까 하는 생각을 해본다. 이제 대중문학이라는 소리는 들리지 않고 있는 것이 아닌가. 우리가 젊었을 때만 해도 신문 연재소설을 대중소설이라 해서 순수문학을 한다는 측에서는 다소 저평가했지만 이제 연재소설도 거의 사라진 형편이고 그런 소리는 없어졌다. 그렇지만 음악이나 미술이 사회의 변화에 따라 여러 가지 모습으로 몸부림치듯 우리 문학도 그러한 몸부림은 필요하다는 것이 나의 생각이다.

 어제 신문에는 유전자 가위로 심장병의 DNA를 잘라내는데 성공했다는 기사가 실렸다. 이제 운전자가 필요 없는 무인자동

차가 시내를 활보할 것이라 한다. 복제 동물을 출생시켰다는 소식은 이미 구문이다. 인공지능 알파고는 세계적인 바둑고수를 물리쳤다. 이 가공할 소식을 접하는 사람들의 모습들은 무덤덤하다. 그만큼 변화의 속도에 무디어지고 있다는 반증이라 할 것이다. 이제 옛날에는 신이나 가능했던 일을 사람이 해 내고 있고 사람이 만들어 놓은 기계의 능력이 인간을 초월하는 시대가 되고 있는 것이다. 과연 이런 사회에서 문학은 어떻게 기능할 것인가.

왜 글을 쓰는가? 하고 싶은 말이 있어서 쓴다. 무슨 말을 하고 싶은가? 저마다 마음 속에 가지고 있는 생각과 느낌을 말하고 싶은 것이다. 무슨 생각인가. 한마디로 무엇인가 문제를 가지고 있어서 그 문제를 말하려 한다. 문제는 무엇인가? 결국 고민이다. 이른바 고苦이다. 불교에서는 인생의 사고四苦 팔고八苦 백팔고百八苦 무량고無量苦를 말한다. 결국 인생은 고해苦海란다. 어떤 의미에서 문학은 인생의 고에서 출발한다고 볼 수 있다. 우리가 살아가는데 아무런 고민이나 고통이 없다면 문학이 존재할 수가 없을 지도 모른다. 그런데 사람마다 고민의 질이 다르고 다양하다, 시대에 따라 고민의 질도 다를 수 있다. 공통적인 고민도 있고 개별적인 고민도 있다. 작가는 바로 이 고민을 말하려 글을 쓴다고 할 수 있다. 그런데 그 글쓰는 방법, 즉 언어와 문장과 구성의 실력에 따라 그 고민과 고통이 더 많은 사람에게 공감되기도 하고 그렇지 못하기도 한다고 할 수 있다.

　우리는 문학의 전형성典型性을 말한다. 개성個性의 상대적인 의미로 쓰이고 있는 이 전형성, 말하자면 보다 많은 사람들에게 공감을 주는 고민을 창작의 주제로 했을 때 그 많은 사람들이 공감할 수 있다는 것이다. 그리고 가장 개성적인 것이 가장 전형성적인 것이 된다고도 말한다. 흔히들 가장 한국적인 것이 가장 세계적인 것이 된다는 논리도 바로 이 전형성의 문제일 것이다. 그것은 클래식이나 대중음악이나 일단 연주를 하면 그 율동감에 젖어드는 것처럼 모든 인간의 심성에 공통되는 정서를 가지고 있기 때문일 것이다. 인간의 감정은 정도의 차이는 있을 지언정 슬픈 일을 보면 같이 슬퍼하게 마련이다.

　자. 그렇다면 오늘의 우리 삶에 있어서 보다 많은 사람들의 고민은 무엇인가. 이 시대고를 잘 파악하는 일이 중요한 것이 아닌가. 우리 시대에, 우리 사회에 가장 공통적인 고민의 주제는 무엇인가. 지난 시대의 삶의 환경과 오늘의 환경은 상상할 수 없는 변화를 가지고 왔는데 우리들의 고민은 같은 것인가. 다른 것인가. 다르면 무엇이 어떻게 다른 것인가. 이것을 잘 찾아서 주제를 삼을 때 보다 많은 사람의 관심을 모을 수 있고, 공감을 이끌어 낼 수 있는 것이다.

　이것을 주제로 했을 때, 문학의 사회적 기능에 기여하는 정도가 결정될 것이다. 내가 쓴 시 한편이, 소설이, 우리의 삶이나 사회에 어떤 기능할 수 있을 것인가를 생각하면서 쓴다면 목적

문학이 되는 것일까. 끊임없이 다가오는 질문들이다. 여기서 다른 예술인들의 몸부림을 보게 된다. 광란에 가까운 리듬감의 폭발, 상상을 초월하는 설치미술의 경이감, 이런 실험을 통해 새로운 것을 찾아보려는 욕구, 우리 문학도 여기에서 예외일 수 없다고 본다.

여하튼 이 사회에서 시인이나 소설가의 존재 의미를 찾는 일, 그것이 바로 문학의 기능을 이야기하는 답이 될 것임은 분명하다. 문학개론 첫 시간에 들었던 '문학의 기능'은 여전히 나에게 많은 숙제만 남겨주고 있다.

나는 지금 『호서문학』에 글을 쓰고 있다. 문학이 우리에게 아무리 지난의 숙제를 준다 해도 우리는 쓰고 또 써야 한다. 이미 65년 전, 이 고장의 문학의 선각자들은 이런 교훈을 주고 있다. 창간사에 "파괴와 출혈과 기아와 우수 가운데에서 무에 그리 굉장한 것이 있으랴만 그래도 한번 우리 기운을 내 보자는 것이다."라고 선언하고 있다. 광복 후, 그 혼란 속에서도 우리 사회를 위하여 여러 가지 일을 선택할 수 있었을 테지만 유독 그분들은 문학이라는 길을 선택한 것이다. 그 이유는 무엇일까. 문학을 통하여 그 파괴와 출혈과 기아와 우수의 사회에 하고 싶은 말을 글을 통하여 주장하려 한 것이 아니었을까. 그것이 바로 문학의 기능을 설명하는 논리가 아닐까 생각해 본다.

『호서문학』

나태주 시인의 감동적인 시

　서점에 들렀다가 나태주 시인의 수필집 『좋다고 하니까 나도 좋다』를 구입했다. 서점에 가면 수많은 책들이 가지가지 옷을 차려 입고 자기를 선택해 달라고 손짓을 하고 있다. 분야에 따라 독자의 관심을 끌기 위해 다채로운 제목을 달고 줄지어 서 있다.
　나는 신간 진열대를 돌아보고 소설이나 수필 쪽에 발길을 멈추어 어떤 책을 고를까 고심하게 된다. 더러는 신문 같은 데에 소개되는 작가의 책을 찾기도 하고 그동안 관심을 가지었던 작가의 신간을 선택하기도 하지만 진열장을 둘러 보다가 생각지 않던 책을 만나기도 한다.
　나시인의 수필집도 시인이 쓴 수필이라는 데에 깊은 생각 없이 골라들었다. 나시인은 우리 고장 출신으로 평소에 안면을 트고 있는 사이인데다가 시를 전공하는 사람은 물론, 수많은 사람들로부터 사랑을 받는 시를 발표하여 명성을 떨치고 있는 시인이어서 더욱 반가운 마음으로 선택했다.

  사실, 요즈음 감동적인 시를 만나기가 쉽질 않다. 심지어 "우리 사회에는 시인의 숫자가 시의 독자 수보다 많다"고 말하는 사람도 있다. 어찌 우리 사회뿐이랴. 그만큼 오늘날 시인은 많은데 시를 이해하기가 어렵다는 이야기이고 이는 전 세계적인 현상이다. 시를 이해하기 위해서는 그만큼 노력해야 한다는 의미도 있지만, 시가 현학적으로 발전해 가고 있다는 이야기이기도 하다. 우리 사회에 시를 공부하는 사람, 시를 쓰는 시인이 많다는 것은 지극히 반가운 현상인데 시가 난해해서 이해하기 어렵다는 것은 현대시의 큰 과제가 아닐 수 없다.

  그런 가운데 많은 독자들에게 읽히고 감동을 주는 시인을 만나는 것은 확실히 고마운 일이다. 나시인의 경우가 그런 경우이다. 우리 고장에도 수많은 시인들이 있어 열심히 시를 쓰고 시집을 발간하여 세상에 내 놓는다. 그러나 많은 사람들로부터 사랑을 받는 시는 그리 많지 않다. 본인은 시에 대한 뜨거운 열정과 밤을 새우며 정성을 다하여 쓰는 작품이겠지만 독자와 공감을 얻는 작품은 찾아보기 힘들어 시인 스스로 번민하는 시인도 많다.

  그런데 나태주 시인의 시는 지역을 넘어, 계층을 넘어, 문학을 전공하지 않는 사람들로부터도 사랑을 받아 그의 어떤 시집은 10만이 넘게 팔렸다고 한다. 우리 고장에 이런 시인이 있다는 것은 큰 자랑이 아닐 수 없다. 그의 다섯 줄짜리 시 『풀꽃』은 건물 외벽, 등산로, 학교 교실, 심지어는 음식점 앞 포스터에서도 만날 정도로 널리 사랑을 받고 있다. 그래서 나는 그의 산문집을 주저 없이 선택했을 것이다. 이 책을 읽다보면 왜 그의 시가 그런 시를 쓰고 있는지 이해할 수 있었다.

그는 "나는 평생 러브레터를 쓰는 마음으로 시를 써온 사람이라"고 말한다. "힘들고 지쳐있는 사람들 곁에서 그들을 위로해 주고 부추겨 주고 응원해 주는 사람으로 시인은 시를 써야 한다"고 말한다. 그러면서 자기는 시의 조건으로 '첫째 짧다. 둘째 단순하다. 셋째 쉽다 넷째 근본적이다. 그리고 감동이 있어야 한다.'고 한다. 시론 치고는 참으로 단순하고 기초적이다. 바로 이런 정신으로 시를 쓰는데 많은 사람들로부터 사랑받게 된다. 이 이야기는 이런 기본으로 시를 쓰기가 쉽지 않다는 의미도 될 것이다. 그는 현란한 언어를 고집하지 않는 것 같다. 그리고 시 속에 엄청난 고도의 사상을 담으려 하지도 않는 것 같다. 인간의 아주 근본적인 문제는 오히려 이처럼 단순한 언어로 공감이 가능하다는 의미도 될 것이다. 물론 쉬운 시가 좋은 시의 절대적인 조건은 아니지만 적어도 나시인의 시에서는 그것이 최대의 장점이 되고 있다.

끝으로 이 책의 순수미를 감상하면서 그의 「풀꽃」을 다시 읽어보자.

자세히 보아야
예쁘다

오래 보아야
사랑스럽다.

너도 그렇다

독자가 찾아오는 작품 쓰기

2020년, 우리는 일찍이 체험하지 못한 세기의 재앙 코로나19의 공포 속에 살아가고 있다. 거기다가 수십 년 만에 찾아왔다는 장마와 폭우로 재난을 당하고 있다. 이런 환경 속에서도 우리 고장의 문인들은 활발하게 창작 활동을 해 왔다.

지난 분기에 문총은 『한국문학시대』, 문협에서는 『대전문학』을, 호서문학회에서도 『호서문학』을, 문학사랑협의회에서는 『문학사랑』을, 그리고 수필문학회에서는 『수필예술』을 발간하여 나에게 왔다. 그리고 이들 문학지들은 나름대로 특색 있는 편집을 위해 노력한 모습도 보였다. 어떤 문학지는 코로나19 문제를 소재로 한 글쓰기의 기민함을 보여주기도 했다. 또 여러 시인은 시집을, 수필가는 수필집을 보내주셨다.

대체로 문학단체에서 발간하는 문예지에는 약 70-80편의 작품을 싣고 있으니 5권의 문예지에는 약 4백여 편의 작품이 발표되고 있는 셈이다. 이들이 1년에 4번 발행한다면 연간 2천편의 작품을 발표하고 있으니 대단한 양이라 할 수 있다. 불과 50여년 전만 해도 상상할 수 없었던 양의 작품이라 할 수 있다.

당시 문협에서는 1년에 한 번 작품집을 발간하는 정도였고 다른 문학 동인들이 어렵게 어쩌다 한 번씩 회지를 발간하는 형편이었으니 발표의 기회를 얻기가 쉽지 않았다고 할 수 있다. 그러니 자기의 작품이 활자화 되는 것만으로도 희열을 느낄 지경이었다. 그런데 이제는 작품이 없어서 발표를 못하지 발표지가 없어서 작품을 발표하지 못한다는 이야기는 별로 설득력이 없어 보인다.

그런데 문제는 이렇게 많은 양의 작품이 쏟아져 나오는데 정작 작가들은 물론 독자들로부터 화제를 모으는 작품은 별로 찾아보기 어렵다는 점이다. 이제는 발표에서 가치를 찾기보다 작품 수용자들로부터 환영 받는 작품을 발표하는데 주력해야 할 때가 되었다는 이야기를 하고 싶은 것이다.

문학 작품은 독자를 통하여 그 가치가 재창출된다고 볼 수 있다. 어떤 의미에서는 많은 문인들은 문학지에 작품을 발표해 놓고 다른 사람들이 공감해 주기를 기다리고 있다고도 할 수 있다. 서점에 가 본 사람들은 모두가 체험할 것이다. 수많은 작가 시인들이 가지각색의 제목과 표지를 장식하여 작품집을 내놓고 독자를 부르고 있는 모습을. 우리는 어떤 기준으로 책을 구하는가. 더러는 책의 제목에서, 또 다른 사람은 표지의 장식에서, 더 많은 사람들은 작가 이름을 보고 선택하는 것은 아닌가. 더러는 신문이나 잡지, 혹은 지인의 권유에 따라 작품을 선택하고 있지 않은가.

　필자가 현직에서 소설론을 강의할 때에는 매달 발간되는 『현대문학』, 『월간문학』, 『한국문학』, 『문학사상』, 『창작과 비평』, 뒤에는 『문학마당』 등 매달 발간되는 문학지의 소설을 부지런히 읽어서 학생들과 작품 이야기를 해 왔었다. 여기에서 나 자신은 물론 학생들도 작품을 보는 안목이 키워져서 창작이나 비평의 능력이 향상되었고, 의미 있는 작품들을 찾기도 했었다.

　글쎄, 필자는 이제 나이 들어 젊은 문인들과 만나는 기회가 적어서인지는 모르겠으나 우리 고장의 작가들이 발표한 작품들을 가지고 담론을 했다는 소식을 별로 듣지 못하고 있다. 아니 심하게 말한다면 우리 고장 작가들조차 우리 고장의 작가들이 발표하는 작품들을 모두 읽고 있는지도 의문이다.

　문학작품의 제일 의미 있는 독자는 작가들이라고 생각한다. 작가야말로 가장 전문적인 독자가 아닌가. 작가들 사이에서 작품이 평가되고 그 소문이 대중에게 전파되면서 작품평가의 대중화가 이루어진다고 할 수 있다. 특히 질 높은 비평가의 비평이야말로 작품들이 사회적으로 인식되는 중요한 길이라고 할 수 있는 것이다.

　아주 오래 전, 오랫동안 『현대문학』지를 운영해 온 조연현 선생께서 하신 말씀이 생각난다. 어느 달, 어느 여성들의 직능단체에서 발간되는 잡지에 무명 시인의 시 한편을 소개 했더니 바로 여러 문학지에서 그 작품을 우수한 작품으로 경쟁적으로 취급하더라는 것이다. 아시다시피 당시 조연현 선생은 원로 비평가로 현대문학계에 상당한 영향력을 가진 분이었다. 이 분의 코멘트가 작품을 세상에 알리는 기회가 되었다고 할 수 있다. 이는 당시 비평계의 열악한 현상을 지적한 이야기이기도 하지만 권위 있는 비평가의 지적이 작품의 가치를 드러내기도 한다는 예가 될 것이다.

물론 작품이 독자들에게 감명을 주기 위해서는 먼저 작품이 감동을 담고 있어야 한다. 문제작이라 할까 화제작이라 할까 하는 작품에는 두 가지 유형이 있다고 본다. 먼저 대중에게까지 감동을 주는 작품의 유형이 있고 또 다른 유형은 실험적 작품으로 전문 문학인들에게 의미를 던지는 작품이다. 이제 우리는 발표에 의미를 둘게 아니라 독자들이 찾아주는 작품을 쓰기 위하여 땀을 흘릴 때라는 이야기이다. 그런 의미에서 요즈음 문학 카페 등을 통한 작품 논의는 상당한 시사점을 제공한다고 본다.

필자는 이런 제안을 하고자 한다. 먼저 우리 고장의 문인들이 우리 고장의 문인들의 작품을 성실히 읽는 운동을 했으면 한다. 장르를 망라하기가 어려우면 자기가 전공하는 장르의 작품을 빠짐없이 읽었으면 한다. 그리고 잡지 말미에 여러 회원들이 "내가 의미 있게 읽은 작가와 작품"을 소개하면 어떨지, 평설이 어려우면 작가와 제목만 열거해도 의미가 있을 듯하다. 여러 작가에 의하여 관심이 모아지는 작품이 자연스럽게 평가되는 것이 아닐까.

다음으로 독자를 확충하는 일이다. 이제 문학이 문인들끼리의 잔치이어서는 안 된다고 생각한다. 읽어줄 독자를 찾아가는 일도 병행했으면 하는 것이다. 사실, 한 작가를 이해하는 가까운 친구 중 적어도 한 사람쯤은 1년에 한 5만원 투자해서 네 권의 문학지를 받아 읽어줄 수가 있지 않을까. 그렇게 된다면 우리의 문학 독자는 배가되는 것이 아닐까. 이는 문학 단체의 운영에도 숨통이 트이는 일이 되기도 할 것이다. 이렇게 확충된 회원들의 이야기도 잘 활용하면 더욱 의미 있는 운동이 될 것이다.

(『한국문학시대』 권두 수필)

문학, 그 길을 다시 생각하며

1973년에 소설로 문단에 데뷔하여 근 30년 동안 수많은 인기 소설을 발표, 문단의 중진이 된 박범신씨가 1990년도에 이런 글을 씁니다.

> 1990년대가 되면서 나는 본질적인 많은 질문들이 사방팔방에서 나를 향해 압박해 오는 걸 느꼈다. 문학은 무엇이고 어떤 제단에 바쳐야 되는 것일까. 삶은 또 무엇이고 어디로 가는 것일까. 인간의 유한성을 이겨낼 길은 있을까. 내가 써 온 소설은 과연 어떤 위로를 나의 독자들에게 주었는가. 나의 내부에서 시작되어 나를 고통스럽게 결박해 오는 질문들은 대체로 그런 것들이었다. 대답은 하나도 떠오르지 않았다.
> — 수필 「새 삶의 위기, 그 실존」에서

그는 이 글을 쓸 때, 문화일보에 「외등」이라는 장편을 연재하고 있었고 객원논설위원으로 칼럼을 쓰고 있을 때였다고 합니다. 그는 겨울비 내리는 어느 날, 밤새 책상 앞에 앉아 원고지 한 장을 채우지 못하고 사투를 벌이고 있을 때 부인이 들어와 팔을 벌리고 자기를 껴안으면서

"소설 그만 써. 당신 그러다가 죽겠어."

이 말을 듣고 그는 울고 또 울었다고 합니다. 그리고 지구의를 아무리 들여다보아도 세계를 알 수 없고 연대표를 아무리 들여다보아도 역사를 알 수 없고, 내 삶의 정체성을 바로 보지 못하니 소설 쓰기를 오늘부터 중단한다는 글을 쓰고 절필했다고 합니다.

우리가 잘 아는 대로 그는 『불의 나라』 『물의 나라』 『흰소가 끄는 수레』 등 신문 연재소설로 많은 인기를 모았고, 여러 권의 소설집과 산문집을 발간하여 낙양의 지가를 올린 작가입니다. 그런데도 소설쓰기에 이같은 고백을 한 것입니다. 3년여 만에 다시 작품쓰기를 계속해 오고 있습니다만 우리는 여기에서 큰 울림을 느끼지 않을 수 없습니다.

과연 우리는 지금 어떤 생각을 가지고 얼마만큼 고뇌하면서 얼마나 치열하게 문장을 가다듬고 있는가. 내가 쓴 글이 독자에게 어떤 위로를 준다고 생각하면서 글을 쓰는가를 생각하게 합니다. 그렇습니다. 우리가 글을 쓸 때 적어도 박범신씨의 고민 같은 각오로 원고지 앞에 서야 할 것 같습니다.

우리나라에 문인의 수는 기하급수적으로 늘고 있는데 작품의 질은 그에 따르지 못한다는 소리를 자주 듣습니다. 시의 독자보

다 시인이 더 많다고 자조하는 목소리도 들립니다. 6월호 『월간 문학』에 유안진 시인은

> 가히 우리 시단은 르네상스를 창조했나? 싶을 정도로 월간지와 계간지가 겹치는 달에는 단행본이 아닌 인쇄물들과 시집들을 거의 150여 권 전후로 우송받는다. 특히 시전문지와 시집들이 많다. 등재시인이 6~7만 명 정도라고들 하니까 온 국민 시인 시대가 올거라고. 식자들은 모두 시를 지었던 우리 역사가 있었으니까.
> — 권두언 「시 무용無用이 대용大用되는 기적을 바라면서」에서

라고 쓰고 있습니다. 그리고 "서울 어디에 돌을 던져도 시인 아니면 수필가가 맞는다."는 말까지 듣는다고 했습니다. 이는 우리 사회에 그만큼 문학인이 많다는 것을 풍자하는 소리이겠지요.

우리 고장, 대전 충남, 세종이 하나의 지방 자치지역이었을 때 충남문인협회 회원은 불과 2-30명에 불과 했었는데 지금 대전시에만도 500여 명이 넘는다고 합니다. 문인단체가 여러 개여서 다투어 신인작가를 탄생시키고 있습니다. 아마 1년이면 수십 명의 문인이 새로 등단하지요. 50여 년 전만 해도 문인을 지망하는 사람들을 위한 교육기관이 서너 대학의 국문학과 정도였는데 요즈음은 대학 말고도 사회교육 기관에 많은 과정이 설치되어서 창작교육을 하고 있습니다. 참으로 반가운 일이지요. 우리 사회에 문학에 관심을 가지고 글을 쓰고자 하는 사람들이 그처

럼 많다는 것은 얼마나 자랑스러운 일입니까.

그런데 말입니다. 글에 대한 열정이나 진정으로 좋은 글을 써 보겠다는 각오 같은 것은 옛날에 비해 현저히 떨어지고 있음을 자각하지 않을 수 없습니다. 물론 많은 작품 가운데 빛나는 작품이 나올 수 있는 확률이 높으니까 고무적인 일이고, 박수를 칠 일이기는 합니다만 너무 안이한 생각으로 작품활동을 하는 것이 아닌가 우려하지 않을 수 없다는 것이지요.

우선 등단의 문이 너무 쉬운 것이 아닌가 합니다. 옛날에는 전국적인 월간 문학지가 몇 권 되지도 않았고 유명 작가가 시는 3회, 소설 등은 2회 추천을 하면서 수련의 기간을 가지게 했거나 신춘문예에 당선하여야 등단이 되었지요. 그 때도 정실 추천문제가 더러 논의되기도 했지만 당대 최고의 작가들이 추천위원이어서 권위를 지켜 추천하였기 때문에 뒷날 훌륭한 작가들을 등단시켰다는 평을 들었지요.

그런데 이제는 수많은 지역의 문학지들이나 장르별 문학지가 발간되면서 문학지마다 신인상 제도를 통해 이른바 등단을 시키기 때문에 수많은 문인들이 쏟아져 나오고 있는 실정이지요. 거기에다가 상업주의까지 가세함으로 질적인 저하까지 불러오고 있지요. 쉽게 등단하면 작품에 대한 엄숙성이 떨어질 수밖에 없지요. 안이하게 생각하게 된다는 말씀이지요.

또한 발표지가 많아짐으로 웬만하면 활자화되기 때문에 작품을 쉽게 생각하는 경향도 무시할 수 없지요. 선배작가들의 문학수련담 같은 것이라든지 추천을 받기 위해 노력한 이야기를 들다 보면 그들이 얼마나 치열하게 노력했는지를 알 수 있습니다.

그리고 말입니다. 옛날에는 그렇게 많지 않은 작가들이 발표하는 양 또한 그렇게 많지 않아 발표되는 작품들은 대부분의 문인들에 의하여 읽혀지고 평가되었었는데 오늘날 그 양이 많다 보니 사실 읽혀지지 않은 작품이 너무 많은 것은 아닌지요. 여기에서 비평의 중요성을 생각하지 않을 수 없습니다.

작품의 평가는 전문적인 독자에 의하여 이루어지고 세상에 알려지게 되지요. 전문적인 독자, 그가 곧 문학평론가들이라 하겠지요. 그런데 어찌된 일인지 그들조차 발표되는 작품들을 모두 읽기 보다 자기가 관심을 가지는 작가의 작품읽기에 치중하고 있는 것이 현실입니다. 물론 너무 많은 작품들이 쏟아져 나오기 때문이기도 하지만 비평가로서의 사명감 같은 것이 약화된 탓은 아닐까요. 그리고 이제 질 높은 독자들이 많아져서 평론가들의 평가에 그다지 신뢰를 보내지 않는 원인도 있겠지요. 이렇게 된 데에는 평론가들 스스로의 책임이기도 합니다만. 여기에는 비평의 환경의 문제도 있지요. 전에는 문학지에 월평 같은 것이 있어서 더러는 논쟁이 일기도 했었는데 요즈음은 그런 지면을 보기가 쉽지 않으니까요. 많은 비평가들이 작품 평 보다는 학술논문 쓰기에 바쁜 현실 또한 비평부재의 분위기를 가속화하고 있다고 할 수도 있을 것입니다.

기하급수적으로 늘어나는 작가에 헤아릴 수 없이 발표되는 다량의 작품이 독자들의 관심을 모으기 위해서는 작품평의 활성화가 절실히 필요하다고 보여집니다. 계획된 문예지들의 작품평이 확장되고 독자들이 쉽게 작품평을 만날 수 있는 기회가 많이 마련되길 바랍니다.

　무엇보다도 작가들이 보다 진지한 생각으로 혼신을 다한 작품을 쓰는 것이 더욱 중요하겠지요. 우선 저부터도 박범신 씨의 저 절필의 고민 같은 각오를 다질 필요가 절실하다 하겠습니다. 오늘날 우리가 문학의 길을 가면서 다 같이 한번 생각해 볼 문제가 아닐까요.

『한국문학시대』

대전문총의 내일을 위한 꿈이야기

『한국문학시대』 지령 50호를 맞으며

I

대전광역시는 5개의 행정구를 가진 인구 150만 명의 시민이 비교적 밀집된 공간에서 생활하는 도시이다. 인근의 대학까지 포함한다면 20에 가까운 대학을 가진 교육도시이자 과학도시이며, 상업도시이자 교통중심 도시이다. 자연히 그에 따르는 시민의 문화적 욕구가 넘쳐나는 도시가 될 수밖에 없다. 이 욕구를 충족시키기 위한 예술 활동 또한 넓어지고 깊어질 수밖에 없다. 이런 환경에서 우리 문학예술 또한 우리 지역의 사회적 기능에 발맞춰 발전해 나가지 않으면 안 된다.

이런 의미에서 대전문인총연합회가 창립되고 그 활동을 전개해 온 것은 큰 의미가 있다고 하겠다. 만일 오늘날까지 대전에 한국문협 대전지부라는 문학 단체가 유일하게 되었다면 얼마나 삭막하고 황당한 일이 되었겠는가. 대전문총이 창립되기 이전에는 정부의 지원하에 중앙에서부터 예술단체가 조직되고 하향식으로 지역 예술단체가 조직됨으로 관주도의 예술활동이 이루어질 수밖에 없었고, 그 일을 문인협회대전지부가 담당하고 있었음은 주지의 사실이다. 물론 대전에도 『호서문학』이나 몇몇 동인단체가 있었지만 경제적 이유 등으로 활동이 어려웠다.

아직도 우리 사회는 모든 조직이 중앙에서 먼저 이루어지고 그 모델에 따라 하향식으로 이루어지는 경우가 많지만 진정한 민주주의는 지역에서의 필요와 여건에 따라 조직이 되고 발전되어야 하며 옆 지역과 연계하여 상향식으로 연합해 나감으로 전국화 되는 것이 바람직한 것이다. 이른바 풀뿌리 민주주의라는 것도 출발은 하향식으로 시작했지만 이제는 지역의 문제가 지역민에 의하여 제기되고 추진되어야 하는 이른바 지방화 시대, 즉 지방주도의 자치로 발전하지 않으면 안 된다.

그런 의미에서 대전문인총연합회는 이런 지방화시대의 욕구에 부응하여 참다운 민주적 문학활동으로의 전환을 가져온 것이라 할 수 있다. 따라서 대전문총은 상위 조직이 없다. 정관 자체도 중앙의 어떤 모델에 의한 것이 아니고 순수한 지역 문인들의 자발적인 합의에 의하여 만들어 진 것이다. 그만큼 대전문총의 활동은 지역문인들의 자율적인 의사에 의하여 이루어져야 한다고 할 수 있다. 이는 대전문총이 문협지부와 차별화되는 활동을 요구받게 된다는 뜻도 될 것이다. 말하자면 대전문협과 똑 같은 활동이라면 그 존재 의미가 희박하게 된다는 것이다. 대전문총이 발전해 나가야 할 방향 또한 문협지부와는 변별력을 가지는 그런 활동이어야 그 존재 의의를 확대할 수 있을 것이다.

대전문총은 1990년 창립되어 27년의 연륜을 가지고 『한국문학시대』라는 문학 종합지를 발간하여 이제 50호에 이르렀다. 주지하는 바와 같이 처음에 는 1년 1회 회원지로 출발하여 1년 2회로, 다시 1년 4회의 계간지로 발전해 왔으며 회원지의 성격을 넘어 명실공히 순수 문학 종합지로 발전해 온 것이다. 그간 회원들은 물론 임원들과 잡지를 직접 편집 간행해 온 분들의 노고에 감사의 박수를 보내지 않을 수 없다. 그러나 50호를 발간하면서 다른 문학단체에서 발간하고 있는 문예지와 어떤 특색을 가지고 있느냐 하는 문제를 종합적으로 되돌아 보아야하는 과제를 안게 되었다고 할 수 있다.

II

『한국문학시대』가 없는 문총은 존재 의미가 없다고 할 정도로 이 문예지의 발간은 대전문총에 있어서 중요한 사업이 되고 있다. 사실 문학 단체의 존재 이유가 회원간의 친목도모와 문인의 권익 옹호, 그리고 문학활동의 활성화에 있다면 회지의 발간 이상 중요한 사업은 없을 것이다. 그래서 모든 문학 단체는 회지 발간을 최 우선의 사업으로 하고 있으며, 그 단체의 평가 역시 그 회지를 중심으로 이루어진다고 할 수 있다. 즉 『한국문학시대』는 대전문인총연합회의 얼굴이자 표상이라 할 수 있다.

『한국문학시대』의 발간은 먼저 회원들의 작품을 발표할 수 있는 지면을 제공하면서 창작의욕을 북돋아주고 회원들 작품의 질적 향상에 기여하게 된다. 어느덧 대전의 문인 수가 800명에 이른다고 하는데 이들의 발표장이 이 문학지가 있음으로 상당히 넓어졌다고 할 수 있고 발표된 작품들은 문인 상호간 평가의 장이 되는 동시에 창작의욕을 불러일으키고 있다고 할 수 있다.

또 한가지 중요한 것은 이 고장이나 전국의 지역 문학지와의 선의의 경쟁을 통하여 문학지의 수준을 높이는데 크게 기여하고 있다는 점이다. 만일 대전에 하나의 문학지만 발간되고 있다면 문인들의 발표기회도 부족할 뿐만 아니라 그 문예지만이 대전문학의 대표성을 가지게 됨으로 발전의 여지가 그만큼 줄어든다고 할 수 있다. 대전문총이 발간하고 있는 이 문예지는 연간에서 연 2회 발간으로 다시 계간으로 양적인 발전을 가져온 것도 스스로 수준의 발전을 위한 노력인 동시에 다른 문학지에 비하여 더 발전하고자 하는 의욕이 있었기에 가능한 것은 아니었을까. 그리고 무엇 보다 중요한 것은 편집의 내용이 회원의 작품만을 게재하는 회지會誌에서 출향 작가를 비롯한 전국규모의 필진이 참여하고, 장르도 다양화 하면서 종합문예지의 성격으로 발전하고 있다는 점이다. 이는 지역성에 매어있던 제호가 "한국'이라는 명사를 머리에 얹어 전국적 제호題號로 변신한 것에서도 이해할 수 있다.

그러나 이러한 발전에는 많은 애로가 따르는 것도 사실이다. 제일 큰 문제는 발간비의 문제이다. 회원지의 성격을 가지고 연간으로 발간할 때에는 회원의 회비만으로 가능한 일이지만 계간이 되면서 그 경비를 회비만으로는 불가능하게 된 것이다. 그간 약간의 관지원이 있었으나 그나마 어떤 이유에서인지 중단되고 있다니 더욱 어려운 일이 되고 있다. 그렇다고 지역의 유수한 기업이 있어서 그들의 메세나 지원이 있다던지 기업광고라도 있다면 가능하겠으나 그 또한 난망한 형편인 것이다. 여기에서 문총이 안고 있는 문제를 슬기롭게 해결해 나가는 노력과 지혜가 필요하다 하겠다.

III

앞에서 지적한바와 같이 대전문총은 대전 지역의 문인들이 자발적으로 조직 출발한 단체이다. 지역 문인들의 절실한 필요 요구에 의해 지역 문인들의 총의를 따라 조직되고 운영된다는 특성을 가지고 있다. 여기에 한국문협대전지부와 다른 변별력을 가진다. 그렇다면 대전문총의 운영은 순수하게 이 지역의 문화적 욕구를 보다 더 수용해야 하며 지역 문학발전에 더욱 역동적으로 노력할 필요가 있다. 중앙과 연계한 지부가 아니고 완전히 독립적인 조직이기 때문에 지역 문화, 지역문학과의 교류가 더욱 강조되어야 한다는 점이다. 말하자면 대전문총은 지역에 더 많은 관심을 모아야 하며 지역문학을 위하여 더 많은 봉사를 해야 한다는 당위성을 가진다고 보아야 할 것이다.

따라서 지역민은 물론 지역의 행정 자치단체에서도 더 많은 관심을 가지고 지원하도록 해야 할 것이다. 그럼에도 불구하고 그동안 지원해 왔던 보조금까지 중단되었다는 것은 이해할 수 없는 일이라 하지 않을 수 없다. 중앙의 하향식 조직이 아니라 순수하게 지역의 문인들의 조직인 문학 단체에 대하여 지역의 자치 행정에서 지원을 소홀히 한다는 것은 지방화 시대의 행정논리로도 맞지 않는다고 본다. 더욱이 대전문총에 대한 지원은 어느 한 작가의 창작지원 보다도 지역의 많은 문인이 참여하는 집단에 대한 지원이 아닌가. 각 정권 때마다 지원의 기준을 자기 정권의 입맛에 맞게 설정하여 지원했던 것이 적폐로 평가되고 있다. 이른바 불랙 리스트라는 것이 온 나라를 떠들썩하게 논의되고 있고 국정농단의 문제로까지 비화되고 있다. 그럴 리야 없겠지만 대전문총의 지원금 중단이 혹시라도 새로운 불랙 리스트 같은 것이 작용되고 있지 않은가 하는 의구심을 가지게 한다면 불행한 일이 될 것이다.

  여기에 대해서는 대전문총의 역할도 스스로 생각해 볼 필요가 있다. 과연 대전문총이 지역 문학의 발전에 어떠한 기여를 하고 있었는가 하는 점이다. 앞에서 밝힌 대로 문인들 스스로의 발전에는 많은 기여를 해 왔다고 볼 수 있겠지만 지역민들의 문화적 욕구에 어떤 봉사를 해 왔는가 하는 점이다. 물론 문학은 문학 작품을 통해서문학인의 활동을 활발하게 하도록 윤활유의 역할을 통해서 사회에 기여하는 것이지만 문학이 시민에게 다가가서 일반 시민들의 문학적 소양을 향상시킨다던지 관심을 가지도록 한다던지 하는 노력도 되살펴 볼 필요가 있다는 점이다. 말하자면 시민의 사랑을 받기 위한 더 많은 노력이 필요한 것이 아닌가 하는 것이다. 이는 대전문총이 문학지의 발간과 함께 시민에게 다가가는 문학 프로그램의 개발이 필요하다는 것이다.

가령 음악인들이 시민을 찾아가는 공연을 한다던지, 미술인들이 지역의 환경을 바꾸기 위한 활동을 벌이는 것을 보면서 문학인들에게는 그러한 봉사가 불가능한 것인가 하는 점이다. 이에 50호 발간에 즈음하여 몇 가지 제언을 하고자 한다.

Ⅳ

이제는 우리 문학단체도 시민들에게 저들만의 잔치로 보여지는 활동에서 시민과 더불어 가는 활동으로 발전 했으면 하는 것이다. 적어도 시민 가운데 문학에 관심을 가지는 사람들이나 문화계 인사들의 관심을 이끌어 낼 수 있는 사업이나 활동을 해야 한다는 점이다. 그리고 더 나아가서 일반 시민들로 하여금 문학에 관심을 가지도록 유도하는 활동이면 더욱 바람직하지 않을까.

첫째로『한국문학시대』발간과 관련한 문제이다. 1년 1회 회원지의 성격을 가진 문예지의 발간은 회원의 회비로서도 가능한 일이지만 계간으로 종합문예지의 성격을 가진 문예지로 발전해 나가기 위해서는 부득불 경제적인 문제를 만나지 않을 수 없다. 더욱이 관의 지원이 중단되고 있는 형편에서는 이 문제의 해결이 가장 중요한 문제가 될 것이다.

계간의 문학종합지를 운영하기 위해서는 경영적인 마인드를 활용하지 않으면 안 될 것이다. 회원의 동인지 차원을 넘어섰기 때문이다. 독자 배가운동부터 추진할 일이다. 어떻게 하면 독자를 확보할 것인가를 연구할 필요가 있다.

먼저 문학인이나 문학 단체가 지역 사회인들에게 봉사할 수 있는 길은 그들에게 문학에 대한 정보를 제공함으로써 문학적 소양을 길러주는 일이 아닐까 본다. 그 일을 문예지가 담당하면 어떨까. 지금 뜻있는 독자들의 후원금이 어느 정도 잡지 발간에 기여하면서 그들에게 문학적인 정보와 작품이 소개되고 있는데 이를 더욱 적극적으로 확대한다는 의미이다. 가령 회원들이 주변의 뜻있는 시민들에게 대전문총의 문예지를 보내는 일에 적극적으로 참여한다면 그만큼 시민들에게 문학적인 소양을 전파하는 일이 되는 동시에 이들의 지원이 곧 문예지 발간에 도움이 될 것이라는 것이다. 예를 들면 200회원이 2명의 시민에게 잡지를 보내고 연 5만원의 후원을 얻어낸다면 1천만원의 발간비를 확보할 수 있을 것이다. 그리고 400명의 시민에게 문학작품을 선물하는 것이 될 것이다.

이와 더불어 독자를 위한 프로그램도 가동할 필요가 있다. 가령 독자 토론회나 독자 세미나, 독자 친목 행사들도 연구해 볼 만하다. 독자들에게 다가가는 편집도 고려되지 않을까.

둘째로 문학 교육의 프로그램을 연구해 볼 필요가 있다. 대전문총에는 그런 봉사를 할 인적 자원이 풍부하다. 학생들을 위한 강좌나 시민을 위한 강좌 같은 것도 구상해 볼 수 있을 것이다. 대학이나 문화원보다도 전문 문학 단체에서 운영하면 오히려 신뢰도가 높지 않을까.

셋째로 인터넷을 통한 봉사활동도 시도해 볼만 할 것이다. 종이 출판 매체가 위기에 처할 정도의 전자매체 시대가 되어 있다. 문학 작품도 핸드폰으로 구입해서 읽는 시대이다. 좋은 작품을 시민들에게 제공하는 사업도 문학의 활성화를 위해, 문학단체의 홍보를 위해 필요할 것이며 이는 결국 문예지의 독자 확충에도 도움이 될 것이다.

이런 사업이 결코 쉬운 일은 아니다. 그러나 회원들의 정성이 모아진다면 불가능한 일도 아닐 것이다. 이제는 문학단체 운영도 전문화 되지 않고서는 앞서 갈 수 없는 시대를 맞았다. 꿈같은 이야기를 늘어 놓았다. 그러나 발전은 늘 꿈의 현실화로 이루어옴도 또한 사실이다. 대전문총과 『한국문학시대』의 발전을 바라는 꿈 이야기였다고 자위해 본다.

천사의 얼굴, 악마의 얼굴

 어쩌다 우리 사회에서 이런 사건들이 일어나는 것인가. 신문 방송을 보고 듣기가 두려울 지경이다. 며칠 전 TV 앞에 앉아 뉴스를 보다가 도저히 이해할 수 없는 놀라운 소식을 만나 한참 동안을 망연자실했다. 살인 사건이야 수시로 만나는 일이지만 살인의 동기가 그저 사람을 한번 그리 해보고 싶어서 살인을 했다니 상상이나 할 수 있는 일인가. 정유정 이야기이다. 20대 여성인 범인 정유정은 평소에 한 번도 만나 본 일이 없는 동년배의 여성을 찾아가 무참히 살해하고 시신을 트렁크에 넣어 유기하다가 택시 기사의 신고로 체포되었는데 범행의 동기를 물으니 "그저 살인을 해보고 싶어서" 그런 끔찍한 일을 저질렀다는 것이다. 놀고 싶으면 놀고, 먹고 싶으면 먹고, 자고 싶으면 잠을 자듯 사람의 목숨도 살해하고 싶으면 살해한단 말인가. 어쩌다 이런 지경에 이른 것인가.

이어서 보여주는 또 하나의 소식. 심야 아파트의 지하 주차장에서 젊은 여인이 귀가하고 있었는데 어떤 젊은이가 뒤에서 갑자기 달려와 발차기로 쓰러뜨린 후, 폭행을 가한 사건이다. 이유는 여인이 자기를 쳐다봤다는 것이다. 글쎄. 어떻게 쳐다보았는지는 모르나 역시 생면부지의 관계였다는데 폭행을 해야 할 정도로 기분이 나빴을까. 이 역시 정당한 이유가 없이 저지른 사건임에 틀림없다. 지극히 충동적인 범죄라 하지 않을 수 없다.

또 하나 이어지는 소식, 주인이 없이 운영하는 무인점포에 심야에 어떤 젊은이가 들어와 골프채로 계산기를 때려 부수고 현금을 훔쳐 달아났다는 것이다. 주인과 범인은 평소에 아무런 인연이 없는데 그저 범행하기 좋아서 선택했을 뿐일 것이다. 아닌 밤중에 날벼락을 맞은 셈이다. 주인은 잃은 현금보다도 계산기 설치비가 더 큰 피해였을 것이다. 그런데 다음날 현장을 찾은 주인은 따뜻한 감동으로 위안을 받았다고 한다. 망가진 계산기 옆에 서툰 어린이 편지 한 장과 동전 9백 원이 놓여 있는 것이 아닌가. 편지의 내용은 과자를 고르고 계산을 하려니 계산기가 망가져 있어 부득이 이렇게 놓고 가니 죄송하다는 것이었다. 나쁜 어른에 착한 어린이 이야기가 아닐 수 없다.

나는 여기서 이런 생각을 해 본다. 정유정이나 여인에게 폭행을 한 젊은이나 골프채로 계산기를 부수고 현금을 훔쳐간 사람이 어린아이 때에도 그렇게 악한 사람이었을까 하는 점이다. 아마도 계산기 옆에 편지를 놓고 간 어린이처럼 선량하지는 않았을까. 수십년 전에 읽은 이야기가 떠오른다.

　프랑스의 어느 화가가 젊은 시절, 이 세상에서 가장 아름답고 선량한 얼굴을 그려보고 싶다며 돌아다니다가 참으로 곱고 복스럽고 아름다운 아기를 발견하고 그 아이의 얼굴을 그렸다고 한다. 그리고 30여 년이 지난 다음, 이번에는 이 세상에서 가장 추악한 얼굴을 그리고 싶어 거리를 배회하다가 상처투성이에 험악하게 일그러진 얼굴을 가진 불량배를 발견, 그의 얼굴을 그리게 되었다고 한다. 그런데 놀라운 것은 그 불량배와 이야기를 나누다 보니 바로 그 사람이 30년 전, 아름다운 얼굴을 가졌던 그 아기였다는 것이다.

　천사의 얼굴이 어찌해서 악마의 얼굴로 변한 것일까. 인간은 누구나 태어날 때에는 순수하지만 자라면서 여러 가지 형태의 인간으로 변하는 것이 아닌가. 여기에는 가지가지 사연들이 있을 것이다. 가정환경, 교육환경, 사회환경, 그리고 문화환경을 생각해 볼 수 있을 것이다.

　사람은 이런 환경들에 적응하면서 인격이 형성된다. 지적 능력이 향상되고 정서적 영역이 넓어진다. 그리고 이런 지적능력과 정서적 역량이 균형을 이룰 때, 건전한 인격이 형성된다고 할 것이다. 균형이 깨지면 인격 파탄이 이루어지고 사회적인 문제가 발생한다고 할 수 있다. 앞에서 지적한 범인들은 정서적 환자들이라 할 수 있다. 어떻게 정상적인 정서를 가진 사람이라면 사람의 생명을 그렇게 가볍게 생각할 수 있겠는가. 여기서 우리는 문화와 예술을 생각하지 않을 수 없다.

어린이는 이야기를 듣고, 그림을 그리고 춤을 추고 노래 부르면서 자란다. 이 이야기, 노래, 춤, 그림이 바로 예술이다. 이 예술 교육이야말로 정서 교육의 기본이라 하지 않을 수 없다. 이 교육을 제대로 받고 자란 사람은 정서적으로 안정되고 정상적인 사회생활을 할 수 있는 것이다. 아동문학의 선구자라는 소파 방정환 선생은「어린이 찬미」라는 글에서 어린이야말로 이야기와 노래와 그림의 예술가라고 쓰고 있다. 어린 시절부터 이 예술적 정서를 잘 길러줌으로 바른 인격을 기를 수 있다고 말했다.

 그렇다면 오늘의 우리 예술교육 현장은 어떠한가. 모든 학생들을 대상으로 하는 예술교육은 심각한 입시교육으로 소외되고 있고, 전문 예술인의 양성을 위한 예술교육은 기능 위주의 훈련으로 일관하고 있는 형편이다. 건전한 시민 교육으로의 예술교육은 형식에 그치고 있지 않은가.

 인간 행동의 변화는 지식에 의한다기 보다는 감동으로 가능하며, 감동은 예술을 통해 가능하게 된다. 가령, 부모를 모시는 효행의 경우, 효도해야 한다는 지식에서 가능하다기 보다 마음에서 울어나지 않으면 불가능한데, 그 마음이라는 것이 바로 정서의 영역인 것이다. 특히 생명의 소중함을 인식하는 것은 더욱이 그렇다.

왜 예술인가?

 어째서 우리는 문학작품을 읽어야 하는가. 왜 우리는 미술 전시회에 가고, 음악회에 가야 하는가. 그리고 영화를 관람하고 연극을 봐야 하는가. 말하자면 왜 예술과 가까이해야 하는가.
 지식을 위해서인가. 돈이 생기는 일은 아니지 않는가. 예술에 관심을 가지지 않는다고 해서 당장 사회생활에 큰 문제가 생기는 것도 아니지 않는가. 그런데 왜인가.
 뭐니뭐니 해도 보고 싶고 읽고 싶고, 하고 싶기 때문이다. 말하자면 인간의 본성 가운데 그러한 예술에의 욕구가 있기 때문이다. 우리가 어릴 때, 노래 부르고, 그림 그리고, 동시 쓰고, 연극 놀이를 하면서 자란다. 그 자체가 즐거움을 주고 보람을 느끼게 되기 때문이다. 이를 문학의 기원론에서는 본성본능설이라 한다. 혹자는 이런 모든 예술적 행위가 생활의 필요에 의해 이루어진다는 발생학적 기원설로 설명하기도 한다. 가령 무용도

적을 유인하기 위해서, 칼에 새기는 문양도 주술적 목적에서 그리 한다는 이론이다.

　오늘날, 우리는 하고 싶고 보고 싶은 욕망에다가 교양인이 되고자 하는 의욕에서 노력하는 것이 아닐까. 그리고 사회 정치적으로는 역사적 시대적 창조의 위용을 표현하기 위한 욕구도 같이하고 있다하겠다. 가령 현대적 시설을 갖춘 공연장을 건축하는 이유는 공연자나 관람자의 욕구도 중요하지만 그 사회가 공연예술에 대하여 어느 만큼의 위력을 가지는가 하는 권위를 평가받기 위한 노력으로도 볼 수 있다.

　그러나 예술의 가장 중요한 기능은 인간의 인격형성에 기여함에 있다고 본다. 인간은 백지 상태로 세상에 나온다. 더러는 태어날 때부터 어떤 성격의 유전자를 가진다고 하지만 오히려 성장하면서 가지가지 환경에 의하여 성격이 형성된다고 본다. 그래서 교육이 가능한 것이 아니겠는가. 가정적 환경, 경제적 환경, 사회적 환경, 문화적 환경 등 수 많은 환경에 적응하면서 성격이 형성된다고 할 것이다.

　인간은 생각하는 존재이고 느끼는 존재이다. 이른바 사상과 감정이라는 것이 그것이다. 인격은 지적인 사상과 정적인 감정으로 이루어진다. 성격장애는 이 두 영역 가운데 하나라도 망가지면 문제가 된다고 할 수 있다. 두말할 것 없이 정적인 감정의 형성에 예술은 중요한 의미를 가진다. 인간 생활에 있어 지식은 더할 수 없이 중요하지만 지식의 활용이 선의의 길에 쓰이면 보배가 되지만 그렇지 않으면 멸망의 도구가 될 수도 있지 않은가.

같은 칼이지만 의술에 쓰이면 사람의 질병을 치료하는 도구가 되지만 강도의 손에 들리면 흉기가 되는 것과 마찬가지이다. 지식의 흉기화를 막는 길은 바른 정서의 형성에 있으며 그 정서를 기르는데 예술이 중요한 역할을 한다고 할 수 있다.

예술이 중요한 것은 이처럼 올바른 정서를 기르는데 중요한 의미가 있지만, 그 보다 더 중요한 것은 인간 내면에 축적된 정서적 갈등을 해소하는 역할을 한다는 점이다. 불교에서는 인생을 고해苦海라 말한다. 기독교에서는 원죄를 가지고 태어난다 설명한다. 사실 생존 자체가 고통의 연속일 수 있다. 희喜, 노怒, 애愛, 락樂, 애哀, 오惡, 욕慾을 인간의 칠정이라 해서 정서를 설명하기도 한다. 인간은 운명적으로 복잡한 감정 정서를 품고 살아가도록 되어있다. 이를 정화하고 극복하면서 살아가야 하는데 예술은 바로 그 청량제 역할을 하는 것이다. 인간은 시나 소설을 읽으면서, 그림을 그리면서 노래를 듣고 부르면서, 영화나 연극을 보면서 감동을 하게 된다. 그리고 감동을 하면서 자신의 내면에 품고 있던 감정의 찌꺼기들을 정화하는 것이다. 아궁이가 있으면 굴뚝이 있어야 한다. 불을 지펴 난방을 하지만 불순물인 연기는 굴뚝을 통하여 배출해야 하는 것과 마찬가지이다.

복잡한 도시 공간, 오염된 공기 속에서 생활하는 현대인들이 산과 바다를 찾아 생활을 정화하는 것처럼 복잡한 감정 정서는 예술과 가까이 하면서 정화해야 살아갈 수 있다. 이래서 예술진흥을 위한 정책이 중요하다 할 것이다.

심한 우울증 환자가 아름다운 음악을 듣고 용기를 내서 질병에서 벗어났다는 이야기가 있다. 사업 실패로 극단적인 선택을 하기에 이른 사업가가 영화를 보고 감동을 받아 재기의 길에 들어설 수 있었다는 이야기도 있다. 한 줄의 시가, 한편의 소설이, 한 폭의 그림이 한 인간이 절망을 극복하는 힘이 되었다는 예화도 있다. 뿐만 아니라 훌륭한 예술 작품이 그 사회의 품격을 높이고, 국위를 선양한 예는 수도 없이 많다.

그러나 예술의 기능이 여기에 이르기 위해서는 작품이 감동적이어야 한다. 금청학자무琴淸鶴自舞라는 말이 있다. 가야금 소리가 맑으면 학도 스스로 춤을 춘다는 뜻이다. 예술작품이 감동적이면 독자나 대충은 동화한다. 그래서 진정한 예술인들은 그런 작품을 창조하기 위해서 일생을 바쳐 피땀을 흘리는 것이 아닌가. 그러한 노력 끝에 성공한 작품은 엄청난 경제적 가치를 창출하기도 한다.

공연예술이 세계적인 명성을 얻으면서 상상을 초월하는 경제적 가치를 창조하기도 한다. 미술작품이, 소설이, 음원이 한 사회의 품격을 세계적으로 선양하기도 한다. 갈수록 예술에 대한 중요성은 높아지고 있다. 따라서 예술정책이 사회 발전의 핵심 가치가 되기도 한다.

오늘날 과학의 발전은 인간의 생활환경을 근본적으로 바꿔놓고 있다. 감정이 없는 기계에 의하여 사회제도가 운영되고 있다. 어느 작가의 예언에 따르면 인간은 결국 자기들 스스로가 만든 인공지능에 의하여 멸망을 당할지도 모른다고 쓰고 있다. 지적인 과학의 무질서를 인류를 위한 도구로 만들기 위해서는 바른 정서의 인간이 절대적이고 인간의 정서를 바르게 이끌 수 있는 길은 예술의 힘을 빌리지 않을 수 없다.

  그래서 예술의 힘은 더욱 더 중요하고 예술의 발전을 위해 최선을 다하지 않을 수 없는 것이다.

(「대전예술」 권두 수필)

우리 고장 소설계의 큰 희망

　최근 내 집 우편함에는 많은 문학 작품집들이 찾아온다. 평생을 문학과 가까이 해 온 나로서는 얼마나 반갑고 고마운 일인지 모른다. 불과 50여 년 전 만 해도 이런 날이 오리라는 상상을 하지 못했다. 문학을 공부하는 사람이 그리 많지 않았을 뿐만 아니라 책을 낸다는 생각을 가지기가 결코 쉽지 않았다. 서울의 유명작가라야 출판사에서 책을 출판할 수 있었고, 경제적인 여유를 가진 특수한 문인만이 자비 출판을 할 수 있었다. 그러니 우리 고장 같은 지역에서는 책을 낸다는 것은 엄두도 낼 수 없었다. 그런 가운데에도 우리 고장에는 시인들이 많아서 시집은 심심치 않게 만날 수 있었던 것 같다.

　당시에 책을 내려면 활판시설에 의존해야 했기 때문에 경비가 보통이 아니었다. 원고에 따라 활자를 골라내는 문선, 이를 판으로 짜는 조판, 교정을 거쳐 지형을 만들기까지의 과정이 복잡하여 당연히 생산 원가가 비싸지 않을 수 없어서 출판이 어려웠었다.

그런데 오늘날에는 컴퓨터 앞에 앉아서 원고 작성과 편집, 디자인까지 하기 때문에 인쇄 출판 과정이 놀랄 만큼 빠르고 용이하게 발전하여 책을 출판하기가 쉽게 된 데다가 문학인 인구가 기하급수적으로 늘어났고, 경제적 형편 또한 현저히 나아지므로 웬만하면 책을 찍고 있다. 더욱이 근래에는 정부로부터 지원을 받을 수 있는 기회까지 주어져서 나 같은 사람도 이렇게 공짜 책을 받을 수 있게 되었다. 그러다 보니 지난날에 비하여 기증되어 오는 책에 대한 애정이 전과 같지 않은 것 또한 사실이다. 특히 시집이 압도적으로 많아 우리 고장 역시 시인이 타 장르에 비하여 월등히 많다는 것을 느끼지 않을 수 없다.

이런 가운데 요 근자에 우리고장 소설가들의 작품집을 다수 받을 수 있었음은 나에겐 청복이었다. 그것은 아무래도 내가 대학에서 소설 쪽을 주로 강의해 온 때문일 것이다. 다른 지역에도 그렇지만 특히 우리 고장에는 전부터 소설가가 많지 않았다. 196,70년대에는 대전일보에 문학 월평이라는 난이 있어 원고를 썼었는데, 어느 달인가 나는 〈아직도 운문의 충남〉이라는 제목을 달았던 기억이 난다. 그만큼 우리 지역에서는 소설 작품 만나기가 쉽지 않았기 때문이었다.

우선 강태근의 장편 『이제 일어나서 가자』, 소설집 『숨은 꽃들의 귀환』이 찾아왔다. 그는 고교시절부터 뛰어난 문재로 인정을 받아왔는데 중간에 해직 교수라는 시대적 아픔으로 고난을 당해 왔는데 정년 이후 왕성한 활동을 재기함으로 이번에 역작을 출판하여 보내왔다. 이어서 심규식의 장편 『망이와 망소이』, 단편집 『우리 시대의 영감님』이 택배로 배달되어 왔다. 특히 『망이와 망소이』는 5권으로 된 대하 장편이었다. 참으로 나를 놀라게 한 사실은 90을 바라보는 노장 박경석 장군의 장편소설 『전쟁영웅 채명신장군』과 『5성장군 김홍일』을 받아 읽을 수 있는 행운이었다. 이분은 시집도 21권을 발간, 그중 최근작 시집 두 권도 함께였다. 또 있다. 김영훈의 소설집 『익명의 섬에 서다』를 받아 읽은 것이다. 그 또한 아동문학을 전문으로 해 왔는데 연작 소설을 발표하여 이 고장 소설계에 힘을 더했다. 더욱 큰 기쁨은 대학의 강의실에서 만난 해이수가 장편 『탑의 시간』을 발간하여 보내준 것이다.

　이들 작품들은 장편이어서 4백 페이지를 넘나드는 분량이어서 여러 날 나에게 기쁨과 감동을 주었으니 더욱 고맙지 않을 수 없었다.

　특히 뜻깊었던 것은 이 고장의 소설가들의 작품집 『금강의 소설가들』이었다. 우리 고장에는 시인들의 모임은 여럿 있지만 소설가들의 모임은 아주 드문 편이다. 그런데 이번 강태근 교수 등이 주관하여 일종의 소설 동인집이라 할 작품집을 발간한 것이다. 참여 자가들은 강병철, 강태근, 김홍정, 손영미, 심규식, 양지은, 이길환, 이오영, 임경숙, 조동길, 최광, 이미 등단을 한 작가들이어서 작품 수준 또한 주목할 만한 것이었다. 이는 우리 고장 소설문학의 미래를 밝혀주는 큰 등불이라 할 수 있어 큰 박수를 보내지 않을 수 없다 하겠다. 내가 기억하기에는 1990년 대 지요하를 중심으로 한 12명의 이 고장 작가들이 모여 작품집을 발간한 이후 처음이 아닌가 한다. 참고로 당시의 작가를 보면 이명주, 박선자, 박중곤, 서순희, 성기조, 심규식, 이길환, 이사형, 이태주, 정안길, 조동길, 지요하였다. 몇 작가는 이번 금강의 소설가들 그룹에 이름을 같이하고 있음을 알 수 있다. 이같은 현상을 보면서 이 고장의 소설계에 희망의 불길을 보는 듯하니 우리 보두 힘찬 박수를 보냈으면 한다.

문학비평의 활성화를 기대하며

 어린 시절, 글짓기를 통해서 문학을 시작했다는 문인들이 많다. 작문 시간에 과제로 제출한 작품이 선생님으로부터 인정을 받아 칭찬을 들음으로써 글쓰기를 시작했다는 이야기에서부터 어린이 작품 모집에 응모하여 상을 받으면서 문학의 길에 들어섰다는 이야기까지 선생님의 인정과 칭찬이 글쓰기의 출발이 되었다는 것이다. 더러는 학교에서 발간하는 문집에 원고를 내서 선정 발표됨으로 글쓰기를 시작했다는 이야기도 심심치 않게 듣는다. 어찌되었던 어린이의 글 솜씨를 잘 찾아내서 작가의 길로 인도했다면 그 선생님이야말로 좋은 문학비평가라고 할 것이다. 더욱이 바르게 지도해서 또래의 어린이 문학도를 성공적으로 교육했다면 그 분은 더욱 평가할 만한 비평가라고 할 것이다.

 이들 어린이들은 중·고 청소년기에 들어서면서, 아니 성년이 되어서 문학을 지망하는 사람들이 모여서 모임을 만들고, 서로 작품을 비평하면서 작품의 질을 높여갔다면 그들 동료들이야말로 좋은 비평가라할 것이다. 이렇게 좋은 작가, 좋은 작품을 창작하기 위해서는 좋은 평가가 필수적이며, 그렇게 평가해 줄 평가자, 즉 비평가가 반드시 필요하다고 할 것이다. 여기서 말하는 좋은 평가란 칭찬 만을 말하는 것은 아니다. 더러는 혹독한 질책까지를 포함하는 비평을 말하는 것이다.

이처럼 좋은 작품을 위해서는 좋은 비평이 중요한데 좋은 비평을 하는 비평가를 만나기는 그리 쉽지 않다. 실제로 있었던 실화 하나를 소개한다. 어느 초등학교에서 있었던 일이다. 한글쓰기에 소질을 가진 어린이가 문학에 대한 상당한 실력을 가진 선생님의 지도를 받아 각종 백일장이나 작품 모집에 응모하여 좋은 성적을 얻어 상을 받아온다. 이를 지켜보던 교감선생이 자신이 지도하면 더 잘할 것 같은 착각으로 학생의 응모 작품을 가져오라 한 다음 자기 나름대로 고쳐서 응모했는데 여지없이 낙방을 한 것이다. 그 교감 선생은 글에 대한 소양이 부족한데 자기 기준으로 지도했던 것이다. 이는 두말할 것 없이 나쁜 비평이요 비평가인 셈이다.

비평은 생태적으로 작품에 대한 호 불호를 말하지 않을 수 없다. 따라서 좋은 비평을 위해서는 비평가의 바른 비평관이 필수적이라 할 수 있다. 앞에서 예를 든 교감선생 같은 비평의식은 결코 도움이 되지 않는다. 말하자면 좋은 비평을 위해서는 비평자가 먼저 좋은 문학인이 되어야 한다. 한 작가가 좋은 작품을 창조하기 위해서 많은 글을 읽고, 더 많은 사색을 하고, 더 많은 고민을 하듯 비평가 역시 그보다 더 많은 노력을 해야 한다. 이런 비평이 활성화되면 그만큼 좋은 작품 창작에 기여하게 될 것이다. 그런데 지금 우리 사회에는 문학의 양적 성장에 비하여 질적 성장을 위한 비평이 턱 없이 부족하다는 과제를 안고 있다. 아니 비평부재의 지경에 있다고 해도 지나침이 아닐 것이다.

이제 우리 대전에도 문학 인구가 놀랄 만큼 많아졌다. 따라서 발표 작품 양도 상상을 뛰어 넘을 정도로 많아지고 있다. 우리 모두 즐거운 일이요 박수칠 일이다. 이런 가운데 우리 문협에서 발간하는 『대전문학』이 드디어 격월간으로 발전했다. 회원을 비롯한 임원들 노력의 결실이요, 당국의 문화에 대한 인식이 달라지고 있음을 말한다 하겠다. 경하할 일이다.

바라기는 작품의 질적 향상을 위해 필수적인 문학 비평의 활성화가 같이 이루어졌으면 한다.

(「대전문학」 권두 수필)

소설가 오승재 교수의 문집을 받고

『토기장이가 빚은 질그릇』 전 5권

  90을 바라보는 오승재 교수. 그는 한평생 대학에서 수학을 가르고 정년을 한 수학자이자, 26세에 한국일보 신춘문예에 당선하여 끊임없이 작품활동을 하고 있는 소설가이며, 아주 독실한 기독교 장로인 신앙인이다.
  나와는 60년대에 만난 사이지만 근무하는 학교가 다르고 지역이 달라 자주 연락을 하지는 못하고 지내왔다. 그렇지만 만날 때마다 따뜻한 정을 나누어 와서 인연의 끈은 은근하고 따뜻하다. 나도 80을 넘겨 황혼 길에 들어서서 저 분처럼 노년을 지낼 수만 있다면 얼마나 좋을까 하고 다소 부러워하는 관계라고나 할까. 요즈음 여러 선배들을 바라보면서 가는 길을 마음대로 할 수는 없지만 그래도 어떻게 떠나는 것이 좋을 것인가 하는 생각을 이따금 한다. 더러는 본받고 싶은 선배가 있는가 하면, 저렇게는 가지는 말아야 할 텐데 하는 선배 또한 더러 있다. 그 중에 오교수는 내가 본받고 싶은 인생의 선배이다.

코로나로 서로 만나기가 불편한 이 때, 오교수로부터 전화가 왔다, 안부를 교환한 다음,

"송교수, 당신이 알다시피 나는 수학교수로 정년을 했으니 문학하는 제자가 없소. 그동안 발표한 작품들이 좀 되는데 누가 정리해주겠소. 그래 나 자신이 모아서 문집을 간행했는데 다섯 권이 되는구려. 이를 우체국에 가서 부치자니 번거롭소. 만나서 전해 주고 싶소."

나는 문학하는 제자가 있어도 그런 기대를 갖지 않는 것이 마음 편하다고 답한 다음, 우리는 음식점에서 만났다. 책을 받아 들고 나는 감회와 더불어 여러 생각을 하였다. 수록 작품 중 상당 양은 이미 내가 읽은 것이었지만, 작품마다 그의 정성이 오롯이 담긴 책이어서, 그리고 이렇게 정리를 하는구나 하는 느낌을 가지지 않을 수 없었다.

정리, 사람은 무슨 일을 하는 것도 중요하지만, 일을 잘 마무리 하는 것이 더욱 중요하다. 앉았다 일어선 자리가 깨끗해야 다른 사람들로부터 존경을 받는다. 그런 의미에서 오교수는 앞으로도 상당 기간 더 사시면서 작품을 계속 쓰시겠지만, 이렇게 중간에라도 깔끔하게 정리하는 것이 얼마나 아름다운가 하는 존경의 마음을 가지게 하였다.

내가 아는 오교수는 진실로 인생을 정성껏 사시는 분이셨다. 수학자의 심정으로 소설을 쓴다는 사실 하나 만으로도 상상하기 어려운데, 뼈 속까지 철저한 신앙인으로 소설을 쓴다는 것도

결코 쉬운 일이 아닐 것이다. 그러나 소설이 무엇인가. 갈등 투성이인 인간의 삶에 있어서 그 갈등의 문제를 중심 소재로 하는 예술이 아닌가.

수학자요, 신앙인으로 사회를 볼 때, 그 갈등과 모순은 오히려 깊고 넓을 것이다. 그래서 그의 작품 중에 기독교 신앙생활의 부조리를 고발한 작품이 많다. 언제든가 오교수는 나에게 "기독교인이나 교회에서 나를 싫어하는 사람이 많아."라 하면서 웃던 기억이 난다.

문집의 제목을 〈토기장이가 빚은 질그릇〉이라 하고 3권의 단편집과 2권의 콩트 수필집으로 되어 있다. 그는 머리말에서 "저는 하나님이 진흙 한덩이로 빚은 하나의 질그릇에 불과하다."고 쓰고 있다. 그래서 자기는 이 질그릇에 담을 내용을 토기장이의 심정으로 글을 썼다는 것이다.

더욱이 그는 동생 오영재가 전쟁 중 북에 가는 운명이 되어 거기서 최고의 시인이 되었다는 사실, 이산가족 상봉 때 서로 만나 단장의 아픔을 나눈 체험, 이를 통하여 분단의 고통을 그 누구보다도 절실히 작품 속에 녹여 넣기도 했다. 이 짧은 지면에 그의 작품을 논하기는 어려운 일이지만 60년대, 우리 고장에 소설가가 거의 부재중일 때, 이곳으로 와서 교육자로 작가로 활동해 온 원로 작가를 이번 전집 발간을 계기로 새롭게 조명하는 계기가 되었으면 하는 심정이다. 오교수는 모교 한남대와 교회에 진력하면서 우리 고장 문단인들과 활발하게 교류하지는 못했던 아쉬움도 남는다.

90을 눈앞에 두고도 흐트러짐 없이 걷고, 운전하고, 열심히 교회에 나가고, 끊임없이 글을 쓰는 오교수, 아직도 동창회 일과 장로문인회의 여러 일을 맡아 차질 없이 수행하는 열정. 아마도 100수쯤은 무난할 것으로 보이지만, 하늘의 뜻을 어찌 짐작이나 하랴. 부디 건강해서 더 많은 작품 남기기를 빌밖에.

감정의 투석透析을 생각하며

신장(콩팥)이 망가져 제 기능을 하지 못하면 투석透析이라는 치료를 받게 된다. 콩팥이라는 장기는 혈액 속의 노폐물을 모아 소변으로 내 보내는 일을 한다. 우리는 하루라도 음식을 먹지 않으면 생활을 제대로 할 수 없다. 먹어야 살 수 있고, 그래서 살기 위해서는 먹지 않을 수 없다. 그런데 먹으면 노폐물이 생겨 나게 되어 있고 이 노폐물을 잘 걸러내지 못하면 결국 삶을 유지할 수 없게 된다. 그러니 콩팥은 생명을 유지시키는 아주 중요한 장기 중의 하나이다.

나는 지난해에 콩팥이 망가져 제 기능을 못한다는 진단을 받고 투석치료를 시작했다. 그간 투석 치료를 받는 분들의 어려움을 보아 온 나는 의사의 진단과 투석 권유를 받아들이지 않고 버티었는데 날이 갈수록 증세가 심해지니 피할 길이 없었다. 막 다른 형편에 이르러 도리 없이 응급실에 들어가 목과 가슴 사이의 동맥에 관을 심고 투석을 시작하지 않을 수 없었다.

투석 치료를 받으면서 생각할수록 우리의 몸은 신기하다는 것을 실감했다. 콩팥은 어린 아기의 주먹보다도 작은 모양으로 배속에 들어 있어 매일매일 노폐물을 걸러내고 있는데 인공으로 만든 신장기계는 작은 캐비닛 만큼 크기의 복잡한 형태를 가지고 있다. 콩팥은 우리 몸에 들어 있어 평소에 의식하지 못하는 가운데 스스로 일을 하는데 인공 신장의 경우에는 꼼짝 없이 드러누워서 서너 시간 피를 걸러야 한다. 그러니 인공 신장의 기능이 아무리 발달했다 하더라도 천연 신장에는 족탈불급이다. 그만큼 부모님이 물려주신 신장의 기능이 놀랍고 놀랍다. 어찌 콩팥뿐이랴.

우리의 신체 모든 부분 하나하나가 다 그렇다. 그러니 옛 선인께서 신체는 부모로부터 물려 받은 것이니 이를 훼손하지 않는 것이 효도하는 첫 길(身體髮膚受之父母 不敢毁傷孝之始也)이라 한 것을 새삼 실감하게 된다. 누가 그랬던가. 실명하게 된 눈 한쪽을 사려한다면 1억 원은 주어야 할 테니 두 눈이 건강하면 2억 원을 가진 셈이라고. 그러니 건강한 몸을 유지하고 있다는 것이 얼마나 중요한 일인가. 사람의 신체를 물질로 환산하면 별것이 아니지만 기능의 가치로 생각하면 상상을 초월하는 값이라 할 것이다.

나는 20여 년 전에 고혈압 진단을 받고 약을 복용해 왔는데 그러면서도 꾸준히 음주를 하면서 관리를 소홀히 해 와서 이런 결과를 초래하게 되었다. 참. 미련한 삶을 살아온 셈이다. 이제 후회한들 무슨 소용이 있겠는가.

　새해를 맞아 덕담을 써 달라는 주문이다. 나는 이런 경험을 통하여 간절히 부탁하고 싶은 것은 건강관리를 철저히 하자는 것이다. 우리는 늘 건강이 제일 중요하다고 입으로는 말하면서 막상 실천에는 게으른 경우가 다반사다. 알맞은 영양 섭취, 꾸준한 운동, 규칙적인 생활, 과로하지 않기 등 항상 듣는 이야기를 실천하자는 것이다.

　그런데 몸의 건강보다 더 중요한 것이 정신 건강이다. 몸 속의 노폐물을 걸러내야 건강을 유지하는 것처럼 우리들 정신 속에 축적되고 있는 노폐물을 내 보내는 일이 더욱 중요한 것이다. 우리가 하루하루 살아가면서 정신적으로 감정적으로 쌓이는 노폐물이 얼마나 많은가. 눈으로 보지는 못하지만 굉장할 것으로 생각된다. 더욱이 이렇게 복잡한 사회 문화적인 환경에서의 삶에는 분노, 원망, 불만, 증오, 백만가지 감정의 퇴적물이 가슴에 쌓이는 것이 아닌가. 이런 노폐물은 과학의 힘으로는 걸러낼 수가 없다. 그것은 오로지 자신의 정신적 노력으로만 가능하다. 감정 투석기는 없다.

　여기에 종교와 예술의 중요성을 인식하게 된다. 정신과 감정을 정화하는 기능이 여기에 있다. 그런 의미에서 문학에, 미술에, 음악에, 연극에, 영화에, 기도에 관심을 가지길 권하고 싶다. 이런 활동을 통하여 자신의 감정을 정화해 나갈 수 있기 때문이다. 아름다운 시 한 구절로 위안을 받고, 아름다운 선율로 감정을 새로이 하며, 영화 한 편에서 삶의 용기를 얻을 수 있기 때문이다. 미련한 나처럼 몸이 고장이 난 다음에 후회하지 말고 알아서 몸을 관리하자. 무엇보다도 정신적, 감정적 노폐물을 그때그때 슬기롭게 배출하시길. 감정투석기를 마음 속에 마련해 보시길.

(「대전예술」 권두 수필)

잊을 수 없는 충남문협과의 추억들

　나는 1963년도에 보문중학교 교사로 부임했다. 1959년 보문고등학교를 졸업하고 4년의 대학과정을 마친 다음 곧바로 모교이기도 한 보문에서 교직생활을 한 셈이다. 당시 모교 교장선생님은 시인이며 불교학자이신 이재복 선생님이셨고 최원규 선생님께서는 『자유문학』을 통하여 등단하신 시인이셨다. 최선생님은 내가 고교 재학시절 중학교에 재직하시면서 우리 문예반을 열성적으로 지도해 주셨고 중학교 교사로 임용되는데 큰 도움을 주신 분이었다. 특히 충남대학교 국문학과에 편입하여(공주사범대학을 졸업하신 후, 교직에 재중에) 학부과정을 마치셨기 때문에 권선근 교수님과 가깝게 지내셨다.
　나는 대학 재학 중에《대전일보》와《중도일보》등에 열심히 글을 발표하여 등단 등의 과정을 거치지 않았어도 문인그룹에 참여하게 되었다. 대학 재학 중에는 이런저런 문학써클이 있어서 참여했었는데 등단에 대하여 큰 관심이 없었고, 문학은 개인적인 창조작업이지 모임이 그다지 중요하지 않다는 생각으로 문단에도 별 관심을 가지지 않았었다. 그러나 최원규 선생님과 한 교무실에 있으면서 자연히 선생님의 영향을 받지 않을 수 없었다.

5.16 후, 군사정부에서는 예술단체를 정비하여 한국예총이 결성되고, 지방에 지부를 결성하게 되어 충남예총이 조직되었고 중앙에서는 한국문인협회가, 충남에서도 그 지부가 결성되어 활동을 했는데 권선근 교수가 회장을 맡아 활동했다. 나는 자연히 최선생님을 따라 문인협회 회원이 되었다.

지금 기억으로는 회원이 모두 20여 명이었던 것 같은데 사무실 같은 것이 있지도 않았고 주로 다방 등에 앉아서 이야기를 나누고 연말 같은 때, 대전문화원에 모여 회의를 했던 것 같다. 문협 활동은 주로 문학의 밤이나 시화 전시 같은 것이었는데 모이면 친목을 다지는 술판이 벌어지기도 했다. 출판기념이나 시화전 개막 행사 등은 주로 다방에서 이루어졌는데 나는 그런 행사의 사회를 여러 번 보았던 기억이 있다.

나는 그때나 지금이나 무슨 문학단체의 장 같은 데에는 별 관심이 없었고, 그저 행사 같은 데에 수동적으로 참석하는 편이었는데 당시에 문학평론을 하는 분이 몇 분 되지 않아서 모든 행사에 불려 다녔던 것 같다. 그러다 보니까 호서문학 쪽의 문인들은 별로 만날 기회가 없었고 문협 쪽의 문인들을 주로 만난 편이다. 지금 기억으로는 행사에 열성적으로 참여하는 분들 중에 조치원에서 오시는 분들이 여러 분이었다. 특히 소설을 쓰는 김제영, 강금종, 백용운씨 등이 기억에 남는다. 대전에는 소설 쓰시는 분이 별로 없었기 때문일 것이다.

보문중 교사 3년 후, 충남교육연구소, 충남대 신문 편집 책임, 다시 보문고 교사 등을 거쳐 70년대에 충남교육회에서 창간한 『충남교육』지 편집을 맡으면서 도내의 여러 교직자 문학인들을 많이 접할 수 있었다. 아마 충남에서는 몇 푼 되지는 않지만 처음으로 원고료라는 것을 지급했었다. 교단수기 모집을 통해 문인교사를 발굴하기도 했고, 교직자 중 수필을 쓰는 분들을 모아 『교단의 미소』 등 수필집을 간행하기도 했다. 특히 기억에 남는 것은 보문고 재직 중에 조남익, 이정웅, 이원복 선생과 함께 『思索의 戀歌』를 발간한 일이다. 당시 시집 발간은 더러 있었지만 이런 수필집 발간은 아주 드문 일이었다.

돌이켜 보면 당시에 《대전일보》와 《중도일보》에 참으로 많은 글을 써댔다. 비평이랍시고 발표를 많이 했는데 지금 생각하면 부끄러운 일일 뿐이다. 지금은 타계했지만 대전의 이용호, 최고 원로가 되신 중도의 안영진 문화부장님 신세를 많이 졌다고나 할까. 이분들은 뒤에 논설위원, 주필 등으로 일하셨지만 초창기 문화부를 맡아 고생을 많이 한 분들이다. 더러는 저녁에 찾아와 내일 아침까지 15매를 쓰라는 등 무리한 부탁까지 해야 했으니 말이다.

이제는 대전문인, 충남문인, 세종문인 해서 1천여명이 넘은 문단 인구를 가지고 있고 각 지역마다 두세 권의 문학지를 계절마다 발간할 정도로 발전했으니 격세지감이 있다.

　내가 충남문협의 추천으로 충남문화상을 수상한 것은 내 생애에 큰 보람의 하나라 할 것이다. 지금이나 그때나 상에 대한 관심은 별로 없었는데 하루는 김대현 회장님으로부터 전화가 왔다. 문협에서 문화상 후보자로 나를 추천하기로 했다는 것이다. 당시에는 문학, 음악, 미술 등을 통합하여 예술부문 1명을 시상했는데 추천해서 경합이 된다는 것이다. 아마도 신문에 자주 발표하고 방송에 자주 출연하였기 때문에 경쟁력이 있다고 생각했던 것이 아닌가 한다.

　그러면서 공적서를 작성하라는데 내가 상을 받겠다고 내가 공적서를 작성하는 것이 웬지 쑥스러워 형식적으로 간략히 제출했는데 낙방이었다. 그런데 다음해에 또 추천하기로 했다는 것이 아닌가. 나는 나름 정성껏 작성해서 제출했는데 최종 수상자로 결정된 것이다. 지금 생각하면 참으로 고마운 일이라 하지 않을 수 없다. 뒤에 들으니 모교인 단국대학으로 옮길 때, 선후배들이 충남에서 문화상을 받은 경력을 내세웠다고 했다.

　수상자로 결정되었다는 사실이 발표된 후, 충남도에서 연락이 왔다. 상금이 50만 원인데 돈으로 받을 지 메달로 받을 지를 물어 온 것이다(1979년). 그래, 다른 분야 분들과 같이 해 달라 했더니 메달로 결정해서 수상했다. 이 또한 당시의 문화상 사정을 이해하는데 도움이 될 것이다.

　나는 이후, 단국대학교 천안 캠퍼스 국어국문학과 교수로 부임하여 정년에 이르기까지 천안에서 근무했다. 사회교육원에서 문예창작반을 열어 시인 김수복 교수와 여러 해 강의했는데 여러 분들이 등단을 해 작가로 활동하고 있으니 지역문학 발전에 기여했다고 해야 할지. 또 예술대학에 문예창작학과를 신설하여 지금 전국에서 제일 잘 나가는 학과가 되었으니 생애에 큰 보람이라 할 수 있을 것 같다.

(『충남문학』)

한국 PEN 이사장을 탄생시킨 대전 PEN

 2021년, 우리 대전 PEN은 창립 이래 최대의 경사를 맞았다. 김용재 회원이 국제PEN한국본부 이사장에 당선 취임하였기 때문이다. 이로써 우리 대전 PEN은 한국 PEN의 대표를 탄생시킨 지부가 된 것이다. 아마도 지방의 지부회원이 한국 대표가 된 것은 PEN 역사상 초유의 일일 것이다. 따라서 우리 대전 PEN은 한국 국가 대표를 탄생시킨 지부로서의 명예를 갖게 되었고, 이에 걸맞는 단체로 발전 해야만 하는 책임이 우리 모두에게 지워졌다고 할 것이다.

 우리가 잘 아는 바와 같이 한국의 PEN은 1954년 전쟁의 폐허 속에서 탄생했다. 1950년 민족의 최대 비극인 6.25전쟁으로 역사에 씻을 수 없는 상처를 남기고 1953년 휴전으로 겨우 재건의 실마리를 찾아보려는 몸부림이 시작되던 때이었다. 이 해 봄 파리에서 개최되는 UN총회에 한국대표로 참석하게 된 모윤

숙 선생은 런던에 머무는 동안 아침 산책 중 어느 허름한 건물에 PEN 이라는 간판이 걸린 것을 보고 찾아들어갔다는 것이다. 거기서 PEN에 대한 설명을 듣고 우리도 가입하겠다는 의사 표시와 함께 적극적으로 그곳에 있던 사무총장 데이넷 카버(David Carver)씨 등을 설득함으로 가입이 추진되었다는 것이다. 우연한 기회에 40대의 한 여류시인, 모윤숙 선생의 문학에 대한 열정이 한국 PEN을 이렇게 탄생시킨 것이다.

그 해 가을, 귀국한 모선생은 많은 문인들에게 이 과정을 설명하여 동의를 얻고 당시 63명의 한국의 유명작가들을 한 자리에 모이도록 하여 PEN의 '국제헌장'을 의결하고 시인 변영로 선생을 회장으로 한 센터를 출범시켰다. 그리고 다음해인 1955년 6월 비엔나에서 개최된 제25차 국제 PEN 대회에서 인준을 받음으로 우리는 세계의 문학인 단체인 PEN에 이름을 올리게 된 것이다. 이렇게 출발한 한국 PEN은 꾸준히 발전하여 여러 차례의 국제 대회를 개최하는 등 괄목할 만한 발전을 가져 왔다. 이제는 19개 지부에 3천여 명의 회원을 가진 국내 최대의 국제적인 문인 단체로 발전하였고, 대전 회원도 150여 명이 되었으며, 드디어는 지역회원이 이사장으로 선출되는 역사를 만들었다.

아직도 많은 문화단체들이 서울 수도권 중심으로 조직 운영되고 있는 현실에서 지방의 회원이 중앙의 최고 책임자로 선출된다는 것은 쉬운 일이 아니다. 전보다 많이 나아졌다고는 하지만 지역 경시의 경향이 있어 취임 이후 협조를 받기도 어려운 경우가 더러 있다. 따라서 중앙의 책임자를 배출한 지역의 모임에서는 적극적으로 그를 지원하고 다른 지역의 모범이 되는 단체로 발전해야 할 필요가 있다. 이렇게 했을 때, 다음에 다른 지역의 회원이 다시 중앙의 책임을 맡아 지역주의가 타파될 수 있기 때문이다.

먼저 우리 대전 PEN 회원들이 PEN 정신을 잘 이해하고 뜻을 모아야 할 것이다. PEN의 설립취지는 "세계문인들 간의 친선과 복지, 그리고 표현의 자유와 인권보장"이라고 한다. 친선을 제일 위에 놓고 있다. 개성 존중을 이상으로 하는 문인의 경우, 자기의 개성을 제일로 생각하다 보면 자칫, 남의 개성을 존중하지 못함으로 갈등을 일으키는 경우가 있는데 이를 경계하는 것을 강조하고 있다. 이어서 표현의 자유를 강조하고 있다. 이는 이 자유를 통하여 세계 인류에 공헌하는 좋은 작품을 창작하자는 뜻이 담겨 있다고 본다.

결국 PEN 정신은 회원들 간의 친선과 우수한 창작활동이라고 할 수 있다. 따라서 대전 회원들은 먼저 친선, 즉 회원 간의 단합에 있어 모범을 보여야 할 것이며, 작품 창작에 있어 좋은 본보기가 되자는 것이다. 대전 회원들이 이러할 때, 대전 출신 이사장은 자신 있게 일을 할 수 있으리라 생각한다.

다음은 대전의 많은 문인들이 PEN에 참여할 수 있도록 노력해야 할 것이다. 회원의 확충이 필요하고 국제적인 활동에 참여할 수 있도록 스스로 노력하는 분위기를 조성할 필요가 있다. 대전의 문인 대비 회원의 수에 있어 아직 열세에 있음은 부인할 수 없는 사실이다. 이번 기회에 요건이 되는 문인들이 가급적 모두 입회할 수 있도록 했으면 한다. 또 한국 본부와의 연계가 용이해질 것이므로 적극적으로 회에 참여하도록 유도할 필요가 있다.

우리 지역 출신 이사장의 탄생이 우리 지회의 발전과 더불어 그가 성공적인 이사장으로 자리 매김하는 기회가 되기를 바라는 바다.

(「대전PEN」지 권두 수필)

오호! 초강草江 선생, 정녕 이렇게 떠나십니까?

초강草江 송백헌宋百憲 선생.

이렇게 성함만 적어도 벌써 마음이 아립니다. "일주일에 네 번 만나면 정상이고 두 번 만나면 아쉽다."고 말씀 하실 만큼 자주 만나 소주 마시고 이야기 나누던 선생께서 이렇게 갑자기 떠나시다니 허탈하기만 합니다.

서울의 병원으로 가시던 날 아침,

"일주일 전, 병원에서 코로나 검사를 해서 이상이 없다는 통고를 받고 오늘 수술하러 떠나는 길이요. 심장에서 성대 쪽으로 가는 혈관에 문제가 있어 수술하면 한 사흘이면 퇴원할 수 있다니 다녀와서 만납시다." 그렇게 병원에 가셨는데 다시는 선생님의 목소리를 듣지 못하고 이렇게 장례식장에서 사진으로 만나다니 운명이 참으로 야속합니다.

중간에 전화를 걸어도 통화가 되지 않더니 며느님으로부터 "수술은 무사히 마치셨습니다."라는 문자가 한번 왔고, 자제로부터 아직 중환자실에 계신데 곧 병실로 옮기실 수 있을 것 같다는 전화를 받았었는데 불과 몇 달 만에 이 지경에 이르렀으니 허무한 것이 인생입니다.

선생의 목소리는 구수하고 텁텁한 특색을 지니어서 어디서 들어도 금방 알아차릴 수 있고, 단번에 좌중을 웃음 속으로 이끌어서 언제 들어도 즐거운 말씨였는데, 그래서 지금도 내 귓가에 이렇게 맴돌고 있는데 다시는 그 목소리를 들을 길이 없게 되었습니다. 그런데 하필 그 성대에 고장이 생겨 세상을 떠나셨으니 이게 무슨 운명의 짓입니까.

선생은 천부적인 기억력을 가진 분으로 모두들 감탄을 하고 있지요.

선생께서는 본인이 살아 온 과정에서 만난 많은 사람들은 물론, 수많은 이 고장 명사들의 족보를 모조리 꿰다시피 알고 있으며, 나아가 우리나라의 많은 국문학계 인사들, 문인, 예술인들을 그만큼 많이 아는 분이 아마도 찾기 어려울 정도입니다. 이는 자신이 심천에서 출생하여 대전에서 고교를, 대구에서 대학을, 서울의 중앙대와 단국대에서 학위를 하면서 많은 인맥을 형성기도 했고, 강경상고, 대전사범, 충남고, 대전공전, 충북대, 그리고 충남대에서 교직 생활을 하면서 교직 동료와 제자들을 만나 인간관계를 맺은 결과이기도 하겠지만, 남달리 사람을 좋아해서 많은 사람들과 특수한 관계를 가져온 덕일 것입니다. 더욱이 사모님께서 교직에 계시면서 교사, 교장, 장학사, 교육연구원장을 거치는 동안 많은 사람들을 만나면서 자연히 인맥의 범위가 넓어졌을 것으로 보입니다. 또한 말년에는 대전광역시 시사편찬실에 나오셔서 대전의 정치, 경제, 사회, 문화 등 전 영역에 걸쳐 관심을 가지시고 여러 사업을 추진하셨으니 그간의 정보에 더 많은 양을 더하셨지요. 그렇다고 해도 그 많은 사람들의 정보를 그렇게 많이 기억하신다는 것은 선생이 아니고는 불가능했을 것입니다.

그 뿐입니까. 이 고장의 역사, 지리, 산과 들, 시가지에 이르기까지 거의 모르는 것이 없을 정도셨지요. 저 집은 누가 살던 집이고, 저 산 밑에는 누가 살고, 저 거리에서 누가 성공했고, 저 산에는 무슨 절이 있고, 저 교회 옆에서 누가 무슨 일을 했고 하는 이 고장의 자연과 사회에 얽힌 사연들이 선생의 머릿속에 모두 저장되어 필요할 땐 언제라도 되살려 내셨지요. 또한 선생이 전공하신 국어국문학에도 학부 시절엔 국어학을, 중고 교사 시절에는 고전문학을, 대학에서는 현대문학을 전공해서 국학의 모든 분야에 폭 넓은 지식을 담고 사셨지요. 거기다가 보학에 관심을 가지셔서 처음 인사를 나눈 사이라도 성과 본관만 대면 그 집안의 내력을 술술 설명할 정도였으니 참으로 놀라운 학식이셨습니다.

또 선생께서는 여행을 좋아해서 국내는 물론, 세계의 구석구석을 돌아 본 경험들이 선생의 여행기 속에 저장되기도 했지요. 그러니 당연히 선생에게는 다른 사람이 쉽게 따를 수 없는 화제의 자료를 풍성히 가지셨지요.

　뛰어난 언변에다가 그 많은 기억 속의 정보들을 적재적소에 끌어들이니 화제는 단연 좌중을 휘잡고도 남았지요. 특히 한번 들으면 잊지 않는 천부적인 기억력에 수많은 화제, 유머와 해학, 와이담은 대화의 양념이 되어 시간 가는 줄을 모르게 하셨었어요. 그러니 선생과 한 자리에 앉으면 다른 사람의 이야기 차례가 오지 않아서 더러는 불편해 하는 사람이 있을 정도였습니다. 그려.

　아마 저와의 인연은 제가 30대 초반, 고등학교 교직에 있을 때, 처음 만났으니 근 50년의 연륜을 헤아릴 수 있겠네요. 이런저런 자리에서 만나면 인사 정도를 하는 사이었는데 천안의 단국대학에 같이 출강하면서 선생님의 진면목을 접하게 되었습니다. 선생께서 충남대에 재직하면서 단국대에서 박사과정을 밟고 있었는데 그때부터 근 20년 간 강의를 도와주셨고 저 또한 배재대에 재직하면서 단대에 출강하게 되어 매주 같은 요일에 동행을 했지요. 중간에 제가 단국대로 자리를 옮기면서 선생님과의 관계는 더욱 긴밀해졌습니다.

　어떤 날은 버스를 타고, 또 어떤 날은 기차를 타고 천안을 같이 오가면서 서로가 살아 온 이야기를 참으로 많이 그리고 짙게 나누었습니다. 가정사는 물론이고, 학교 이야기, 학계이야기, 세상 돌아가는 이야기, 심지어는 지인들에 대한 이야기 까지 이야기의 폭은 끝이 없었지요. 더욱이 강의를 마치고 교강사들이 어울려 술자리라도 같이 하는 날이면 화제가 끝날 데가 없었습니다. 당시 단대에는 진동혁, 유민영, 홍윤표, 송철의, 정학성 등 전임교수 이외에 최일남, 김국태, 조태일, 고창식, 모기윤, 정현기, 정효구 교수 등 이제는 성함조차 기억되지 못하는 10여 명의 국문과 시간강사들이 같이 했는데 선생께서는 자칭 강사장이 되어 이분들과 술자리에 어울리면 시종 웃음이 그치질 않았습니다. 어느 날인가는 화제가 와이담으로 이어지는데 천안에서 3시간, 다시 몇몇 분은 대전으로 옮겨와서 2시간, 무려 5시간을 거의 혼자 좌중을 들었다 놓았다 했습니다.

 정년 후에도 자주 만났지만, 특히 충대의 김병욱, 이정자 교수와 어울려 충남북 일대를 돌아다닌 추억을 잊을 수가 없습니다. 운전은 김교수나 이교수가 주로 했는데 가는 길에 만나는 산과 마을과 강과 냇물에 이르기까지 도대체 모르는 것이 없을 정도였지요. 그 역사는 물론이고 거기에 얽힌 수많은 사람들의 이야기는 실로 경이로울 지경이었습니다. 또 제1회 KBS대전방송국의 시청자자문위원으로 이 지역의 각계 인사들과 만나 교류를 하다가 말년에는 저와 박종윤, 이태희, 김공자, 김정현, 윤진수 씨, 등과 정기적으로 만났는데 그때에도 단연 화제의 중심은 선생이셨지요. 특히 대전의 여러 유지들에 대한 족보를 어찌 그렇게 재미있게 설명하시는지 모두가 혀를 두를 정도였답니다.
 더러는 단 둘이 만나 소주를 나누는 경우가 있었는데 그때는 자연히 가정사를 이야기 했었지요. 한참 어울린 뒤에야 알게 되었지만 먼저 떠난 제 내자가 고등학교 시절 선생의 제자였고, 중학교 때는 선생의 사모님의 제자였다는 것이었지요. 술친구처럼 된 이후의 일이니 내자의 스승이라는 걸 거의 의식하지 않고 살아왔습니다.

  선생의 아들에 대한 사랑과 기대는 남달랐지요. 삼형제를 두셨는데 첫째와 셋째를 약사로 키웠고 둘째는 삼성그룹의 이사를 거쳐 동부그룹의 이사로 키웠으니 성공한 편이지요. 그러나 그 과정은 어려움도 있었어요. 자식을 기르고 가르쳐서 성공시키는 일이 그리 쉬운 일은 아니지 않습니까.

  약사인 첫째는 소문이 날 정도로 성공을 했는데 중간에 다른 사업에 투자했다가 잘못되어 부도를 맞았지요. 엄격하게 이야기 하면 부모가 전적으로 책임질 일이 아니지만 교육자적 양심으로 그 많은 빚을 성실히 갚았지요. 그 과정을 지켜본 저는 얼마나 안타까웠는지 모른답니다. 어느 날인가는 밤에 전화가 와서 나가 만나 뵈었는데 그 고민하는 모습이 눈물겨울 정도였습니다. 그런 가운데에도 근검 절약 최선을 다하여 해결하고 손자를 잘 돌보아 의사로 성장시키셨습니다. 그 교육열은 참으로 대단한 것이었지요. 가정의 평화를 이뤄 이제 막 재미를 누릴 차례였는데 사모님께서 가벼운 치매를 맞으시는 바람에 많은 걱정을 하시다가 이렇게 떠나셨으니 인생살이가 다 그런 것인가요.

  선생님의 부부관계는 내조와 외조가 조화롭게 이루어져 상승하는 관계였지요. 결혼 초 풍족하지 못했던 가정에 사모님이 오셔서 가정경제를 일으키는데 내조의 힘이 컸다면 사모께서 교직의 길에서 발전하는데 선생의 조력이 컸다고 할 것입니다. 부부 교육자로서 궁합이 잘 맞은 편이었습니다. 특히 선생님의 부인 사랑은 지극했습니다. 말년의 병수발은 눈물겨웠지요.

대부분의 치매환자들이 과거의 일은 잘 기억하면서 최근의 일은 기억하지 못하는 경우가 많은데 사모님 역시 그런 증상이 심했습니다. 자연히 과거의 서운했던 일을 자꾸 들추어 공격을 하시고 몇 시간 전의 일을 잊고 불평을 많이 하신 것 같습니다. 가령 몇 시간 전에 약을 들었는데 약을 안 준다고 불평하거나 전날 저녁을 시내 식당에서 같이 했는데 언제 외식 한번이나 했느냐고 추궁하는 등 억지를 많이 쓰신다고 호소하셨습니다. 그러면서도 우리들과 같이 어울릴 때는 사모님이 좋아하신다고 음식을 별도로 주문하여 들고 가시었지요.

비교적 성정이 급한 선생은 가끔 저에게 사모님의 증상을 설명하면서 분통을 터뜨리기도 했지요. 그때 그렇게 어려우면 노인 병원에라도 모시라 하면

"나는 못해. 저럴수록 내가 집에 데리고 있어야지. 어떻게 거기로 보내, 간헐적으로 치매증상이 나타나는데 그럴 수 없어."

하시면서 오히려 저에게 짜증을 내셨지요. 그만큼 속 정이 깊었다고 할 것입니다. 그런 부인을 두고 어떻게 떠나셨습니까.

특히 선생님과 저는 문학의 길을 같이하면서 정이 깊었습니다. 선생의 서거소식이 알려지자 여러 문우들이 제에게 전화를 걸어 위로의 말을 전할 정도이니 더 말해 무엇하겠습니까. 선생

께서는 사실 늦게 현대문학의 길에 들어서셨습니다. 앞에서도 밝혔지만 처음에는 국어학을, 고교 교사 시절에는 고전문학을 주로 교육하셨는데 대학 교수의 길을 들어서면서 현대문학으로 진로를 바꾸셨지요. 이렇게 전공을 바꿔 성공하기란 결코 쉬운 일이 아닌데 선생께서는 해내셨습니다.

『現代文學』지에서 조연현 선생의 추천으로 문단에 데뷔하셨는데 오히려 여러 전공을 거치면서 그 연구의 깊이는 넓고 깊었습니다. 더욱이 많은 인맥으로 여러 문인들과 교류를 활발하게 하셨지요. 특히 뛰어난 친화력으로 지역의 문인들과 친교를 맺었는데 급기야는 지역문인들의 자생적인 문학 단체인 대전문인총연합회를 창립하기에 이릅니다. 열악한 환경이었지만 대부분의 이고장 문인들이 참여하여 문예지를 발간하고 친목을 다지는데 크게 기여하셨습니다.

무려 15년 동안 회장을 맡아 이끌어 오면서 문학에 대한 열정을 바치셨습니다. 이제는 어디에 내 놓아도 손색이 없는 문학 계간지로 발전하게 되었지요. 물론 선생의 뜻과 같이하는 후배들의 노력이 더해진 결과입니다만 초기에 선생의 땀방울이 아니었으면 불가능했을 것입니다.

저는 60년대 잠간 문인협회에 관여했다가 직장 관계로 관심을 가지지 못했고, 더욱이 천안에 직장을 가지면서 등한시 하다시피 했는데 정년과 더불어 선생의 강권에 의하여 문총에 자주 드나들게 되었습니다. 이제는 문총 식구들과 자주 어울려 노년의 외로움을 달래고 있으니 이 모두가 선생의 덕이라 하겠지요.

오늘날, 교직계에는 교사는 많지만 스승은 없고, 학생은 많지만 참된 제자는 없다고들 합니다. 그런데 선생처럼 제자 복이 많은 분, 또한 흔하지 않다고 봅니다. 지금도 대학의 제자들은 물론이고 옛 대전사범 제자들과 만나고, 대고, 충고 제자들과 만납니다. 심지어는 충남고 50년사를 주도할 정도로 끈끈한 정을 나누고 있으시지요. 화제 중 그 많은 제자들의 근황을 소상히 파악하는 것을 보면 놀라지 않을 수가 없습니다.

선생의 서거 소식을 듣고 수필가 윤승원 선생은 곧바로 추모에세이를 페북에 올렸습니다. 첫 문장에 이렇게 썼습니다.

"청산유수靑山流水, 무불통지無不通知, 박학다식博學多識, 걸어다니는 문학과 풍속 백과사전百科事典, 제2의 국보(국보) 양주동 박사…초당草堂 송백헌宋百憲 박사님께 평소 붙여 드린 수식어이자 호칭입니다."

전적으로 동감하는 수식어입니다. 나는 친지들에게 선생을 기인이라고 말합니다. 저의 주변에서 선생 같은 기억력과 윤선생이 수식한 별칭을 받을 만한 인물을 보지 못했기 때문입니다. 기인이 아니고는 불가능하다고 생각했기 때문이지요. 아마 생존해 계사면 "내가 왜 기인이냐?"면서 화를 내시겠지만 저는 그렇게 생각합니다.

선생의 빈자리가 너무 허전합니다. 더러는 다변을 불평하는 사람들도 있었지만 막상 떠나시니 선생을 대리할 만한 사람을 찾기가 어렵습니다. 회자별이會者別離의 철칙으로 선생은 허망하게 떠나셨지만 남기신 족적은 오래오래 남아서 많은 사람들에게 추억과 교훈으로 남아 있을 것입니다. 오호라. 어찌겠습니까. 평안한 영면을 빌밖에. 저승에서 안녕하십시오.

『한국문학시대』

학산 김용호 선생님, 그립습니다

서거 50주년 추모회에

　항상 5월의 숨결처럼 사랑을 주셨던 학산 김용호 선생님. 시인이시자 우리들에게 문학을 가르치신 교수님께서 하늘나라에 드신지 벌써 50년이 되었습니다. 오늘, 선생님의 제자들과 후학들이 이렇게 선생님 시비 앞에 모여 생전의 선생님을 기리고 명복을 빌고 있습니다.

　선생님께서는 광복 후, 어려운 환경 가운데에 힘겹게 세워진 우리 단국대학교에 오셔서, 처음으로 문학의 밭을 일구시고 씨앗을 뿌리고 모종을 하셨습니다. 밭은 넓어지고, 나무들은 무성히 자라서 서울, 천안 양 캠퍼스에 국문학과가 설립되기도 했고 이제는 천안에 문예창작학과가 설립되어 많은 문학도들이 창작을 공부하고 있습니다. 그간 많은 문학도들이 문단에 진출하여 활발히 활동하고 있는데 이 모든 일이 선생님으로부터 출발하였음을 잘 알고 감사하고 있습니다.

　마산에서 태어나시고 마산상고를 졸업한 다음 직장생활을 하셨지만 문학의 꿈을 이루기 위해 일본에 가서서 명치대학에 진학하셨습니다. 대학 진학 전에 이미 신인문학에 시를 발표하여 등단을 하신 상태였지요. 23살에 발간한 첫 시집 『향연』을 포함하여 시집 5권과 서사시집 『남해찬가』, 유고시집 『혼선』, 그리고 미빌표시집 2권 등 300편에 이르는 시를 남기셨으며, 『시문학 입문』, 번역서 『문학의 이론』 등 시문학 이론서, 그리고 『세계시인 70인선』 등 수 많은 시전집을 남기셨습니다.
　선생님께서는 젊은 시절 잠간 기자를 하셨고 중년 이후에는 많은 대학에 출강을 하셨으며, PEN클럽 부이사장, 『자유문학』 주간 등 여러 문학단체의 책임을 맡아 봉사하셨습니다. 한때 청소년 문학도들의 중요한 문학공부방 역할을 했던 청소년 잡지 『학원』의 문예난을 맡아 지도해 주시기도 했습니다.

　우리 단국대학에서는 국문학과의 초석을 다지시고 백철, 최인욱선생을 비롯한 문단의 유명한 강사들을 모셔서 강의의 질을 높이는데 많은 기여를 하셨던 것으로 압니다. 학장, 단대대학신문사장 등 보직을 맡아 대학발전에 기여하셨음을 잊을 수가 없습니다.
　특히 선생님께서는 서사시가 소설로 발전했다는 이론에 대해 다른 생각을 가지셨습니다. 여전히 서사시는 존재해야 하고 오히려 민족적인 서사시를 지금 창작해야 한다고 강조하셨습니다. 그래서 선생님 스스로 충무공 이순신 장군을 주인공으로 하는「남해찬가」라는 서사시를 창작하시기도 하셨지요.

　선생님께서는 강의실에서, 문학의 밤 행사장에서, 시화전 전시실에서, 문학 써클 모임에서, 항상 자애로운 미소를 간직하신 채 격려하고 지도해 주셨습니다. 그리고 우리 한국 문단의 지도자로 문학도의 본보기가 되어 주셨습니다.

　저는 오늘 선생님의 1세대 제자이기도 한 이동희 교수를 이야기하지 않을 수 없습니다. 이교수는 당시 우리 단국대 국문학과의 현대문학 교수이셨던 학산 선생님과 이무영 선생님을 오늘날까지 존경하고 추모하고 기념하는 사업을 계속하고 있습니다. 두 분 은사님의 문학 전집을 간행했는가 하면 무영제를 매년 개최하고 오늘 이 모임도 이분의 주선으로 이루어진 것입니다. 90을 바라보는 연세에 이리 뛰고 저리 뛰면서 정성을 다하는 모습에서 스승존경의 아름다운 헌신을 보고 배우지 않을 수가 없습니다. 오늘 저녁에 따뜻한 위로와 감사의 박수를 많이 보내주시기 바랍니다.

　선생님께서 교정을 떠나 소천하신지 50년, 캠퍼스는 바뀌고 이렇게 많은 발전을 이루었는데 선생님을 뵐 수 없으니 공허합니다. 선생님 많이 뵙고 싶습니다. 우리 모두 선생님의 명복을 빌고 또 빕니다.

허구의 양상

단국대 재직시 발표한
소설에 관한 논문들 (국판 398P)

6부

작가·작품 그리고 비평

孤燈何事獨成花

외로운 등불은 무슨 일로
홀로 꽃처럼 밝은가

순수한 서정시의 정원庭園

최송석 시집 『창밖을 보다』의 이야기

1. 화두話頭를 생각하며 쓰는 시인

최송석 시인이 팔순에 다섯 번째 시집 『창밖을 보다』를 상재했다. 우선 쇠약한 건강에도 열정적으로 시 창작을 계속하여 시집을 출간한데 대하여 경의를 표하고 축하의 박수를 보낸다.

그는 自序의 첫 문장에서 「시란 무엇이며, 왜 쓰는가」가 오랜 화두였다고 말한다. 그리고 맨 마지막 문장에서 역시 「시란 무엇이며 왜 쓰는가」를 새로운 화두로 삼겠다고 다짐하고 있다. 이는 바로 그가 시를 쓰면서 줄기차게 가지는 의문이 바로 시란 과연 무엇이며 왜 쓰는가 하는 점이라는 것이다. 더욱이 "요즘 세상에 빛나는 시가 있은들, 독자가 흔치 않은 세태를 생각하면 공연한 일을 하고 있는지 모른다"고 한탄하면서도 이제는 "독백이 되더라도 할 수 없이 쓸 수밖에 없다"고 시 쓰는 심경을 토로하고 있다. 어찌 보면 이는 오늘날 모든 시인들의 절실한 과제이기도 하고 또 시의 근본적인 문제를 말하고 있다고 할 수 있지 않은가 싶다.

　우리는 먼저 이 시인이 이러한 문제를 인식하면서 시를 창작하고 있다는데 주목하게 된다. 이처럼 중요한 과제를 항상 가슴에 안고 이 과제를 해결하기 위하여 노력하는 자세로 시를 쓴다면 그 시야말로 시적 의미를 한껏 살펴 볼 수 있는 시들일 것이라 믿어지기 때문이다. 시란 무엇인가 하는 문제는 수많은 사람들에 의하여 설명되어 왔고 또 앞으로도 계속 논의되어야 할 시의 영원한 과제가 되겠지만 왜 쓰는가 하는 문제는 개별적 시인에게 있어서 가장 구체적이면서도 현실적인 문제가 될 것이다. 이를 중심으로 즉, 최송석 시인은 왜 시를 쓰는가를 생각해 보기로 한다.

　이번 『창밖을 보다』에는 83편의 시가 5부로 나누어 편집되어 있다. 장의 나눔에는 별다른 의미가 있어 보이지 않고 편집의 편의상 그렇게 한 것으로 보인다. 한 쪽을 넘는 시는 7편에 불과하고 한쪽 시가 주를 이루고 있기 때문에 형식적으로는 장시나 산문시이기 보다는 평범한 서정시의 형식을 이루고 있다. 이런 형식적 특징대로 이들 작품은 예외 없이 서정시이다.

　서정시. 흔히들 서정시는 자아의 감정을 주관적으로 표현한 길이가 비교적 짧은 시라고 말하지만 자아의 감정을 분석해 들어가면 얼마나 복잡한 설명이 필요한가. 그렇지만 단순하게 축약한다면 좋아하는 감정과 싫어하는 감정, 즉 나 이외의 상관물에 대하여 또는 사회 현상에 대하여 미워하는 감정과 사랑하는 감정으로 나누어 볼 수 있지 않을까 생각해 본다. 물론 한 시인이

전적으로 한 가지 감정만으로 일관하지는 않겠지만 상관물을 보는 관점이 긍정적인 감정이 강한 사람과 부정적인 감정이 강한 사람이 있다고 할 수 있다. 이런 점에서 볼 때, 최시인은 시적 대상에 대하여 항상 사랑스럽고 따뜻하고 긍정적인 서정을 지닌 시인이다. 이는 이 시인을 만날 때마다 느끼는 사리 분별이 명확한 언변들과는 달리 그의 속에는 따뜻한 인간미가 정서적으로 녹아 있기에 그의 시에는 그러한 서정이 표현되는 것은 아닐까 생각하게 되는 것이다.

2. 생활 주변에서 찾은 서정들

그의 시는 항상 일상적 생활 주변에서 생성된다. 관념에 물든 낯선 시선이 아니라 자기가 생활하고 있는 공간과 시간에서 시적 오브제를 찾는다. 이 시집의 첫 장에 실린 시의 제목에서도 바로 확인할 수 있다. 「봄비」, 「복수초」, 「까치밥」, 「둑길」, 「그리움」, 「석류」, 「분꽃」, 「기다림」, 「땅벌레」, 이런 제목에서 보듯 지극히 서정적인 시선이 주를 이루고 있다.

여기에서 이 시인이 왜 시를 쓰는지 그 이유를 엿볼 수 있다. 그는 자기의 일상생활을 지극히 사랑한다. 자기의 주변에서 만나는 것들을 소중하게 생각한다, 그것들을 오랫동안 간직하고 싶어 한다. 그리고 그것들에게서 삶의 의미를 발견하고자 한다. 그것을 기록으로 남기려 한다.

시 「봄비」를 본다. "그에게 있어/ 봄비는 어머니의 손길이다.// 종용히 손내미는 사랑이다// 오랫동안 숨겨있던 언어를 밖으로 내보내 침묵의 시간을 증거하는 것이다./ 푸른 생명을 부활하는 것이다." 그는 이렇게 봄비를 맞으면서 봄비에서 자기만의 의미를 찾아내는 즐거움을 누린다. 말하자면 죽음을 다시 부활시키는 봄비와 복수초를 생각하는 것이다. 이것이 바로 그가 시를 쓰는 이유인 것이다.

뼈 속에 박힌
얼음을 삭이며 사랑을 품었다.

무슨 생각을 하며
눈 덮힌 어둠을 뚫고 나왔는지
혼자만 안다.

아린 시간 견디며 평소에
파란 하늘을 만나던 날
사랑의 증거는 이미 그곳에 피어있었다.
생명이란 흉내 낼 수 없는 것
복수초 노랗게 열린 가슴에
주름진 얼굴을 묻고
어찌 살았는지 흐느끼고 싶다.

― 「복수초」 전문

이 시 역시 봄비와 마찬가지로 겨울을 이기고 일찍 내리는 비와 일찍 피는 복수초에서 삶의 의미를 찾아낸다. 복수초 가슴에 얼굴을 묻고 어떻게 겨울을 이기고 살아났는지 흐느끼고 싶

다는 것이다. 보수초는 한자로 福壽草라 쓴다. 원한을 복수한
다는 뜻이 아니라 복스런 수명을 준다는 인동의 꽃이다. 무서운
추위를 이기고 얼음 속에서 피어난다는 꽃인 것이다. 그의 시선
이 매화나 목련이나 진달래처럼 많은 사람들의 봄꽃에 머물기
보다는 비교적 눈에 잘 뜨이지 않는 봄꽃, 복수초를 찾은 것에
서도 그가 평소에 주변의 섬세한 곳에 관심을 가진다는 것을 알
수 있다.

그의 눈에는 동구에 서 있는 「느티나무」에서도 "마을의 길흉
을 다스리며/ 세월을 품고 있는/ 것으로 느끼고, 심지어는 신다
가 버리는 구두에서도/ 가야 할 길, 말아야 할 길 가리지 않고/
더불어 살아온 세월이 아득한데/ 네 속에 박혀 있는 혼줄 하나/
지워지지 않을 흔적으로 남아있다"고 의미를 부여한다. 이러한
시선은 「빈집」이나 「넝쿨장미」 등 여러 곳에서 읽을 수 있다.

하나만 더 찾아본다.

　　한걸음 한 걸음씩
　　올라 갈수록 아득한 하늘
　　쉴 새 없이 기어오르다
　　혼자 흘린
　　땀방울이
　　이슬맺혀
　　떨어지는 아침 햇살에
　　반짝이는 푸른 생명의 날개짓

　　언젠가는

냉엄한 계절이 다가서
서로의 체온이 식을지라도
벽을 안고 살아 온 뜨거운 열정
잡은 손 놓지 않고 야무지게 버틸 것이다

― 「담쟁이」중에서

 그는 이렇게 담을 타고 올라가는 담쟁이 넝쿨 하나에서도 인생의 교훈 같은 것을 놓치지 않는다. 어쩌면 이러한 서정시는 가장 원초적이면서도 전통적인 세계라 할 수도 있을 것이다.

3. 인생을 관조하는 서정들

 우리는 시를 이해할 때, 작자를 알고 시에 접근하는 길이 있고 시를 먼저 읽고 작가를 찾는 방법이 있다. 최시인을 잘 알고 있는 우리로서는 그의 이번 시집 『창밖을 보다가』를 펼쳐 들고 그가 이제 노년에 이르러 인생을 관조적으로 보고 있다는 것을 실감하게 된다. 그의 나이 듦이 곧 시의 나이 듦으로 연결되고 있다는 것이다. 말하자면 그의 인생에 그의 삶이 잘 녹아있는 아름다움을 찾는 기쁨이 있다는 점이다. 그가 그처럼 아끼는 일상에서 이제는 익을대로 익은 삶의 교훈을 이야기하고 있음을 발견하게 된다.
 이는 시적 대상물이 정서적 해석에서 인생적 해석으로 발전하고 있다는 의미가 될 것이다. 그에게 일관되게 던져져 있는 문제, 즉 시란 무엇인가 하는 질문이 인생이란 무엇인가 하는 질

문으로 발전하고 있다는 의미이기도 할 것이다. 이는 아주 짧은
시 「독백」에서 찾을 수 있다.

> 시란 무엇이냐
>
> .
>
> .
>
> .
>
> 인생이란 무엇이냐
>
> -「독백」 전문

이제 그에게 있어서 시의 문제는 인생의 문제인 것이다. 시인
이 시를 쓰고, 화가가 그림을 그리고 사업가가 사업을 하는 궁
극적인 목표는 무엇인가. 그리고 철학을 하고 학문을 하는 끝
은 어디인가. 결국 인생의 문제, 나아가서는 삶을 마무리 하는
문제가 아닌가. 그런 의미에서 팔순이 지난 최시인의 시적 서정
이 인생의 관조로 발전하는 것은 너무도 자연스러운 일이라 하
지 않을 수 없다. 먼저 최시인은 많은 사람들이 그러하듯이 인
생의 덧없음을 노래한다.

> 잠도 짧아지고
> 걷는 길도 짧아지고
> 생각도 짧아졌다
>
> 길게 남은 것은 지난 세월 뿐인데
> 내세울게 없다

자리를 뜬 뒤라도
후회할 일이 얼마나 남을지
짐작할 수 없다

— 「창밖을 보다가」에서

꽃이 피는지
꽃이 지는지
마음 둘 겨를도없이
봄날은 가 버렸다

— 「봄날은 가고」에서

영혼의
가던 길이
잠시
바뀔 뿐

— 「죽음」 전문

 나이 든 사람이라면 누구나 공감할 수 있는 감정이요 정서이다. 그러나 그는 이렇게 나이 듦에 대한 회한을 절감하기도 하지만 다른 한편으로는 새로운 탄생에 대한 희망을 버리지 않는다. 아마도 그것은 그의 종교적인 명상에서 비롯되는 것은 아닐까 생각된다.

탄생은 숭고하다
탄생은 피흘림처럼
아픔을 겪어야 한다

풀잎이 일어서기까지
꽃이 입술을 열기까지

속으로 시퍼런 피를 흘린다.

움직이는 생명체의 모든 어머니들은
아픈 출혈을 견디고 나서
고귀한 생명을 탄생시킨다.

― 「탄생」에서

「봄비」나 「복수초」에서 겨울을 이겨내고 새롭게 태어나는 자연의 경이로움을 노래한 그의 서정을 살핀 바 있는데 노년의 서정에서도 역시 탄생의 의미를 이렇게 표현하고 있다. 이는 영혼이 가던 길을 잠간 멈추는 것이 죽음이라고 하는 그의 죽음관, 이러한 종교적 신념과 무관하지 않을 것으로 보인다. 어쩌면 그가 오늘, 늘그막에 경험하고 있는 허무함이나 무상함은 분만의 진통과 출혈의 아픔이기는 하지만 그 아픔을 통하여 새로운 탄생을 준비하고 있는 기간으로 위로하고 있는 것은 아닐까. 그러면서 그는 또 이렇게 간구하기도 한다.

그 별이 지금도 반짝이고 있는데
별들은 얼마나 더 늘어나고
나는 땅에서 얼마나 살았는지
별빛과 나 사이가 아득하다.

이승에서 착한 사람
죽어서 별이 된다던데
별이 된 사람 얼마나 많을까
밤하늘엔 별 총총 빛나고 있다.

― 「별Ⅱ」에서

그는 「기도 I」에서 '눈뜨고 보지 못한 세상/ 눈 감고 보이는 것 있으면/ 그것은 기도의 힘이다'라고 말한다. 그러면서 다음과 같이 기도한다.

땅 위 존립을
눈물이게하소서.

그러다가
구름같이 뜨는날
제 손을 잡아 주소서.

먼 훗날까지
말씀 가운데 있게 하시고
더욱 간절함을
얻게하소서.

― 「기도 II」 전문

최시인을 늘상 보아 온 우리는 그의 시 세계에 나타나고 있는 서정을 일별해서 인식할 수 있다. 그는 삶 자체를 서정적으로 살려 노력하고 있음을 알 수 있다. 삶의 주변에 산재해 있는 나무 한그루 풀 한포기, 그가 걸어가는 들길이나 골목길, 그리고 그가 맞이하는 계절이나 공간들, 그런 곳에 스며있는 온갖 것들에서 서정적 의미를 찾아서 표현하는 것이 바로 그가 시를 쓰는 이유가 되고 있다.

4. 맺으며

그의 다섯 권 시집을 한데 놓고 이야기하지 못하는 것이 아쉽다. 이 시집을 보면서 그는 천성 서정시인이라는 것을 확인한다. 정서 가운데에서도 사회적 정서보다는 자연적 정서를 소중히 생각하고 있는 시인이라는 것도 알 수 있다. 그의 시에는 다른 사람에 대한 이야기는 별로 없다. 주로 자기의 감정 정서가 투영된 작품이 대부분이다. 따라서 인간이나 제도에 대한 분노 같은 것은 보이지 않는다. 오로지 순수 서정이 시의 바탕이다.

이 시집에는 가족에 대한 몇 편의 시가 있다.

가을이 오면 나리꽃 환한 뜨락에 어머니 얼굴 뿐이라고 어머니를 그리워하고 있다. 자식에 대해서는 열손가락 물어 안 아픈 것 없다더니 속은 다 그런 것인가 하고 걱정을 하고 있다. 또 유치원 하늘반에 다니는 늦둥이 손녀를 보고 싶어서 다시 오라고 제 에미한테 전화를 건다고 한다. 대부분 보통 사람들이 가지는 가족 사랑의 정서가 이 시인에게도 예외 없이 적용되고 있음을 볼 수 있다.

그의 일상적인 정서는 크게 특별함이 없는 우리들의 정서와 동일하다. 그래서 우리에게 더 친근감을 주는 시일 수도 있을 것이다. 누가 그랬던가. 시란 모든 사물에 정서적 이름표를 달아주는 작업이라고. 최시인이 달아주는 이름표들이 많은 사람들에게 더욱 감동을 주는 이름표가 되기를 기대한다.

『한국문학시대』

시인 오민석의 산거山居수필 이야기

에세이집 『나는 터지기를 기다리는 꽃이다』를 읽고

1. 수필의 양量과 질質

우리 문학계에 작가가 많아지고 발표되는 작품이 많아지는 것은 고무적인 현상이라 할 수 있다. 그러나 문학작품의 독자가 늘고 있지 않는 것은 걱정스러운 일이다. 말하자면 생산의 양은 많아지고 있는데 소비가 그에 따르지 못한다는 뜻이 되기 때문이다. 많은 문인들이 해결해 나가야 할 과제라고 하겠다.

참으로 많은 작품이 발표되고 있다. 특히 시와 수필이 그렇다. 많은 문학 종합지들에 발표되는 문학 장르가 주로 시와 수필이다. 대부분의 문학종합지는 시가 약 30편 내외, 수필이 20편 정도, 소설이 2~3편, 평론이 1~2편, 아동문학 몇 편으로 편집되고 있다. 당연히 시나 수필의 작품이 많을 수밖에 없다.

이 글에서 말하고자 하는 수필의 경우, 필자가 살고 있는 이곳 대전의 실정만 살펴보아도 수필의 발표량은 대단하다. 계간 『대전문학』, 『한국문학시대』, 『호서문학』, 『문학사랑』, 연간 내지 반연간 『대전 PEN문학』, 『목요문학』, 『공무원 문학』, 『대전 수필예술』, 『대전여성문학』, 이들 문학지마다 수필작품이 20여 편씩 발표되니 연간 3백여 편이 발표되는 셈이고 수필작가들이 발간하고 있는 수필집이 연간 10여 권이 되니 다하면 우리 대전에서만 연간 8백 편이 넘는 수필 작품이 발표되고 있는 셈이다. 여기다가 서울에서 전국을 대상으로 하는 각종 문학잡지가 또 얼마이며 대전이 이러할 진데 전국 각 지역에서 발간하고 있는 문학지를 포함하여 수필집을 망라한자면 어마어마한 양의 수필이 발표되고 있다고 할 수 있을 것이다.

60년대 초만 해도 『현대문학』이나 『문학예술』 등 문학지의 추천에 수필장르가 들어 있지 않을 정도로 푸대접을 받았던 수필문학이 이렇게 짧은 기간에 폭발적으로 는 것은 어떤 이유일까. 이는 아무래도 다른 장르에 비하여 대중과의 접근성이 용이하고 수필작가로 진입하기가 쉬웠다는 데에서 답을 찾을 수 있을 것이다.

그런데 이에 비하여 이른바 명수필이라고 평가되어 많은 독자를 가지는 작품은 몇 편이나 되는 것일까. 이는 비교적 접근하기가 쉬운 반면 성공적인 작품 쓰기가 결코 쉽지 않다는 수필장르의 애로라고 할 수 있을 것이다. 더욱이 순수 수필작가의 작품보다도 유명 철학자나 언론인 또는 학자들의 작품집이 더 많은 독자의 사랑을 받고 있음은 어떻게 설명해야 할까. 수필 문학계가 해결해 나가야 할 과제가 아닐 수 없다.

대학에서 소설 등 산문문학을 이야기하다가 정년을 하고 이제

80고개를 넘어선 필자는 평생 해온 것이 책 읽기여서 여전히 문학 작품과 가까이 하면서 생활하고 있다. 현직에 있을 때는 작품 설명을 위하여 또는 논문을 쓰기 위하여 작품을 분석하고 체계적으로 읽고 더러는 메모도 하고 했었는데 이제는 보내오는 문학잡지, 문학 작품집, 그리고 문학지나 신문 등에서 화제가 되고 있는 작품들을 구입해서 읽는다. 특히 수필은 빠지지 않고 읽는 편인데 내 기준으로 참 좋은 작품이다 하고 감동을 주는 작품을 만나기는 쉽지 않은 편이다. 필자는 언제부턴가 잡지의 수필을 읽다가 마음에 드는 작품이다 느껴지면 그 페이지 귀퉁이를 접어놓는 습관이 생겼는데 한 문학잡지에서 그저 한두 편 접어놓는 편이었다.

필자는 며칠 전 오민석 교수가 보내준 에세이집 『나는 터지기를 기다리는 꽃이다』를 받아들고 근 백편의 작품을 읽으면서 책 귀퉁이를 수 없이 접고 있었다. 그러면서 이 글을 쓰기로 마음 먹고 컴퓨터 잎에 앉았다.

2. 에세이집 집필의 배경

오민석 교수는 1990년 월간 『한길문학』 창간기념 신인상에서 시가 당선되어 시인으로 등단하였으며, 1993년 동아일보 신춘문예에 문학평론이 당선되어 문학평론가로 다시 등단했다. 그리고 그는 단국대학교 영문학 교수로 활동하고 있는 학자이자 시인이요, 평론가이다. 그는 여러 권의 시집과 평론집, 연구논문집을 발간하여 학계에서도 주목 받는 영문학자이다. 그는 국민 MC로 세계 기네스 북에까지 오른 원로 연예인인 송해 선생과 인연이 닿아 1년여 동행하여 『나는 딴따라다』라는 송해평전을 쓰기도 했다. 그는 대중예술에도 관심을 두어 많은 대중가요를 말하기도 한다. 주로 시 평론을 많이 집필하여 많은 시인들의 작품집에 해설 또는 평을 쓰고 있다. 요즈음도 끊임없이 원고 청탁을 받아 집필에 여념이 없으며 각종 강연에도 초청되고 있다. 이처럼 그의 집필 영역은 넓다.

그가 이번에 에세이집을 간행한 것이다. 더욱이 그는 몇 년 전 사랑하는 아내를 하늘나라로 보내면서 인생에 깊은 내상을 입었다. 직장의 정년을 몇 해 남겨 놓고 강원도 홍천 깊은 산골에 집필실을 마련하여 그곳에서 기거하면서 작품을 쓰고 있는 중이다. 그는 자연을 보는 눈이 깊고 넓고 크게 되었다. 그래서 그가 쓴 글을 읽으면서 나는 작품마다에서 감명을 받고 작품의 책 귀퉁이를 접고 또 접었던 것 같다. 그리고 우리 수필문학의 한 지평을 나름대로 발견한 것일 게다.

그는 전에도 글에 집중이 되지 않으면 산 속의 작은 숙소를 찾아다녔다고 하는데 그래서 찾은 곳이 홍천의 먹실골이었고 벌써 5년에 접어들었다고 한다.

> 먹실골 오두막은 이런 나의 소망이 마침내 안착한 곳이다. 강원도 홍천의 깊은 산속의 작은 통나무집 별서別墅에서 나는 그동안 여러 권의 책과 시집을 냈다. 첫 3년 동안엔 가족 외의 아무에게도 이 공간을 알리지 않았고, 강의가 있는 날을 제외하고는 늘 이곳에 머물

랐다. 이 책은 이렇게 살던 어느 봄날에서 가을까지의 몇 달(5월-9월) 동안 매일 저녁 책상에 홀로 앉아 써 내려간 것이다. 그 해는 연구년이었고, 덕분에 나는 아무 곳에도 가지 않고 숲속에 처박혀 있을 수 있었다.

— 〈머리말〉에서

  이 작품집을 집필한 내력을 이렇게 밝히고 있다. 그러니까 이 에세이집의 작품들은 먹실골이라는 한 지역에서 그곳 생활을 배경으로 봄에서 가을까지 5개월 동안에 쓰여진 연작 수필인 셈이다.
  그는 '아름다운 숲과 할아버지와 K. 그리고 나 사이에 일어나는 소소한 일들과 내 영혼의 투쟁을 기록하고 싶었고, 매일 밤 내 손은 마치 자연의 풍금을 두드리듯 자판 위에서 움직였다.'고 했으며 '사회적 소통망에 사진과 함께 이 글들을 올렸을 때 많은 사람들이 뜨거운 반응을 보내주어' 출판 섭외를 받았다고 밝히고 있다.
  여기서 우리는 그가 작품을 쓰게 된 동기와 작품집을 발간하게 된 경위를 정확하게 알게 된다. 그리고 글들의 주제나 소재까지도 짐작해 볼 수 있는 것이다.
  한정된 기간과 한정된 공간, 그리고 한정된 몇 사람의 지기 사이에 일어난 사연으로 백편 가까운 글을 쓴다는 것은 그만큼 이 공간 안의 자연, 인간사를 깊이 있게 관찰했다는 뜻이 될 것이다. 이제 왜 필자가 작품마다 감동을 느끼게 되었는지를 찾아볼 차례이다.

3. 자연사랑의 섬세함

수필은 자기 고백의 문학이라고 말한다. 영역이 넓어져서 그렇게 간단히 정의할 수는 없지만 확실히 다른 문학 장르에 비하여 자기의 체험, 자기의 사고, 자기의 정서가 표현의 중심이 되는 것은 부인하기 어렵다. 따라서 작가의 체험, 사고, 정서의 수준이 작품의 기저가 되고 있다. 그런 의미에서 수필작품이야말로 그 작품의 작가를 이해하는 지름길이 된다고 할 수 있다. 필자는 이 작품집 『나는 터지기를 기다리는 꽃이다』에서 작가 오민석의 인품이나 정서를 이해하게 되고 거기서 감동을 느낄 때 그 작품을 사랑하게 된다.

나는 먼저 깊은 산골 먹실골의 산과 물과 풀과 꽃과 새들, 그리고 여기에서 삶을 같이 하는 몇 분의 사람에 대한 한없는 그의 사랑에 감동한다.

> 창문을 열어놓으니 빗소리가 다정하다. 처마 밑 자리를 놓고 다투던 박새와 곤줄박이 부부들, 마침내 박새부부가 이겨서 집을 차지했다. 곤줄박이는 이제 보이지 않는다. 자연을 멀리서 볼 때 평화롭고 아름답다. 이 안에도 생존을 위한 무지막지한 싸움들이 존재한다. 집 앞 연못의 개구리 알을 먹는 향어들처럼 탐욕스런 애들도 없다. 해 질 무렵이면 꽃 진 자리에 어느듯 두꺼운 초록 옷을 입은 목련이 박새부부를 품어준다.
> —「오두막을 짓다」에서

먹실골에서 태양과 가장 가까운 대화를 나누는 식물들은 채송화다. 채송화는 날이 더워질수록 더 만발한다. 붉고 노란 꽃들이 한낮의

찌는 더위를 깔깔대며 환호한다. 재래종 채송화 옆에는 땅채송화가 작고 노란 별꽃들을 뿜어 올리고 있다. 가까이 들여다 보면 이건 숫제 지상에 내려온 별들의 축제다.

―「먹실골의 문법」에서

위에 인용한 새들의 이야기나 꽃의 묘사는 새와 꽃에 대한 세밀한 관찰, 그들에 대한 애정이 있지 않고서는 이런 묘사가 가능하지 않을 것이다. 그는 나이를 먹는 것은 '안'에서 '밖'으로 쫓겨나는 것이라고 설명한다. 나이 드니 친척 어른도 부모님도 내게 보호의 대상이지 나를 지켜주는 울타리가 아니라고 한다. 그래서 젊어서는 사랑을 받아 온 삶을 살았다면 이제는 밖을 사랑하는 삶을 살아야 한다고 한다. 이 에세이집에 보이는 모든 자연과 생태계가 사랑의 대상이 되기 때문에 이처럼 풀 한포기에 이르기까지 사랑의 눈길을 끄는 것이 아닐까 생각된다.

여러 사람들이 일상으로 경험하는 그저 그만그만한 주제에 그렇고 그런 표현의 수많은 수필들은 독자의 마음을 끌기가 어려울 것이다. 주제가 특수하거나 표현이 개성적일 때 독자의 관심을 모을 수 있는 것이다. 그런 의미에서 오교수는 먹실골이라는 깊은 산골에서 그곳의 자연과 생명들, 그리고 아름답다고 밖에 달리 표현할 수 없는 몇 분의 인간관계를 심층적으로 관찰하고 사고하고 그의 특수한 표현력으로 서술하고 있기에 나의 마음을 사로잡은 것일 게다.

그에게는 풀 한포기, 한 그루의 꽃들이 그냥 풀이요, 꽃이 아니라 소중한 생명체이다. 그래서 꽃이 웃고, 노래하고, 소리치고, 화내는 생존의 광장이 된다. 박새와 곤줄박이 같은 날짐승은 물론 개구리알과 향어같은 수중 동물, 채송화 같은 식물들도 의인화되고 있다. 이런 개성적인 표현이 신선한 것이다. 이것은 자연에 대한 지극한 사랑의 결실이라 할 것이다. 그리고 시인의 섬세한 표현력이 관심을 모은다고 할 것이다.

3. 인정 표현의 사람사랑

나는 이 글들을 통하여 피나는 생존의 현장에서 절망하는 많은 사람들에게 인간의 존엄성을 살려내는 아름다운 인정을 느낀다. 요즈음 시골 인심이 예전 같지 않다는 탄식의 소리를 자주 듣는다. 그런데 먹실골의 할아버지와 친구 K는 따뜻한 인정으로만 살아가는 최고의 교양인이다. K는 통나무집을 짓는 목수요, 할아버지는 수십 년 동인 먹실골의 역사를 쓰고 있는 K의 아버지이다. 작가는 이들과의 어울림 속에서 '환대의 위대함'과 '겸손의 막강한 힘'을 알게되었다고 쓰고 있다. 작가가 생활하고 집필할 수 있도록 하는 최대한의 배려, 서로의 인격을 최대한으로 존중하면서 상생의 삶을 살아감으로 행복을 창조하는 먹실골의 현장은 시적이라 하지 않을 수 없다.

> 두부조림을 만들어 저녁 식사를 한 후 느티나무 아래에 가니 상사화들이 군락을 이루고 있다. 저 꽃들도 할아버지가 하나하나 다 심으신 것이다. 뒤늦게 먹실골에 들어온 나는 이렇게 한사람의 오랜 노고로 만들어진 '보화'들을 거저 즐기고 있다. 할아버지께 무상으

로 얻어먹는 야채와 과일의 수를 대충 세어 봐도 스무 가지가 넘는다. 나는 비자발적 '도둑 다람쥐'다. 이 모든 선물 보다 더 큰 선물은 할아버지께서 내게 매일 몸으로 가르쳐주시는 '겸손과 환대'의 정신이다.

─「혁혁한 업적」에서

이 통나무집이 있는 농장에 매일 90CC 오토바이를 타고 출근하는 할아버지는 항상 이렇게 베풀면서고 90도 각도로 허리를 숙여 인사를 하고 작가는 송구하여 93도로 허리를 숙여 답례를 한다고 한다. 할아버지의 책상에는 조경이나 농업관계 서적은 물론, 문학, 철학, 역사 서적이 있고, 법정, 리영희, 한강, 조정래, 이어령 씨 등의 책과 여러 시인의 시집도 놓여 있다고 하니 범상한 노인은 아닌 것 같다.

먹실골의 또 한사람 K. 그는 친구 사이라고 한다. 이곳 몇 채의 통나무집을 지은 목수이기도 한 그는 작가의 책상을 만들어 줄 정도로 친한 사이다.

> K와 나는 친구 사이다. 그런데 K는 나를 '교수님', 나는 K를 '선생님'이라고 부른다. 나이 차도 조금(?)난다. 그리고 서로 존대를 한다. 그래도 우리는 친구다. 친구가 별것인가. 서로 이해하고 환대하는 사이면 친구지. 우리들의 대화는 대체로 "쉬발"에서 시작해서 "쉬발"로 끝나는데, 그것은 서로 상대를 향해서 하는 말이 아니다. 그것은 우리를 열 받게 하는 세상, 우리를 슬프게 하는 것들, 우리를 기만하는 것들, 그리고 때로는 어리석고 부족한 우리 자신들을 향해 날리는 후련한 '추임새'다.
>
> ─「우리는 친구다」에서

이같이 친구들 사이에 일어나고 있는 우정, 또한 이 작품들을 아름답게 빛낸다. 경쟁관계가 아닌 서로의 삶을 응원하고 위로하고 공감하는 인간관계, 기쁜 일이 있을 때, 같이 기뻐하고 슬픈 일이 있을 때 같이 슬퍼하는 이 인정의 묘사야말로 잃어가는 인간성 회복을 가르쳐주는 주제라 하지 않을 수 없다. 이 외에도 가끔 만나는 친구, 시인, 그리고 가족 간의 교류, 또한 이 세 사람 사이와 다르지 않다.

오교수의 글에 등장하는 이런 인간애가 나로 하여금 이 작품집을 다시 펼치게 하는 것이 아닌가. 그리고 수필문학을 읽는 이들의 마음을 잡게 되는 것이 아닐까. 날로 삭막해져가는 현대사회에서 따뜻한 인정을 그리워하는 사람들의 정서를 이곳 먹실골의 생활을 통하여 표현하고 있는 데에서 수필의 장점을 읽게 된다.

아무리 가까운 사이라고 해도, 또 아무리 존경하는 사이라고 해도 완벽할 수 없는 것이 인간관계이다. 크고 작은 갈등의 연속이 생활이라고 해도 과언이 아니다. 도시 생활을 하던 그가 깊은 산 속에서 살아갈 때, 어찌 갈등이 없겠는가. 아무러면 할아버지나 K가 아무리 잘해 준다고 해도 불만이 전혀 없을 것인가. 그런데 이 작품들에서 그러한 흔적을 찾을 수가 없다. 이것이야 말로 글쓰는 이의 수양과 인품의 소산이라 할 수 있지 않겠는가. 그런 의미에서 작가의 좋은 생각, 아름다운 생각이 좋은 글, 아름다운 글을 창조한다고 할 것이다.

4. 수필 속에 들어 온 시

그가 시인인 만큼 그의 수필 속에 시가 들어오는 것은 당연한 것이다. 또 그간 많은 시인들이 수필을 써 온 경우도 많았다. 그런데 오교수의 경우 자작시 해설 같은 글을 쓰기를 즐기지 않는 것 같다. 작품집 가운데 시가 10여 편 동원되고 있는데 정작 자기의 시는 한 편 뿐이다.

존 던의 「누구를 위해 조종을 울리나」, 유홍준의 「할미꽃」 딜런 토마스의 「초록 도화선으로 꽃을 몰아가는 그 힘」, 이영광의 「바다」 황지우의 「어느날 나는 흐린 주점에 앉아있을 거다」. 김수영의 「봄밤」 바스코 포파의 「늑대의 눈」, 김종삼의 「따뜻한 곳」 등 국 내외국 시인들의 시가 들어와 있다. 그리고 이들 시들이 대중들에 의하여 널리 알려진 작품들이 아니다. 그만큼 그는 다양한 시인들에게서 비교적 숨겨져 있는 작품들까지 관심을 가지고 읽고 있다는 것을 알 수 있다.

가령 그의 「사랑의 위력」이라는 작품에 들어온 존 던의 시는 코로나19 펜데믹을 겪으면서 '이 세상의 더 큰 주인'이 내리는 엄중한 경고라는 인식에서 인용하고 있다. '평화롭고 아름다운 숲'을 함부로 건드리는 자들에게 내리는 반란이라고 주장한다.

그 누구도 섬이 아니다.
그 자체 전체일 뿐
우리 모두는 대륙의 한 조각이다.
전체의 한 부분.

> 바닷가에서 흙 한 줌이 씻겨나가면,
> 유럽이 그만큼 작아진다.
>
> 중략
>
> 모든 사람의 죽음이 나를 작게 만든다.
> 왜냐 하면 나는 일류의 일부분이므로
> 그러니 나한테 사람을 보내 묻지 마라.
> 누구를 위해 조종弔鐘은 울리냐고.
> 조종은 당신을 위해서 울린다.
>
>   — 죤 던 J.Donne 「누구를 위해 조종은 울리나」 부분

 그러니 '인간들이 마지막으로 살아남을 수 있는 유일한 길이 있다면 서로 환대하고 나누며 사랑하고 사는 것, 그리고 그것을 어떤 정치적 집단에 의해서도 훼손되지 않는 제도의 형태로 공고화 하는 것 밖에 없다'고 쓰고 있다. 이처럼 그는 다분히 평론가적 입장에서 수필 속에 시를 들여오고 있음을 알 수 있다.

 그는 '글은 미로를 만든다'고 하고 '글이 글을 파고, 글 속에서 다른 글이 열린다'고 한다. 또 '문장의 갱도를 처음 들어갈 때마다 두렵고 떨리고 설렌다'고 글쓰기의 엄숙함을 고백하고 있다. 그러면서 김영광의 시를 들여온다.

> 더 잃을 것이 없어지느라
> 배도 몇 번 째본 내가
> 기고만장해서

여기가 바닥인가 중얼거리면
에, 거기가 바닥입니다
누가 발밑에서 답한다

내 무덤 아래에 늘
다른 무덤이 있다

— 이영광 「바닥」 전문

 글을 쓸 때마다 바닥 밑의 바닥, 무덤 아래의 무덤을 생각하듯 찢어진 영혼을 기우는 마음으로 쓴다는 사명감 같은 것을 느끼고 있다는 뜻일 게다.
 이처럼 그는 수필 속에 시를 들여올 때 깊은 고뇌를 하고 있음을 이해하게 된다.

5. 산거山居 수필의 의미

 요즈음 우리 주변에는 인생 말년에 귀촌하여 인생의 여유를 즐기려는 사람들이 늘어가고 있다. 각종 TV 프로그램에서 활발하게 소개하는 것을 보면 그만큼 많은 사람들의 관심을 끌고 있다는 뜻일 게다. 우리 문학사에서도 고향이나 명산들을 찾아 생활하면서 명작을 남겨 놓은 분들이 많이 있다. 낙향의 경우도 있고 유배의 경우도 있지만 아름다운 자연 속에 살면서 애환을 표현하여 성공한 작품을 문학사에 남기고 있는 것이다. 많은 역사주의 비평가들은 작품 생산의 과정을 작가가 생활한 자연환경에서 찾으려 노력하는 것을 보게 된다. 더러는 이 분들의 작품을 통하여 자기들이 생활해 온 지역을 명소로 만든 경우도 있다.

오교수가 생활하고 있는 강원도 홍천의 깊은 산골 먹실골은 이들 작품을 통하여 세상에 알려질 것이다. 다음날 오교수의 작품을 연구하는 후학들이 있다면 이 먹실골을 찾지 않을 수가 없을 것이다.

이 수필들이 시인이며 시비평가에 의하여 창작되었다는데 또 다른 의미를 찾을 수 있다. 그는 이 작품집에서 글 읽고 글을 쓴 기록들을 여기저기에 남겨 놓고 있다. 가령

> 며칠 출타했더니 정확히 출타한 날짜만큼의 원고가 밀려있다. 어제는 종일 오도막 인피디튜드에 앉아 글을 썼다. 지난 주에 써 놓은 KBE 시인의 시집 해설〈그리운 바깥 혹은 도래하지 않은 봄〉을 다시 읽고 교정해 보냈다. 격월간〈현대시학〉의 7-8월호에 실릴 KJS 시인의 시집 서평〈먼 데서 오는, 고통이라는 이름의 열차〉도 탈고해서 보냈다.
>
> ―「하늘만 푸르러 푸르러」에서

> 문예지 ◇의 '계간 평' 원고 35매를 탈고해 보냈다. 미안한 이야기지만, 많은 작가가 문학을 무슨 고상한 취미 정도로 대하며 글을 쓴다. 그러나 지성과 새로움이 없는 글은 문학이 아니다. 그래도 네 편 정도의 수작을 만난 건 다행이다.
>
> ―「푸르익는 계절」에서

이런 집필의 이야기 뿐만 아니라 독서에 관한 것, 더러는 음악

감상에 관간 것도 기록하고 있다. 그가 시인이나 평론가가 아니었다면 이러한 기록을 남길 수 없을 것이다. 그가 읽은 작품들에 대한 수준 높은 단평들, 또한 그를 이해하는데 도움이 될 것이다. 위에서 말한 〈지성과 새로움이 없는 글〉은 문학이 아니라고 한 단평은 그가 작품을 창작하는 기본 정신으로 한다는 이야기가 아닌가.

 앞으로 우리 문단에도 이처럼 고향이나 명산대천을 찾아 정착하면서 그곳의 자연과 생태, 풍속과 인간을 형상화하여 좋은 작품을 창작한다면 우리 문학을 더욱 풍성하게 할 수 있을 것이다. 그런 의미에서 시인 오민석의 이번 에세이집은 큰 의미를 가지는 것으로 평가하고 싶다.

『국제PEN』

성자聖者 같은 마음의 서정시

김춘호 시집 『告罪』이야기

1.

나는 김춘호 시인의 시도 좋아하고 수필도 좋아한다. 그러나 그보다도 더 좋아하는 것은 친구 김춘호이다. 그러니까 김춘호를 좋아해서 그의 글들이 좋은 것인지 아니면 그의 글들이 좋아서 친구 김춘호를 좋아하는 것인지 잘 분간이 가질 않는다. 그렇지만 조용히 생각해 보면 아무래도 그가 먼저일 것 같다.

우리가 친구로 만난 것은 어언 반세기 전으로 거슬러 오른다. 내가 단국대학 야간에 적을 두고 대학신문에 어줍은 글들을 투고하면서이니까 1960년대 초반이었다. 그때 김시인은 대학신문 기자로 주로 문예면을 담당하고 있어서 우리 같은 문학 지망생들과는 바로 친해질 수 있었다. 특히 김시인은 충북 산으로 충남 산인 나와는 같은 충청도 태생들이라 더욱 빨리 가까워졌을지도 모른다. 아니 그보다는 김시인의 겉모습부터가 수수텁텁하고 오래 사귄 친구같은 친밀감을 가지어서일 것이다. 우리는 만나자마자 대폿집 행이었었고 곧바로 의기가 투합했던 것으로 기억된다. 우리는 문학 모임을 같이하면서 가난한 학생들끼리 막걸리 몇 잔 마실 용돈만 생기면 누가 먼저랄 것도 없이 술집에 들러 열정을 쏟아 이야기를 나누었었다.

 졸업 후 나는 시골 선생으로 사회 생활을 시작했고 김시인은 『아리랑』『신여원』,『서울신문』,『현대여성』,『여학생』,『샘터』 등 여러 잡지에서 일을 하다가 출판사 〈제3기획〉을 창립하고 김동길, 최인호, 정주영 씨 등 유명인사들의 책을 수없이 출간해서 명망 있는 출판인으로 자리매김을 하였다.

 우리는 생활하는 지역이 다르고 하는 일이 달라 자주 만나지는 못했지만 한 번도 서로의 소식을 모르고 지난 일은 없었다. 가뭄에 콩나듯 가끔씩 만났지만 만나기만 하면 서로 끼어 안고 펄쩍펄쩍 뛰면서 반가워하고 술을 마시면서 헤어지는 것을 안타까워했다. 근래 우리는 정년 등 직장에서 해방되면서 더욱 가깝게 되었다. 이제 우리의 친분은 겨울날 새벽에 가까스로 온기를 지키는 화롯불처럼 은근한 관계에 있다고나 할까. 그는 독실한 천주교 신자이다. 천성 자체가 곱디고운데다가 신앙적으로 수양이 되었으니 대화 한마디에도 인생의 그으름이 묻어 있다. 그는 성탄절이나 부활절, 추수 감사절 같은 때에는 빠짐없이 문자를 보낸다. 축하하고 복을 빈다는 것이다.

 그런 친구 김춘호가 첫 시집을 상재한다니 이 얼마나 기쁜 일인가. 더욱이 1973년 한국일보 신춘문예에 시조로 등단한 그가 40년 만에 첫 시집을 낸다면서 한마디 글을 쓰라니 어찌 부둥켜 안고 펄쩍펄쩍 뛸 만큼 기쁜 일이 아닌가. 설사 이 글이 그의 시에 흠집을 낸다고 하더라도 그 또한 기뻐할 것으로 확신한다.

그는 신춘문예 당선 소감에 "10년 전 지방의 모 일간지에 무작정 투고한 작품이 당선도 아닌 입선을 했을 때도 나의 문학을 걱정해주던 東熙, 雄達, 夏燮 형들이 크고 무섭게 축하와 격려의 정을 보내준 일이 있다"라고 쓰고 있다. 이런 문학적 인연을 가지었던 사이에 첫시집에 축하의 인사를 하는 것은 어쩌면 자연스러운 일이기도 할 것이다.

다작을 하는 시인이라면 수십 권의 시집을 낼 연륜이었지만 그는 시 쓰는 일보다 남의 글을 열심히 읽어 좋은 문장을 만들고 그 문장들로 질 높은 책을 만드는데 더 많은 정성을 쏟았고 종교 생활을 통하여 봉사하는데 시간을 많이 보내면서 많은 작품을 쓰지는 못했다. 그러나 한번도 시에 대한 생각을 멀리한 적은 없었던 걸로 기억한다. 따라서 여기 묶은 60여 편의 시도 어느 일정한 시기에 여러 작품을 쓴 것이 아니고 40년 동안 꾸준히 생각하고 또 생각하면서 완전히 숙성되었다고 생각되는 작품을 모았을 것이다. 그렇기 때문에 그의 시를 설명하는데 있어 시대 구분은 의미가 없을 것이다.

2.

나는 그의 시를 볼 때마다 아주 잘 숙성된 좋은 청주를 음미하는 심정이 된다. 좋은 청주, 그 술은 맑고 깨끗하다. 향 또한 은근하다. 그 술은 혀에 닿는 순간 말로 표현할 수 없는 감칠맛을 느낀다. 이 술은 벌컥벌컥 마실 수가 없다. 천천히 음미하면서 마치 먼데 있는 친구를 그리듯 그렇게 마셔야 한다.

그렇다. 그는 한편의 시를 쓸 때 최고급의 술을 빚듯 정성을 다하고 그리고 완전히 숙성할 때 까지 끈질기게 기다린다. 결코 완전하다싶지 않으면 걸르는 법이 없다. 그래서 그의 시는 평균적으로 고르게 사람을 감동시킨다. 나는 이 시집의 원고를 읽으면서 어느 한 편도 쉽게 넘길 수가 없었다. 더러 이런 글을 주문 받아 시집의 원고를 읽으면서 인용해서 설명할 작품을 고르느라면 몇 편 찾기가 힘든데 이번 원고를 읽으면서 화제가 될 만한 작품을 고르느라 표시를 하다 보니 거의 모든 작품에 표시를 하게 되는 것이 아닌가.

시를 창작하는 과정에서 숙성한다는 뜻은 무엇인가. 그만큼 시의 소재나 주제를 만났을 때 깊게 생각한다는 이야기이다. 깊게 생각한다는 것은 결국 인생을 관조한다는 뜻이 될 것이다. 여기에다가 시어의 고름에 남달리 고심하고 있다는 것을 쉽게 느낄 수 있다. 우리는 한 시인의 시를 읽고 머릿속에 깊이 간직해서 스스로의 삶에 위안을 받거나 다른 사람에게 위안을 줄 몇 구절을 찾고자 한다. 그러나 그러한 시나 시귀를 만나기는 그렇게 쉬운 일이 아니다. 우리는 김춘호 시인의 시 가운데에 그러한 작품을 여러 편 발견할 수 있다. 가령 「가장 행복한 사람」 같은 시가 그렇다.

행복한 사람은
조금쯤 잃어버리고 사는 사람일 겁니다

더욱 행복한 사람은
많은 것을 잃어버리고 사는 사람일 겁니다

그보다 더 행복한 사람은
잃어버린 것을 찾는 사람일 겁니다

그러나 가장 행복한 사람은
잃은 것을 찾았다가 다시 잃은 사람일 겁니다

사람은 때때로
잃어버리고, 그 잃은 것을 애타게 찾습니다

살아가면서 잃는 것이 하나도 없는 이는
참으로 불행한 사람일 겁니다.

— 「가장 행복한 사람」 전문

이는 하나의 격언이다. 우리 인생의 비극 가운데 가장 큰 비극은 버릴 것을 버리지 못하는 것일 수도 있다. 이렇게 말하면 버릴 것이 있어야 버리지 않느냐 하는 사람도 있겠지만 우리들 마음속에 도사리고 있는 수많은 욕심은 얼마든지 쌓여 있다. 그는 이 시집의 제목으로 뽑은 시 「고죄」에서 이를 다시 느낄 수 있다.

아침마다 면도를 해도
솟아오르는

수염처럼

부질 없이 성장하는
손톱과 발톱
머리칼처럼

이목구비 오장육부
뚫어진 구멍마다
쌓여지는 먼지

허욕의 바이러스
더 깊이 더 넓게
영육이 잠식된다

— 「고죄」 전문

  날마다 달마다 우리들 마음속에 수염처럼, 발톱 손톱처럼, 그리고 머리칼이나 먼지처럼 쌓여가는 허욕의 바이러스, 이를 피할 사람은 없다. 단지 행복한 사람은 이를 깎고 털고 털어내면서 살지 않으면 불행하다는 격언인 셈이다.
  「돌아오는 길」에서의 "잊어버린다는 것은/ 기억한다는 것보다 남루하고/ 아린 시련이었습니다."나 「만남」에서 "우리의 만남을 나팔꽃 같은 기다림, 이슬방울 같은 설레임, 코스모스 같은 그리움, 메아리가 될 목마름, 새벽별 같은 외로움"이라 노래 한 것, 「귀향」에서의 "그곳은 낯익은 마을이었다/ 그러나 낯설은 마을이었다" 같은 표현에서 우리는 그러한 인생의 관조를 읽을 수 있다.

3.

현대를 살아가는 우리들의 비극 중의 하나가 "정情"의 상실이 아닐까. 자연에 대한 정, 유년에 대한 정, 고향에 대한 정, 어머니에 대한 정, 지난 시절 우리는 비록 가난했지만 이런 정으로 위안 받고 서로 의지하면서 살아온 세대들이다. 그런데 이러한 정의 상실로 오늘의 삶은 빡빡하고 버겁다. 김시인은 이 정의 상실을 안타까워하고 있다. 그의 시 곳곳에 잊혀진 정에 대한 아쉬움이 배어 있다.

> 문풍지 울음소리만 나도
> 마음이 시린 당신
> 눈두렁이 깊어서
> 모든 시름 보이지 않고
> 숨을 거두시는 순간까지
> 열무같은 가슴 드러내신
> 어머니
>
> 눈밭에 갇힌 외딴 초가집
> 아궁이에 생솔 지피시며
> 포옹하듯 잠겨오는 연기 속 잠자는 듯
> 하염없이 시름 닦던 당신
> 설, 추석 일년에 두 번만
> 비녀 꽂고 쪽 찐 어머니
>
> ─「어머니」 전문

"끼니 거르기가 예사이면서도/ 늘 배가 부르노라 입버릇이신" 어머니 "바닥 해진 검정 고무신 발로 시장 바닥 누비며/ 자식 놈

볼 터진 가죽구두 먼저 걱정하신" 어머님에 대한 정, 김시인의 눈에는 항상 가난 속에서도 정을 주신 어머님처럼 안간에 대한 사랑과 그 사랑을 상실함에 대한 안타까움이 우리들의 마음을 애련하게 한다.

> '개똥이 아녀?' 반겨주던
> 족보에 목숨 걸던 먼 친척어른은
> 오래 전부터 실어증 앓고
> 곽란 등에 사관 잘 놓았던
> 나의 탯줄 잘라준
> 곶감장사 할머니
> 전설로만 남았네
> ―「귀향」 중에서

그처럼 자신에게 정과 정성을 주셨던 어머니, 친척 어른, 고향의 할머니, 이제는 전설이 되어 만날 수 없음을 생각한다. 아니 그러한 정서를 불러 냄으로 각박한 오늘을 사는 우리들에게 삶의 의미를 다시 생각하게 하는 것이다. 여기에는 "'어이 오랜만일세' / 찬손만 잡고 흔들다/ 홀연히 돌아선 사람/ 놓쳐버린 막차였네"라 노래한 친구도 있고, "성장이 정지된 근무력증으로/ 일생을 다섯 살배기로 살다/ 끝내 큰형 내외 가슴에/ 대못으로 박힌/ 조카"도 있다.

정을 그리워 하는 사람은 순수한 사람이요, 선량한 사람이며, 마음씨 고운 사람이다. 김시인이 바로 그런 사람이어서 이렇게 사람에 대하여, 자연에 대하여, 추억에 대하여 정을 그리워하고 있는지도 모른다. 정을 그리워한다는 것은 결국 이별의 뒷이야기가 된다. 그는 이별에 대하여 이렇게 절규한다.

> 촛불 끝 심지가 재로 날릴 때까지
> 그대와의 만남을 말 할 수 없어요
>
> 목젓의 가래가 숨을 멎게 할지라도
> 그대와의 대화를 고백할 수 없어요
>
> 마지막 남은 잎새처럼 바르르 떨며
> 뜨거운 키스로 영혼 속에 심은 말
>
> 빙벽에 미이라처럼 갇혀 있는 그대
> 눈을 떠보거나 감아도 눈물만 나네
> 그대와의 약속은 절대적인 것
> 무덤, 그 너머까지 가져가리
>
> ―「말할 수 없어요」 전문

4.

칠순이 넘은 그는 이제 몸이 전과 같질 않다. 젊어서 너무나 무리하게 활자를 많이 보았던 탓일까. 시력이 많이 퇴화되었다. 어쩌면 시력을 완전히 잃을 지도 모른다는 의사의 진단을 받았다고 하는데 다른 사람 같으면 그런 말을 듣고 절망할 수 있을 테지만 그는 늘 태평하다. 며칠 전에도 전화로 "눈은 어떤가?" 하고 물었더니 "이만하면 감사하네."라고 답한다. 그 목소리에

슬픔이나 한탄이나 체념 같은 것이 배이지 않은 그야말로 평화로운 목소리이다. 오히려 내 내자의 질환을 걱정하고 몸 보존 잘 하란다. 웬만한 수양으로서는 불가능한 말이라 생각한다.

> 육안이 흐려지면
> 심안이 열린다는
> 선인들 말씀이 들려오는데
> 나의 녹내장은 깊어만 간다
>
> 초대받은 연주장 입구에서
> 그대가 날 몰라보고 지나치려 할 때
> 내가 그대를 못 알아본다면
> 이를 어쩌나
>
> ─「친구」중에서

그는 마음의 눈이 더욱 밝아질 것이라는 희망으로 오늘의 고통을 잘도 이겨내고 있다. 이게 어디 쉬운 일인가. 그는 지팡이도 안내견도 부질 없단다. 커피한잔 마주하고 모차르트의 〈레퀴엠〉을 들려줄 그런 친구가 아쉽단다. 장송곡에 해당하는 〈레퀴엠〉 음악이 마음에 걸리기는 하지만 설사 인생의 끝날이 온다고 하더라도 음악을 같이 하는 친구를 만나고 싶다는 염원은 아름답다. 그는 "그대 음성 듣는 것 은총 아닌가."라고 우리에게 묻고 있다.

그러나 그도 인간인데 어찌 질환을 친구 삼아 살아가는 인생길에 회심이 없겠는가.

무리에서 낙오한 기러기 한 마리
가시를 삼킨 듯 꺼억꺼억
쫓기는 듯 멀리 날아간다

부모 형제 잃었다고
포기할 수는 없잖아
고통의 쓴잔 넘기듯 꺼억꺼억

볼 수 없는 것도 보이는 척
어떤 이는 심안도 밝더라만
높이 날아야 멀리 보인다는데

─「어떤 기러기」 전문

  이런 시를 읽다보면 나 또한 숙연하지 않을 수 없다. 그러나 그에게는 반드시 심안이 환하게 열려서 앞으로 더 많은 글을 쓰고 더 많은 친구들에게 위안을 줄 것으로 확신한다. 특히 김시인이 염원하는 「점심같은 시」를, 한 편이 아니라 수백 편을 쓰게 될 것을 믿는다.
  끝으로 그가 쓰고자 하는 시에 대한 욕구를 작품으로 말한 바로 「점심같은 시」 한 편을 소개하면서 책임을 면하려 한다

내 생애에
점심같은 시 한 편만 쓸 수 있다면
한이 없겠다.

수다스런 제비 내외도
어느 대목에선

목이 잠기고
눈물이 담겨있는데

마음에 점 하나 찍는 것이
얼마나 아득한 길이기에
잊어야지 잊어야지 하면서도
차마 지울 수 없는 허기

산간수 돌 틈에 숨은 송사리같은
싱그런 말씀들을 건져 올려서
맛깔스런 점심상 차려봤으면

동화 작가의 작품 세계 찾아보기

김영훈의 『달빛 스튜디오』와 박진용의 『신기한 보청기』

1. 이야기의 시작

 결실의 계절인 이 아름다운 가을에 우리 고장의 중견 아동문학가 김영훈 선생과 박진용 선생이 각각 동화집 『달빛 스튜디오』와 장편 동화 『신기한 보청기』를 발간했다. 농민에게는 가을 수확이 그 해의 결실이라면 작가에게는 작품집 발간이 하나의 결실이라 할 수 있다.

 아동문학, 이는 두말할 것 없이 자라나는 어린이를 대상으로 한 문학이라 할 수 있다. 그러나 인간 본연의 심성은 어른이나 어린이라고 해서 다를 바가 없기 때문에 어른들 또한 이들 작품을 통하여 문학적 감동을 공유할 수 있기 때문에 특별히 아동문학이라고 해서 그 평가를 달리할 수는 없을 것으로 본다. 그래서 세기적인 동화나 동시는 시대나 국경을 초월해서 그 가치를 인정받고 있는 것이 아닌가.

오히려 어른이 아이들의 언어 세계에 들어가 어린이의 눈으로 어린이의 감성을 표현한다는 것이 더 어려운 문제가 아닐까 하는 생각도 하게 된다. 어린이가 어린이 이야기를 하는 것은 자연스러운 일이지만 어른이 어린이 이야기를 한다는 것이 그만큼 더 많은 상상력을 요구 받기 때문이다. 그런 의미에서 이 두 분 작가는 비록 교직에 종사해 정년을 하였지만 그 노력을 평가하지 않을 수 없을 것이다. 더욱이 두 분은 일찍부터 아동문학 모임을 주선하고 그 책임을 맡아 운동을 지속해 왔으니 작품집 발간의 의미가 더욱 깊다 할 것이다.

흔히 동화에서는 달과 별과 동물들, 심지어는 식물들까지도 의인화해서 표현되는 경우가 많다. 순진무구한 어린이의 눈에는 꽃이 웃고, 고라니가 말하고, 별빛이 눈짓하는 것으로 인식할 수 있다. 동화작가는 이 같은 어린이의 눈을 가지지 않을 수 없는 것이다. 이는 작가만의 문제가 아니라 독자 또한 마찬가지이다. 읽는 사람 역시 어린이의 마음이 되어서 꽃의 이야기를, 동물들의 웃음을 인정하면서 감상해야 한다.

그러나 동화는 근본적으로 어린이를 대상으로 창작됨을 인정하지 않을 수 없다. 이른바 성인 소설에서 어린이를 작중 인물로 표현하는 것과는 판이한 것이다. 우선 작품 속의 언어들이 성인을 대상으로 하는 것과 어린이를 대상으로 하는 것이 다르다는 것은 설명할 필요가 없을 것이다.

오히려 모든 문학이 그렇지만 아동문학은 감동을 통한 교육적 기능이 더욱 요구된다고 할 수 있기 때문에 창작의 어려움이 있는 것은 아닐까. 성인 세계에서는 용납되는 인간의 행위가 어린이 세계에서는 금기되는 일이 한두 가지인가. 대표적인 것이 성적인 문제들이 그렇고, 사회 활동들이 그러할 것이다.

여하튼 이런 어려움을 극복하면서 평생 아동문학을 계속해 온 우리 고장의 두 분 아동문학가의 이번 작품집 발간은 그만큼 큰 의미를 가진다고 할 것이다. 그런데 동년배인 이들 작품을 보면서 그 시각의 차이점이 흥미로워 이 글을 쓰기로 한 것이다.

2. 사회를 바라보는 눈 _ 『달빛 스튜디오』

김영훈 선생의 『달빛 스튜디오』는 작품 「흔들리는 숲」을 비롯하여 9편의 동화로 꾸며져 있다. 그는 이미 14권의 동화집을 출간하였으니 그의 작품 세계 역시 전편을 일별해야 정확하게 이야기할 수 있을 것이나 여기서는 이번 작품집만을 대상으로 살펴본다.

그는 "동심의 바탕 위에 어린이들에게 꿈과 희망을, 어른에겐 잃었던 동심을 회복할 수 있는 작품을 쓰고 싶었다"고 그 머리말에 밝히고 있다. 아마 이 희망은 모든 동화 작가의 희망이기도 할 것이다.

이 작품집의 작품을 일별하면 오늘날 우리가 안고 있는 사회 문제에 관심이 모아지고 있음을 알 수 있다. 마구잡이로 개발되고 있는 자연의 문제를 다람쥐나 멧새 등 동물의 말로 다루고 있는 「흔들리는 숲」, 한밭 시민광장이 소유권자에게 넘어가면서 그곳에 있었던 으뜸초록사육장의 동물들이 다른 곳으로 옮겨가야만 하는 현실을 묘사하면서 그 아쉬움을 그린 「준서내로 가는 비들기」, 공해문제를 다루고 있는 「할아버지가 그리는 푸른 하늘」 같은 작품들은 난개발의 사회문제를 이야기하고 있다. 또한 주택 건설의 터전인 토지 문제로 아파트 생활을 할 수 밖에 없는 아이들의 이야기를 다룬 「푸른솔 아파트 이야기」, 고향을 지키고 고향에 잠들고 싶어 하는 노인의 희망을 이야기하는 「할아버지의 소원」 같은 작품은 우리가 당면하고 있는 사회의 한 단면을 지적하는 작품이라 할 것이다.

많은 동화 작가들이 사회적인 문제 보다는 인간의 인성이나 감성의 문제를 이야기하고 있을 때 이렇게 사회적인 문제에 앵글을 맞추고 있음은 그의 창작 활동과 무관하지 않다고 본다. 그는 소설, 평론, 수필, 칼럼 등 장르를 가리지 않고 쓰고 있다. 그리고 그것을 자부심처럼 생각하고 있다. 따라서 동화 작품에 사회 비판적인 주제를 다루고 있음은 어쩌면 당연한 결과일 수도 있다 하겠다.

"그 뿐이 아니야. 또한, 2015년에 세계 주요국 190여개 나라가 프랑스 파리에서 모여 기후변화협약을 맺은 바도 있는데 온실 가스를 다스리지 않으면 재앙을 막을 수 없다는 데 의견을 같이했지. 이 협약에서 지구의 온도가 당시에 0.85도 상승한 상태에서 2100년까지 1.15도를 초과하지 않을 것을 목표로 하고 있단다."

— 중략 —

"그렇구나 그 무렵 UN 산하 IPCC 보고서에 따르면 지구의 기온이 앞으로 1.6도 더 상승하면 생물의 18%가 멸종 위기에 놓이고 2.2도 상승하면 24%, 2.9도 높아지면 35%의 생물 종이 위험한 상황에 놓이게 된다고 하는데 당시 총회에 참석한 국가들은 모두 이에 생각을 같이 하면서 맺은 협약이란다."

― 「할아버지가 그리는 푸른 하늘」에서

작품 속 초등학교 6학년 학생에게 지구의 온난화 문제를 이렇게 설명하고 있다. 요즈음 어린이들의 지적 성장이 빠르다고는 하지만 작품 속에 이런 과학적인 설명을 하는 것은 그가 작품을 통하여 사회적인 문제를 직설적으로 설명하고자 하는 의욕이 크다는 것을 보여준다 하겠다.

그가 작품집의 표제로 세운 『달빛 스튜디오』를 보자. 여러 작품 가운데 책의 표제 작품으로 정한다는 것은 그만큼 그 작품에 의미를 부여하고 싶은 작가의 의도가 담겨 있다고 할 것이다.

5살 어린이가 주인공인데 여기에 등장하는 외래어를 보면, 월패드, 레고타운, 베이비 사인, 히트, 스튜디오, AI, 카메라맨, 스텝, 레디 고, 이렇게 다양하다. 앞서 가고 있는 어린이의 생활 환경을 설명하기 위한 방편일 테지만 아직 독자들에게는 낯설다.

달빛 스튜디오는 어머니가 영어 선생이요, 아버지는 미국에서 6년 동안 유학하고 돌아 온 박사인데 이 아버지가 5살 된 아이의 방에 꾸며 놓은 놀이 시설이다. 여기에는 AI 아나운서가 있고, 가상 방송을 하는 프로로 작품이 진행된다. 말놀이를 통한 언어 능력을 키우기 위한 교육적인 의미가 있다고 하겠지만 독자들 조차 교육이 필요할 정도이다. 이 또한 그가 급속으로 발전하는 교육환경을 표현하고자 하는 의욕에서 쓴 것이 아닐까. 사회적 관심 안에 있다고 할 것이다. 말하자면 미래의 어린이 놀이 문화 환경을 예견하고 작품화 했다고 볼 수 있다. 그러나 과연 어린이들이 쉽게 공감할 수 있을까 하는 의구심을 가지게 된다.

물론,「속이 꽉 찬 사람」이나「달님께 비는 서당골 사람들의 소원」,「해님이 밉냐고 물어보고 올게요」같은 다분히 교훈적인 주제의 작품이 있지만 더 많은 작품에서 사회의 문제를 이야기한 작품이 많다.

3. 인간의 정을 향한 눈 _『신기한 보청기』

박진용 선생의 이번 작품이 우리의 눈길을 모으는 것은 흔치 않은 장편동화라는 점이다.「뺑순이와 아기 고라니」,「꽃순아 놀자」등 9개의 작품 제목을 가진 동화이지만 전편이 하나의 스토리로 이어진 장편이다.

그는 진짜로 눈물이 날 때는 외로울 때라면서 "엄마아빠랑 떨어져 살면 그땐 죽고 싶도록 외로운 거야. 그래서 다문화 가정에서 자란 뺑순이 이야기를 하게 되었어."라고 이 작품을 쓰게 된 동기를 머리말에서 밝히고 있다. 그러니까 제목은『신기한 보청기』이지만 내용은 다문화 가정의 어린이인 뺑순이의 이야기라는 것이다. 그리고 주제는 부모와 떨어져 사는 어린이의 외로움을 이야기하고 싶었다는 이야기일 것이다.

　이 작품은 초등학교 3학년 학생인 병순이가 그의 할아버지와 살면서 밭에 나타난 고라니 가족과의 문제를 그린 작품이다. 병순이 아버지는 택시운전 기사인 아버지가 베트남에서 시집 온 어머니와 생활하다가 아버지가 교통사고로 병원에 입원해 있고 어머니는 입원비를 번다면서 집을 나가 돌아오지 않자 시골 할아버지 댁에서 살게 된다. 어느 날 밭에서 고라니 새끼를 만나 가족처럼 키우게 되고 농작물을 해치는 고라니족과 이를 방지하고자 하는 사냥꾼, 이 갈등 속에서의 고라니와 사람, 그리고 고라니 모자의 사랑을 이야기함으로 작가가 머리말에서 지적한 외로움을 극복하려는 이야기가 전개되고 있다.

　주인공인 병순이는 집이 40채인 마을에, 중학생이 둘이고 초등학생은 자기 혼자뿐이다. 할머니까지 아버지 간병으로 병원에 있으니 외로운 존재가 되었다. 따라서 동물을 친구 삼을 수밖에 없는 환경에 놓인다. 어느날 친정을 찾은 이모는 "저런, 저런! 얼마나 심심하면 고라니랑 친구하며 지내겠니?" 하면서 걱정을 할 정도이다. 그런 병순이에게 고라니 새끼가 찾아온다. 가족처럼 지내면서 엄마 없는 자신과 에미를 잃었던 고라니 새끼와의 동병상린을 이야기 해서 어머니에 대한 그리움을 표현한 작품이다.

　장편이기 때문에 중간에 교육적인 에피소드가 개입되고 있다.

가령, 「부처님 웃으시다」에서 방생의 선행을, 「도깨비 방망이는 어디에 있을까」에서 현명한 농부의 지혜를, 「K-HYO 가을 운동회」에서 효 문제를 이야기 하고 있지만 모두가 인정과 무관하지 않다.

그런데 이 작품에서 베트남에서 온 어머니의 행동이 주제를 형상화 하는데 효율적이었는지는 의문이다. 어찌 아버지의 병원비를 마련하러 나간 엄마의 행방불명을 유사종교에 빠진 것으로 처리 해야 했는지 의문을 가지게 된다. 물론 그럴 가능성이 전혀 없는 것은 아니지만 오늘날 다문화 가정이 안고 있는 갈등의 요인으로는 그다지 실감이 나질 않기 때문이다.

또한 보청기를 표제로 삼은 것도 언뜻 이해가 잘 가질 않는다. 동물의 의인화는 동화에서 흔히 쓰는 기법이지만 도깨비를 등장시킨 것이 진부하다 할 것이다. 전편이 비교적 사실적 묘사로 이어지다가 결말에 와서 갑자기 도깨비의 기능을 가진 보청기를 내 세운 것은 아무래도 실감을 손상시키다고 할 수 밖에 없다. 동화는 결국 이야기이다. 듣는 독자가 사실로 실감할 수 있도록 쓰는 기술이야말로 중요한 방법이다. 동물과의 대화는 독자도 공감할 수 있지만 이 시대에 도깨비라니 아이들도 실감하기 어려울 것이다.

할아버지가 야매로 샀다는 보청기를 귀에 끼면 경적소리, 쾅 하고 부딪히는 소리가 나서 버려두었던 보청기가 갑자기 그걸 귀에 끼고 있으면 모든 짐승들과 대화할 수 있고, 사람들의 속마음을 다 알 수 있는 도깨비 같은 신비로운 물건이 된다는 것은 아무래도 비약이다. 더욱이 이를 표제로 함으로 독자를 어리둥절하게 만들고 있는 것은 아닐까.

4. 끝내는 말

『달빛 스튜디오』가 단편소설들이라면『신기한 보청기』는 장편소설에 해당하다고 볼 수 있다. 우리는 같은 시기에 한편의 장편동화와 한권의 단편동화를 만나는 기쁨을 맛보고 있다. 그런데 두 작가가 작품을 형상화하는 시각은 다르다. 우리가 생활하고 있는 환경의 문제를 중심으로 하는 시각과 사람 사이의 정을 중시하는 시각의 차이이다.『달빛 스튜디오』가 난 개발로 자연 환경이 파괴되고 있음을, 폐기물에 의한 공해 문제가 심각함을 주제로 하고 있다면『신기한 보청기』는 메마른 인간관계에서 오는 외로움의 문제를 주제로 하고 있다. 축약하면 밖을 향한 생활 환경에 앵글을 맞추느냐 인간 내면의 정서적인 것에 앵글을 맞추느냐의 차이를 느낄 수 있었다는 이야기이다.

그런데 두 작품 다 표제가 작품의 내용을 포괄하거나 상징하기에는 의문을 가지게 된다.『이상한 보청기』의 경우, 난데없이 도깨비의 기능을 가진 보청기가 등장하여 당황하게 하고,『달빛 스튜디오』는 지나치게 첨단화 한 과학 놀이터를 등장시킴으로 독자들의 납득이 어렵게 하고 있는 것은 아닐까.

어떤 의미에서 아동문학이야말로 문학은 물론, 문학인의 기초를 다지는 의미를 가지고 있어 문학 발전의 초석이 될 수 있다는 점에서 앞으로 더 많은 관심을 가지어야할 장르가 아닌가 하는 생각을 가져본다.

『한국문학시대』

순응하는 서정적 인생 여정의 언어

안치호 시 읽기를 권하면서

1.

화가는 개인전을 통하여 그간의 작업을 정리하고 새로운 각오를 다진다고 한다. 어떤 화가는 개인전을 준비하면서 새로운 도약을 계획하기도 하고 또 어떤 화가는 개인전을 계기로 자기의 예술세계를 전환해 나가는 기회를 삼는다고도 한다. 따라서 화가는 한 번의 개인전을 위하여 참으로 피나는 노력을 하고 있는 것을 볼 수 있다.

시인 역시 마찬가지라고 생각한다. 물론 그간 여기저기 발표했던 것을 모아서 한 권의 시집으로 세상에 선을 보이는 경우가 대부분이지만, 이들 원고를 정리하면서 그간의 작업을 정리하고 시 창작의 과정을 되돌아보고 새로운 출발을 다짐한다는데 시집 발간의 의미가 있지 않을까 생각된다. 시인 안치호도 1992년, 『문학공간』과 『농민문학』으로 등단해서 10년 만에 이 시집을 상재하니 그 또한 10년의 작업을 되돌아보고, 아마도 새로운 시의 진로를 모색하고자 하는 의도가 있으리라 짐작해 본다.

시인이 시를 쓰는 이유는 시인마다 다를 수 있지만 아마도 첫 번째 이유는 자기표현의 욕구가 될 것이고 다음에는 자신이 쓴 시가 보다 많은 독자들에게 공감이 되어서 오랫동안 기억되기를 기대하는 마음이 있을 것이다. 여기서 자기표현이란 자기의 사상과 정서, 그리고 자기를 둘러 싸고 있는 환경과의 조응 관계가 망라된 것을 의미한다. 그러니까 자신의 생래적 자아와 사회 환경적 자아가 망라된 자기를 언어를 통하여 표현하고자 하는 욕구가 될 것이다.

그런데 어떤 시인은 사회 환경적 자아보다는 원초적 자아라 할까 생래적 자아라 할 자기 심리를 중심으로 시의 세계를 삼는 사람이 있고 어떤 시인은 사회환경적인 것을 시의 세계로 삼는 시인이 있다. 물론 이 두 세계는 확연하게 구분할 수 있는 것이 아니고 서로 밀접한 관계를 가지는 것이어서 분명하게 나눌 수 있는 것은 아니지만 보다 어느 쪽에 중심을 두는가 하는 것은 시를 통하여 인식할 수가 있다. 또 사회나 자연 등 환경과의 조응 관계에도 어떤 시인은 대립적 관계를 중심으로 하는 시인이 있는가 하면 조화와 순응적 관계를 중하게 생각하는 시인이 있다.

안치호 시인의 시를 일별하면서 내가 느끼기에는 이 시인은 무슨 심리주의나 초현실주의 같은 것으로 설명되는 원초적 자아의 세계를 그리는 시인은 아닌 것 같고 자기의 인생 여정을 정직하게 바라보고 자기를 비롯한 주변 사람들의 삶과 자연 환경을 그리는 시인으로 보인다. 말하자면 인간이나 사회나 자연과의 조응을 중심으로 시를 창작해 나가고 있는 시인이라는 뜻이다. 따라서 시의 상당 수가 가족이나 친구의 질병과 죽음과 관계되는 주제가 많고 여행에 관한 것이 그 다음을 차지하는 것 같다. 그리고 상당 수의 시편은 자연이나 계절의 변화에서 느끼는 감정을 나타내고 있다. 그리고 더욱 시선을 끄는 것은 이들 시적 소재와의 관계에 있어서 대립적 관계가 아니라 조화와 순응의 정서를 가지고 있다는 점이다. 따라서 안 시인의 시는 따뜻한 인정미가 주를 이루고 있어서 독자들이 편안한 마음으로 어렵지 않게 읽고 느끼고 감상할 수 있는 시들이다.

II

대체적으로 우리는 시인을 먼저 알고 그 시인의 시를 이해하는 경우와 시를 통하여 인간인 시인을 이해하는 경우가 있다. 나는 안치호 시인을 개인적으로 모른다. 그리고 그의 시를 계속해서 관찰해 온 바도 없다. 오로지 김용재 교수의 부탁으로 그의 시 원고를 받아서 읽었다. 그런데 나는 이들 시를 통하여 시인 안치호의 인간적인 면모를 이해하게 된다. 어떤 시집의 경우 아무리 열심히 읽어도 그 시를 쓴 시인의 정체에 대하여 이해할 수 없는 경우가 있는데 안시인의 시에는 인간 안치호의 인간적 면모가 고스란히 잘 들어나고 있다. 그는 그만큼 자신의 삶에 대하여 정직하게 시로써 대응하고 있다는 이야기가 될 것이다.
  나는 시를 통하여 시인을 알아보는 재미를 이 시집에서 실감한다. 앞에서 지적한대로 소재에 대한 따뜻한 인간미가 작품 속에 그대로 들어나고 있기 때문인데 사람들의 보편적 정서와 일치하는 경우가 많은 점도 편안하게 하는 하나의 이유가 되는 것 같다.
  이 시인이 시를 쓰는 목적이랄까 바람은 아마도 다음 작품 속에 녹아 있지 않은가 보여 진다.

    두 손으로
    하늘 수놓으시듯
    뭇소리를 조음하소서

    두 손으로
    물결쳐 올리듯이
    아름다움을 빚으소서

    건반과 어우러져
    가늘고 높은 현을 스치는
    선율의 조화
    왔다가 사라지는 내면의 울림 모아
    순간을 가둠이여

    열손가락으로
    우주를 창조하시듯
    몸통에서 퉁겨온 호흡 문질러

청아하게 옥구슬 굴리소서

그래서 가슴에 남겨질
태초의 악장으로
가난한 세상에 축음 되소서
심금에 젖어 끝 날까지 머무소서

―「율조律調」전문

"건반을 두들기는 손"을 "펜을 든 손"으로, "선율의 조화"를 "원고"로 바꾸어 놓으면 바로 그가 창조하고자 하는 시에의 바램이 될 것이다. 즉 그는 시를 통하여 인생사의 조화와 아름다움, 그리고 청아한 옥구슬을 창조함으로 가난한 세상에 축음으로 남겨지는 시가 되기를 원하고 있는 것이다. 그는 그의 시가 많은 사람들의 심금에 젖어 세상이 끝날 때까지 사람들을 위로하는 축하의 언어가 되기를 바라는 것이다. 그런 꿈과 자세로 시를 쓰겠다는 다짐처럼 들린다.

그리고 그가 삶을 살아가는 여정에서 또 하나의 다른 바램을 찾는다면 다음 같은 시를 기억해 볼 수 있을 것이다.

때로는
사랑의 구속과 가장의 잘난 권리도 없는
그런 세상에서 살고 싶다
묶여있는 인연의 줄 다 끊고 철저하게
혼자이고 싶다 그래서
독한 외로움 풀어 자유케 하여

망종亡終길 다 가도록 이 독선의 뾰족함
내 얇은 살갗 문질러서
차라리
곤비困憊함으로, 온유함만 간직하고 싶다

으스름한 저녁 늦가을
마른 잎 쌓인 호젓한 산길에서
혹여 생의 바퀴 멈춰지는 날
놀진 하늘 올려다보며
바람처럼
떠나고 싶을 때 있다.

― 「만추서정晩秋抒情」 전문

  낙엽지는 늦가을에 느끼는 인생 여정의 고독이 잘 묻어나고 있다. 시인은 "사랑의 구속"이나 "가장의 권리" 따위에서 벗어나 자유롭고 싶다는 이야기를 하고 있다. 그리고 "곤비함"과 "온유함"만을 간직하고 떠나고 싶다고 노래한다. 이는 역설적으로 이 시인의 삶이 사랑이나 가장의 권리 따위로 이 세상을 살아가는데 어려움을 겪고 있다는 이야기가 될 것이다. 우리가 이 세상을 살아가다 보면 누구나 몇 번 쯤은 이 복잡한 세상에서 벗어나 자유롭고 싶다는 생각을 가지게 되는데 그 보편적 정서를 찾아내고 있다. 그러나 그는 "철저한 혼자"에서 그치지 않고 "곤비함"이나 "온유함"을 간직하고 싶다고 한다. 이는 종교적인 사유의 언어로써 세상과의 허무적인 절연이 아니라 내세에 대한 희망을 가지는 절연을 제시하고 있다고 할 수 있다. 이는 자연에의 순응임과 동시에 새로운 희망을 이야기 하고 있는 것이라 할 것이다.

그래서 그의 시에는 자연을 보는 긍정의 시선이 있는 것이다. 가령 새해를 맞아 쓴 「가슴의 해」 같은 작품에서도

> 뜨거운 가슴 출렁인다
> 맨바닥에서 해가 차오른다
> 점점 주체할 수 없는 기쁨의 눈물 샘솟아
> 온몸을 적신다 희망에 싸인다
> 일몰을 향해 저문 길 가는 사람아
> 고개 돌려 새벽 빛 보라
> 어둔 세상 밝히려 차오르는 저
> 거룩하고 참된 마음을
>
> —「가슴의 해」 중에서

라고 노래한다. 어찌 보면 신년 축하시 같은 시이지만 발표일을 보면 그렇질 않은 것 같다. 이는 그가 자연을 보는 시각이 거기에 있음을 이야기하는 것으로 보인다. 더욱이 거리의 봄이라는 작품에서는 부제가 −실직자의 운명 앞에서−로 되어 있는데 첫 구에는 〈쓰러져 누운자 있다/ 어둠의 끝으로 밀리는자 있다/ 차가움에 굳어가는 자 있다/ 〉이렇게 묘사하다가 끝에는

> 여기저기서 쏟아지는
> 햇살 가득 받고
> 희망찬 새싹으로 기울 수 없는가
> 다시 일어날 수는 없는가

> 봄빛은 거리마다
> 넘실대는데

라고 결구를 쓰고 있다. 이는 얼마나 긍정적인 자연관이요 인생관인가. 실직자의 아픈 상처를 들어내고 세상을 원망하는 대신 햇살 받으면서 희망을 가질 것을 바라고 있으니 말이다. 이같은 이 시인의 의지는 시편 이곳저곳에서 발견되는데 가령 「쉰세 번째의 봄」에서도 지난 52년의 세월이 겨울 같은 세월이었다고 표현하면서도

> 이 찬란한 봄의 중심에 서서
> 끝으로 밀려난 가지를 위해
> 내 마지막 남은 사랑을 위해
> 발밑부터 물이
> 솟구친다

고 결말을 내고 있는 것이다. 이런 점에서 이 시인은 절망 보다는 희망을 노래하는 긍정적 시각으로 인생을 사는 사람이라는 것을 알 수 있고 그만큼 순응적 인생관을 가진 시인이라고 볼 수 있다. 그것이 바로 그의 예술관이자 인생관이 아닐까.

Ⅲ

이 시집은 다섯장의 묶음으로 이루어졌는데 셋째와 넷째 두 묶음이 죽음의 주제로 되어 있다. 그만큼 이 시인은 죽음의 문

제에 대하여 깊은 관심을 가지고 있다고 할 수 있다. 누구나 만나야 하는 문제요 피할 수 없는 문제이면서 두려움이 되기도 하는 문제이다. 인생에 있어서 죽음이란 산자들이 풀어보고 싶은 최대의 과제이지만 그 누구도 시원한 답을 얻지 못한 문제로 많은 시인들의 시적 오부제가 된 문제이다.

이 시인의 죽음에 대한 자세 또한 순응의 자리에 있다. 통탄함이나 억울함이나 분함이 아니라 인정적이요 감상적이며 교훈적이기 까지 한 언어가 주를 이루고 있다.

한 친구의 세상 떠남을 "죽음"과 "출상"과 "사십구일제" 그리고 "그 다음"을 연작으로 쓴 작품이 있다. A형의 혈액이 필요하다는 다급한 소식을 듣고 두 딸과 아내와 자기가 A형이어서 급하게 병원에 달려갔지만 이미 소생의 시간을 놓쳐 그냥 보낸 일을 마치 수필처럼 쓴 「벗은 가고」에 이어 흙에 묻고 돌아온 느낌을 쓴 「출상」, 절을 찾아가 사십구제를 지낸 과정을 묘사한 「비래사의 사십구일제」, 이렇게 한 친구를 보낸 과정을 시로 표현하고 있지만 그 어디에도 통한이나 비탄의 언어는 없다. 오히려 인정이나 그리움을 이야기 하고 인생의 교훈을 느끼고 있는 것이다.

> 사람들이 잊어가도 난 그럴 수 없다
> 세월이 그를 지운다고 나마저 그럴 순 없다
> 이름 석 자도 간수하지 못하고 떠나갔으니
> 흩어진 자음과 모음을 챙겨 비문을 새긴다
> 바람 불어와 계절이 차례로 쓰러져서

먼지처럼 망각이 그 기억을 덮는다 해도
결코
사는 날 까지 잡고 싶은 이름이여
　　　　　　－「흐르는 강물에 썰리는 이름일지라도」

　친구의 생명을 구하기 위하여 헌혈하고자 하는 인정이나 결코 그 이름 잊을 수 없다는 인정, 여기에 그의 죽음관이 있다고 할 것이다. 오히려 이 시인에게는 친구의 죽음이 자신의 삶을 일깨워 주는 선물이 되기도 하는 것이다.

그래서
당신이 사라져간 허공을 바라보다
문득 느낍니다

죽음이 뭔지
그래서 삶이 뭔지를 깨닫습니다.

당신 있어 나 온전할 수 있었고
당신 통해 세상 볼 수 있었습니다

당신이 떠난 빈터에
그리움을 조금씩 채워갑니다

내 남은 삶은
온전한 당신의 선물이니까요
　　　　　　　　　　　　－「선물」 전문

아마도 죽음에 대한 이런 시인의 생각은 그의 종교와도 깊은 관계가 있는 것이 아닐까 보여진다. 나는 그가 어떤 종교를 가지고 있는지도 모른다. 그러나 그의 시 「동행3」에 보이는 〈건넨 성경책 갈피마다/ 그의 지문 찍히도록 혜안 주소서〉나 〈저 높은 곳만 바라게 하소서〉같은 시귀, 그리고 「경인 연력」에서 〈이웃을 내몸 같이 돌보지 않은 죄, 주님을 외면한 죄〉등의 시귀를 통하여 기독교 신자일 것으로 생각한다.

IV

안 시인의 시에서 중요한 분량을 차지하는 것이 여행과 관계된 시이다. 일일이 열거할 수 없이 많은 시들이 있는데 「도산십이곡」,「목천 가는 길」,「진양호에서」,「청벽 다리를 건너서」「만리포 건너」,「안성 목장에서」,「고북 저수지에 가면」,「동해에서」,「낙안읍성에서」,「섬강을 따간 이유」,「영월 가는 길」,「영평사」,「오두산 통일 전망대」,「월평공원에서」 등이 그것이다.

많은 사람들이 지적한 것처럼 인생 또한 하나의 여행이다. 그래서 문학사적으로 많은 시인들이 여행을 통해서 작품들을 써왔다. 그러나 같은 여행 소재의 작품이라 할지라도 보는 시인의 시각에 따라 여러 유형의 시를 남기고 있는데 안 시인은 다분히 서경적인 작품이 많다는 특징을 가진다.

경부고속국도를 거쳐 중부선, 장호원 내려38번 국도로 간다
남한강 건너 산 굽굽이, 어린 단종 유배 길 간다
누렇게 익은 황금들녘 지나 인적 없는 산길서면, 어느새 독한 외로움 타는 방랑자여라
— 「영월가는 길」에서

동으로 동으로 말발굽 우렁차게 달린다
험산준령 진부, 대관령도 굴길 열려 수월하다
묵호와 삼척 걸친 동해시
— 「동해에서」에서

큰길 버리고 꾸불꾸불
옛길로 간다
조치원 지나 목천 가다 보면
눈부신 오월의 신록에, 닫힌 마음
하나씩 열리고
아련한 추억, 안개비로 온몸을 적신다
「목천 가는 길」에서

백제의 고도 웅진성을 돌아서
무심한 역사는 흘러간다
무너져가는 둔치의 소리로
모래를 썰다가
더러는 격랑으로 휘돌며
강섶 부들사이 젖은 바람으로 인다
— 「청벽다리를 건너서」에서

더 예를 들지 않아도 충분하다. 여행의 시 첫구절 들이다. 여행을 통한 깊은 인생의 고뇌를 느끼기 보다는 다분히 스케치적

인 묘사를 통하여 자신의 심경을 토로하는 시들이 주를 이룬다.

어떤 의미에서 이 시인은 일상의 생활에서 언제나 시를 생각하는, 그래서 여행 중에도 늘 시를 잊지 않고 있다는 것을 알 수 있게 해 주는 시에의 열정을 느끼게 한다. 그렇지만 이같은 서경적 진술은 여행의 겉모습은 이해할 수 있지만 더욱 더 여행의 속살이 가지는 인생적 의미는 맛보기 어렵다는 한계점을 가진다.

이쯤에서 그가 시「율조」에서 노래한 그가 원하는 바 바라는 시를 생각해 볼 필요가 있다. 과연 이 시인은 시를 통하여 성공적으로 '뭇소리를 조음' 하고, '아름다움을 빚고' 있으며, '청아한 옥구슬'을 창조하여 '세상의 축음'이 되고 '끝 날까지 머물' 작품을 창조하고 있는가 하는 점을 되돌아 볼 필요가 있다는 점이다. 이 과제의 해결이야 말로 이 시집을 상재하는 참 의미가 될 것으로 믿는다.

소중한 기록문학의 진가

박경석 에세이 『정의와 불의』를 읽고

1. 들어가며

 오늘, 대전에서 최대 최고의 작가를 말하라면 나는 박경석 장군을 주저 없이 꼽을 것이다. 그가 지금까지 발표한 작품의 양에 있어 타의 추종을 불허하며, 생존 작가 중에서 최고령인데다가 소설과 시, 그리고 수필 등 다양한 장르에 걸쳐 작업을 계속했으며, 현대사 특히 군사軍史를 이해하는데 더 할 수 없이 소중한 자료를 제공하고 있다는 데에서 그렇다.
 또한 대전에서 문학을 공부한다고 자처하면서 노년에 이른 내가 그를 최근에야 알게 되었다는 데 대하여 자괴감을 느낀다. 그는 지금은 세종시가 된 연기군에서 출생하여 대전의 명문 대전고등학교를 졸업한 우리 고장의 작가인데도 그동안 잘 모르고 있었다는 데에서 그렇다. 물론 그는 오랫동안 대전의 문인들과 교류가 없었다는데 그 이유가 있겠지만 이미 군과 중앙무대에서 창작과 TV 방송 등에서 빛나는 활동을 해 왔으면서도 우리가 관심을 가지지 않았음이 더 큰 이유가 될 것이기 때문이다.

나는 1920년, 국제PEN한국본부에서 개최하는 작가대회의 한 분야 진행을 맡게 되고 박장군이 주제를 발표하게 되자 생면부지인 나에게 상당 양의 작품을 우편으로 보내주었다. 아마도 자신을 소개하는 데 참고가 되도록 친절을 베푼 셈이다. 장편소설 『오성장군 김홍일』, 『불후의 명장 채명신』, 그리고 시집 『흑장미』였다. 소설은 각각 500쪽이 넘는 분량의 장편이었는데 며칠 만에 다 독파했다. 그만큼 흥미진진한 작품들이었다. 두 권의 작품을 읽으면서 광복군에서부터 국군의 창설, 6.25 전란, 그리고 월남전에 이르기까지의 전쟁사는 물론, 영웅적인 군인들의 활동을 생생하게 이해할 수 있었다.

그 후, 한 차례 만나 그의 일생에 대하여 설명을 들을 수 있었고, 이번, 90의 노령에 자전적 에세이집인 『정의와 불의』를 발간하였다면서 나를 자택으로 초대하는 바람에 그의 문학적 업적과 생애를 분명하게 이해하게 되었다. 여기에서 나는 그가 우리 고장 대전에서 현존하는 최고 최대의 작가라는 확신을 가지면서 동료 문인들 뿐 만 아니라 시민들까지도 이를 인식했으면 하는 생각을 가진다.

먼저 방대한 작품의 양이다. 22권의 시집, 장편 13권, 『그날』이라는 대하소설 6권, 『따이한』이라는 대하소설 11권, 그러니까 30여 권의 소설, 8권의 에세이집을 발간했다. 뿐만 아니라 장군 회고록 17권을 포함한 군 관계 서적 까지 한다면 80여권의 저서를 발간했으니 그 집필 양은 대단하다 하지 않을 수 없다. 더욱 그는 중학교 5학년(현재 학제로는 고등학교 2학년) 때 육사에 입학했으나 수개월 만에 6.25 전쟁이 발발하여 17세에 소대장으로 군 생활을 시작, 월남전 지휘관까지 생의 대부분을 군에서 보낸 것을 감안하면 실로 상상을 초월하는 양의 원고를 집필하였으니 놀랍지 않을 수 없다하겠다.

내가 만난 그는 뼈 속까지 군인이었다. 90세의 노령인데도 정시에 기상, 정시에 식사, 짜여진 일상을 군인처럼 생활하고 있었다. 정의를 위해서라면 어떤 난관이 닥친다 해도 결코 타협할 수 없다는 정신, 군 생활에 있어서 불의에 항거하여 싸웠던 경험담이 쉴 새 없이 쏟아져 나온다. 이런 가운데 그 많은 작품을 쓴다는 것이 경이롭지 않을 수 없다.

사실, 한 인간이 세상에 태어나 한 분야에서 성공하기도 어려운데 그는 군인으로 장군에 이르렀으니 성공한 군인이라 할 것이요, 수많은 문학 작품을 창작하였으니 성공한 문인이라 할 수 있다. 그야 말로 문무겸전文武兼全의 인격체라 하지 않을 수 없다.

그러나 여기에서는 군인으로서의 박경석이 아니라 문인으로서의 박경석을 특히 이번에 발간한 에세이집을 중심으로 이야기 하고자 한다.

2. 기록문학의 의미

 기록문학. 문학이 문자에 의존하는 창조물인 한에는 모든 문학은 기록문학이라 하지 않을 수 없다. 그런 가운데에도 작가의 생활체험이 가감 없이 표현되는 수필문학이야말로 기록에 더 의존하고 있다고 볼 수 있는 것이다. 특히 작가의 사상이나 정서가 비교적 덜 투영된 작품을 기록문학이라 정의해 본다. 이번 박경석 장군이 90 연세에 간행한 에세이집에 담겨진 작품들은 그런 의미에서 기록문학의 백미라 할 것이다. 그가 겪은 6.25와 월남전, 그 전쟁의 생생한 현장 설명, 전쟁에서의 성공과 실패, 군 생활을 통한 수많은 군 인사들과의 교류, 한국군의 발전 과정, 그리고 근대화 과정에서의 정치와 군, 이런 사실들이 상세히 기록되어 있는 것이다. 상상이 개입되지 않은 실제 경험들이 고스란히 기록된 자전적인 에세이집인 것이다. 직접 경험하지 않고서는 불가능한 사실들이다.
 그의 문학은 기록의 중요성을 자각하면서 출발한다. 그는 이 책의 첫장에서 이렇게 쓰고 있다. 6년제 대전중학교에 입학하여

> 선생님들은 한결같이 존경스러웠다. 특히 국어를 가르친 윤종만 선생님은 탁월한 국어 학자였다. 윤종만 선생님은 일본 군대에 끌려갔다가 해방된 후 귀국해 교편을 잡았는데, 일본 군국주의에 대한 이야기를 많이 들려주었다. 나에게 애국심과 일본 군국주의의 폐해를 주입한 분이 바로 윤종만 선생님이시다. 이 과정에서 내 문학도 함께 싹텄다.
> 윤종만 선생님은 우리나라 군대의 필요성을 강조하며 국방력 강화

가 우리의 살 길임을 늘 역설하셨다. 나는 한꺼번에 문과 무에 세뇌된 셈이다. 우리 문중에는 무관이 많았다. 친형이 박영석 장군이고, 공군 참모총장을 역임한 박원석 장군은 6촌 형이다. 윤종만 선생님은 이순신 장군도 문에 능하여 난중일기 같은 위대한 기록을 남겼다며 나를 부추겼다. 윤종만 선생님은 기록의 중요성을 이야기하며 겪은 일들을 잘 기록하면 훗날 훌륭한 작품 소재가 된다고 하셨다.
— 『정의와 불의』 P.39-40

중학교 시절의 윤종만 선생님의 가르침이 그의 인생에 있어 진로를 인도해 준 셈이다. 그는 군인이 되었고 작가가 되었는데 작품은 철저하게 겪은 일들을 충실히 기록하는 길을 택했다. 그의 문학에 있어 사실의 중요성에 얼마나 철저했는가 하는 것은 다음의 기록에서도 잘 인식할 수 있다.

나는 현역시절 필명 한사랑으로 장편소설 녹슨 훈장을 비롯한 문학 작품에서 인민군에 잡힌 국군 포로에 대한 이야기를 혹독한 고문과 총살 등의 잔혹성으로 그렸다. 그 작품들은 픽션이기 때문에 문제가 되지 않지만 교재나 교양을 위한 글에서 거짓이 되기 때문에 분명히 잘못된 집필이었다고 생각하였다. 특히 군교재로 널리 사용되었던 나의 저서 지휘관 시리즈(전 3권), 즉 제1권 지휘관의 사생관, 제2권 지휘관의 조건, 제3권 지휘관의 역사관 가운데 생과 사의 분수령은 완전한 허구임을 밝힌다. - 앞으로 복간될 경우에는 그 부분을 삭제할 것을 약속한다. (위의 책 P.317)

군 교재에서의 허구를 교정하겠다는 것은 이해가 되지만, 소설 속의 픽션에 대하여 잘못이라 하는 것은 이해가 되지 않는다.

소설은 허구를 창작의 중요한 요건으로 하기 때문이다. 그는 이만큼 작품에 있어서도 사실을 중요시 했다는 방증이 되는 것이라 하겠다.

특히 그는 문학을 선택한 이유에 대하여 "이순신 장군의 난중일기를 탐독하면서 기록의 중요성을 깨닫게 되었고 당시 군대에서 일어나는 부조리한 사건 사고, 일부 일본 군대 출신 상관들의 터무니없는 월권 전횡 등을 기록해 뒷날 교훈으로 남겨 개선책으로 활용할 수 있을 것이라는 의욕 때문이었다"(위의 책 P.333)고 밝히고 있다.

그는 자기 문학의 씨앗이라고 까지 말하고 있는 육사 입학과정에서 당시 실권자 원용덕 준장의 아들과 자신과의 차별, 특히 실권자 아들은 후방에 남고 자기 같이 힘없는 사람들은 전선으로 가야하는 부조리 앞에 분노했는데 이것이 자기가 글을 쓰게 된 씨앗이라고 말하고 있는 것이다. 부조리를 고발하기 위한 글쓰기는 정확성이 생명이라고 믿고 있기 때문에 그의 문학은 진실의 기록이어야 한다는 주장이다. 그래서 그의 소설들은 자기가 직접 체험한 군생활을 소재로 씌여지고 있다. 월남전 참전의 체험이 중심이 된 6권의 전작 장편, 『그날』이나 11권의 전작 장편 『따이한』이 그렇고, 김홍일 장군이나 채명신 장군 이야기도 그렇다.

그는 대화 중에도 나는 절대로 거짓을 말하지 않는다고 강조하고 있었다. 부조리의 개혁을 말하는데 거짓이 들어가서는 설득력을 얻을 수 없다는 것이다. 따라서 그의 소설에 등장하는 사건들은 그만큼 역사성을 위주로 하고 있고, 기록에 충실하고 있다고 할 수 있는 것이다. 뿐만 아니라 그는 자기의 문학 목표를 "인류애의 구현" "조국에 헌신"이라고 분명히 밝히고 있으며, 그 목표의 실현을 위하여 글을 쓰고 있다고 한다. 그러니 에세이집 『정의와 불의』는 더 말해 무엇하랴.

역사의 기록, 이는 소설 창작의 중요한 자산이라 할 수 있다. 가령 왕조실록, 난중일기, 계축일기 등 역사의 실록들이 얼마나 많은 작품의 소재들이 되고 있는가. 그런 의미에서 작가 박경식의 작품들은 그의 작품이 소설 창작의 종점이 아니라 앞으로 무수한 작품을 생산해 낼 수 있는 보고와도 같은 의미를 가진다고 할 것이다.

이번에 발간한 자전적 에세이인 『정의와 불의』는 그런 의미에서 앞으로 많은 작가들에 의하여 새로운 작품을 생산할 수 있는 아주 소중한 자료로서 높은 값을 가진다고 할 것이다. 정치 군인들과의 갈등으로 더 높은 계급은 달지 못했지만 그 또한 그의 문학을 위해서는 중요한 소재가 될 것이고, 뒷날 그 분야를 주제로 창작을 하려는 사람들에게는 더할 수 없이 귀중한 자료가 될 것이다.

3. 그의 문학 활동

나는 서두에 오늘날, 그를 대전에서 최고 최대의 작가라 했는데 그의 문학을 소개하지 않을 수 없다. 그는 1959년. 현역 장교 시절 필명 한사랑韓史郞으로 시, 1961년 소설로 등단하여 작품을 썼다고 스스로 작가 소개에 밝히고 있다. 1959년, 첫 시집 『등불』을 발간하고 1961년에 『녹슨 훈장』이라는 소설을 발간 발표한다. 그러니까 당시에는 이렇게 작품집을 발간함으로서 등단이 인정되던 시절이었다는 것이다. 특히 시집은 수주 변영로 선생의 추천사가 실려 문단의 주목을 끌었다. 그리고 베트남 맹호 제1진 초대 재구대장으로 참전하여 전쟁의 진중에서 수필집 『十九番道路』와 『그대와 나의 유산』을 발간하는데 이 두 작품은 대단한 인기를 끌어 많은 독자로부터 펜레터를 받았다고 회고한다.

> 내가 정글에서 전투 지휘를 계속하는 동안 고국에서는 『십구번도로』가 베스트 셀러가 되어 펜레터가 매주 100여통씩 배달되었다. 여고생들을 비롯한 여성들의 펜레터가 대부분이어서 나는 총각 장교를 찾아 펜레터를 나누어주느라 정신을 못차릴 정도였다. 그 펜레터를 통해 인연이 되어 여러 장교가 결혼했다고 한다. (위의 책 P.634)

그의 본격적인 창작 활동은 군복을 벗은 후, 40대 후반에 활발하게 이루어진다.

> 군복을 벗은 때의 상처를 다독이기 위해 1981년 가을 현충사를 찾았다. 정중히 참배한 후, 새 출발의 결의를 굳게 다졌다. 내가 전업 작가의 길에 들어선 내면에는 요지경 속보다 더 황당한 정치군인의 실태를 작품소재로 활용해 진실을 만천하에 밝혀 정의를 되찾아야

되겠다는 결의가 숨어 있었다. (위의 책 P.333)

그렇기 때문에 그의 작품 연보를 보면 대부분이 1980년대 이후에 이루어지고 있다. 그의 많은 시집도, 대하소설과 장편도 모두 예편 후에 쓰여진 것을 확인할 수 있다. 장편들의 제목인 『영웅들』, 『육군종합학교』, 『서울학도의용군』, 『육사생도2기』, 는 물론, 김홍일장군이나 채명신장군 등 전쟁 영웅이 주로 다루어지고 있고 이 작품들에는 그의 문학 목적인 숨겨졌거나 잘못 알려진 역사적 진실을 바로잡는데 시점을 모으고 있는 것이다.

1985년에 그의 『오성장군 김홍일』은 KBS !TV에서 3부작 6시간의 장편 드라마로 제작 방영되기도 했고, 1966년에는 그가 기초한 소령 강재구 이야기가 교과서에 실리기도 했다는 것이다.

이처럼 방대한 양의 작품들이 발표되었고 많은 독자들의 관심을 모으기도 했는데 정작 고향의 문인들 사이에 잘 알려지지 않은 이유는 무엇일까.

그의 문학 활동은 다소 특이한 면이 있다. 중등학교 시절 문예반에 들어 활동했다고는 하나 동료들과 치열하게 어울리면서 동인활동을 한다거나 하는 경험은 없었던 듯하고 대학에 들어가 그런 어울림을 가질 기회조차 가질 수 없었다. 육사에 입학하자마자 6.25가 터져 군생활을 시작했으니 문인들과의 교류도 거의 불가능했을 것이다. 그는 오로지 혼자 책을 읽고, 혼자 글쓰기 공부를 하여 자기의 체험을 중심으로 작품을 창작한 셈이다. 따라서 습작기에 문학인들과의 교류는 거의 없었다고 할 수 있다.

그는 책의 인세를 돈으로 받지 않고 책으로 받아 지인들에게 나누어주기를 계속했다고 한다. 그러니 고향의 문인들이나 후배들에게 실질적인 거래가 없었다고 보아야 할 것이고, 군을 중심으로 하는 중앙에서의 활동이 주를 이루었다고 보아야 할 것이다.

그는 전역 후, 많은 작품을, 그것도 주로 단행본으로 시집, 장편소설, 수필집을 발간하면서 문학계에 알려진다. 다른 작가들처럼 여기저기 문예지에 작품을 실어 문인들의 관심을 모은 것이 아니라 단행본으로 승부를 건 셈이다. 그렇기 때문에 늦은 나이에 소수의 문인들과 교류를 가진 것으로 이해된다.

> 1981년 7월 31일. 정치군인의 전횡 때문에 군복을 벗고 전업작가의 새 길을 걷기 시작하자 구상 선생, 서정주 선생을 비롯 선배 문인들로부터 번번이 초청을 받았다. 문인의 모임은 소주잔으로부터 시작되었다. 나는 그때 두주불사의 술꾼이었기 때문에 술자리에 자주 어울렸다. 술자리의 화두 중 가장 인상에 남는 말은 "고향에 가지 말라."였다.
> 서울에서 명성이 있는 작가라도 고향에 가면 냉대한다는 것이었다. 제 딴에는 서울에서 날렸으나 고향에 가면 모두 부러워하고 반길 것으로 생각하지만 모른 척 한다고 했다. 원로 작가 모두가 한결같이 그 말에 고개를 끄덕였다.
> 나는 귀향하면서 첫째, 고향의 문인들과 될 수 있는 대로 어울리지 말고 창작에만 전념한다. 둘째, 고향의 문인들과 어울릴 경우에는 겸손하겠다. (위의 책 P.394)

이처럼 그는 늦은 나이에 문단의 원로들과 어울리기는 했었지만, 귀향하여 90이 된 오늘도 오로지 컴퓨터 자판기 앞에서 독수리 타자 실력으로 원고를 쓰고 있는 것이다. 귀향하면서 스스로 마음에 다짐한대로 사람들과의 만남을 자제하면서 금주 금연을 철저히 이행하고 있다.

4. 나가면서

그의 에세이집 『정의와 불의』 한 권으로 그의 문학을 이야기하기에는 많은 무리가 있다. 나는 그의 장편 2권을 읽은 것 만으로 그의 문학을 논하는 것 또한 어불성설이라고 생각한다. 그렇기 때문에 이 글에서는 그의 문학의 대강을 자전적 에세이집을 중심으로 살피고 앞으로 더 많은 사람들에 의하여 조명되기를 바라는 것이다. 특히 우리 고장 문인들의 관심을 기대한다.

나는 앞에서 그의 기록문학이 가지는 의미를 강조했다. 그런데 기록은 모든 사실이 기록자의 시각에 의한다는 한계를 가진다. 장성 출신인 박경석의 체험이 그의 모든 작품에 성실히 투영되고 있는 것은 틀림없는 사실이지만 더러는 다른 시각으로 그 사실을 기록한 경우도 있을 수 있을 것이다. 그런 의미에서 그의 작품들은 보다 많은 연구자들에 의하여 분석되고 조명될 필요를 느낀다. 그러나 이번 우리에게 보여준 『정의와 불의』는 적어도 지금까지 알려진 사실 보다는 더 내밀한 진실을 담고 있다는 데에서 큰 의미가 있다고 하겠다. 이런 자료들이 작품화되기 위해서도 더 많은 연구가 필요한 것이다.

이 글들은 작가의 체험을 기록한 글임에도 이처럼 흥미롭게 읽힐 수 있는 것은 그의 체험이 그만큼 많은 사람의 관심을 모을 수 있는 삶이었다는 것을 뜻한다. 세계에서 유례를 찾을 수 없는 그의 군 생활, 사관학교 입학에 이어 발발한 6.25전쟁, 그래서 17세에 소대장으로 전쟁에 참전, 부상과 포로, 탈출에 이은 전투 체험, 베트남 파병 장교로 전투지휘, 장군에 이르는 과정에서 체험한 군 내부의 실상, 부조리. 정치군인과의 갈등, 파란만장한 작전의 성공과 실패, 전업 작가로의 창작활동 등 흥미진진한 삶, 그 자체가 독자들의 관심을 모으기에 충분한 소재들이다.

물론 이런 소재들이 독자들에게 보다 감동과 설득력을 가지기 위해서는 이를 표현하는 능력이 중요하다. 그는 지금까지 수많은 시 작품과 소설을 창작하면서 대단한 문장력을 보여주었다. 따라서 이번 에세이집에서도 그러한 능력을 유감없이 발휘함으로 독자를 사로잡고 있다고 할 수 있는 것이다.

바라기는 앞으로 더욱 건강하셔서 더 많은 작품을 보여주길 기원하고, 이 에세이집에는 그의 작품 연보가 정리되어 있으니 연구자들의 참고를 바란다.

『한국문학시대』

지적知的 에세이의 참 맛眞味

권오덕의 산문집 『코로나가 내게 준 선물』이 주는 즐거움

1.

574쪽, 91편의 작품을 8부로 나누어 편집, 발간한 권오덕의 산문집 『코로나가 내게 준 선물』을 받아 기쁜 마음으로 읽었다. 마지막 쪽을 덮고 나는 평소에 만났던 그가 이렇게 넓고 큰 예술인이자 지성인임을 새삼스레 느끼었다. 그리고 그것은 하나의 감동이었다.

그가 우리 고장의 대표적인 일간지, 대전일보의 평기자에서 부장, 국장, 이사, 주필을 맡기까지 참으로 열심히 언론인으로서의 능력을 보여준 분으로 기억하고 있었는데, 이번 이 산문집을 통하여 그가 얼마나 많은 분야에서 빛나는 노력을 하였으며, 정년 이후, 보람 있는 삶의 본보기를 보여주고 있는지 그저 감탄할 따름이었다.

이 책에는 38년 동안 지역을 지킨 언론인으로서의 권오덕, 전

문 음악감상자 내지 평론가로서의 권오덕, 그리고 우리 고장에서 타의 추종을 불허할 정도인 고급 영화 평론가로서의 권오덕, 국내는 물론 세계 여행 마니아로서의 권오덕, 스포츠 전문 기자로서의 권오덕이 오롯이 담겨있고, 그의 삶의 과정까지를 이해할 수 있는 글로 채워져 있다.

이 작품들은 재직 시의 글이 아니고 정년을 하고 제2의 삶을 살면서 약 10여년에 걸쳐 발표한 글들이어서 그가 기자로서 펄펄 날던 열정의 산물이 아니요, 지나간 세월을 한걸음 물러서서 관조하는 글들이요, 새롭게 만나는 늙음에서 느끼는 글들이었다.

그는 40년 가까이 원고지와 함께하면서 주로 정확한 사실의 추적을 생명으로 하는 기사와, 객관적 진실을 추구하는 논설을 써 왔다. 아는 바와 같이 신문의 눈동자는 논평과 사설에 있다고 하는데 그 일의 주관자가 주필이어서 신문사에서의 주필이라는 자리는 언론인 최고의 위치라고 할 수 있다. 거기까지 이르는 동안 그의 글은 사회적 진실을 향한 몸부림이었다고 할 수 있을 것이다.

그런데 정년으로 현장에서 물러선 이후 그는 수필가라는 이름표 하나를 더 달았다. 사실, 신문사 주필까지 한 분이 지방에서 발간하는 문예지에 신인으로 등단한다는 것은 보통의 용기가 아니면 불가능한 일이다. 아니 용기가 아니라 겸양이라 해야 할 것이다. 이는 남은 생애에 그동안의 사실을 추구한 필력에 상상을 더하는 문학 작품을 써보겠다는 욕구에서 일 것이다. 그 결실의 하나로 이번 산문집을 상재한 것이 아닐까.

그의 사회생활에서의 겸양은 여기에 그치지 않는다. 정년 후에 여성가족원과 시민대학에서 영어, 음악 등 여러 과목을 수강한다는 것이다. 그의 사회적 위치로 볼 때 이 또한 쉬운 선택이 아니다. 배움에 대한 욕구는 체면 따위는 문제 될 것이 없다는 것이 그의 생각인 것이다. 그래서 그는 노년이 외롭지 않고 오히려 생동감 넘치는 삶을 살고 있는 것이다. 자녀들을 모두 성가시킨 후, 넓은 집을 팔아 작은 아파트로 옮기고 그 여분으로 세계여행을 다닌다. 음악 감상과 독서로 여념이 없다. 이런 생활들이 글의 소재가 되니 앞으로도 더 많은 글을 기대해도 좋을 것이다.

책으로 시선을 옮겨 보자.

얼핏 『코로나가 내게 준 선물』이라는 책의 제목을 생각하면 세기의 역질인 코로나에 대한 이야기가 중심일 듯 하지만 전혀 그렇지 않다. 많은 사람들이 코로나로 고통을 호소하고 있지만 그는 오히려 그 기간 동안 집안 살림을 정리하고 그동안 써온 글들을 정리하여 책을 낼 수 있으니 하나의 선물이 된 셈이라는 것이다. 이 또한 그가 얼마나 긍정적 삶을 살고 있는 것인가를 단적으로 보여준다 할 것이다. 우리는 그의 글 곳곳에서 삶을 긍정적으로 보고 고통을 담담하게 묘사한 것을 볼 수 있다. 이는 그가 문학 작품은 물론, 음악이나 영화, 그리고 스포츠나 여행까지도 긍정의 마음으로 산책하고 있음을 알 수 있을 것이다.

2.

그는 이 책의 머리말에서 이렇게 밝히고 있다.

> 40년 가까이 기자생활한 필자인지라 대부분 드라이한 글을 많이 써 온 건 사실이다. 특히 말년에는 사설. 칼럼 등을 주로 써 더욱 그렇다. 퇴직 후 수필가로서 연문을 많이 쓰고 있으나 아직 티를 못 벗었다. 그래서 일반 에세이 아닌 자전적 이야기는 따로 분류했다. 내 주장이 강한 칼럼과 여행. 음악. 영화도 마찬가지. 같은 장르지만 글의 성격이 조금 다르기 때문이다.

그는 드라이한 글과 연문軟文이 다르다는 인식을 가지고 있으며, 문학작품으로서의 수필은 연문이어야 한다는 뜻일 것이다. 말하자면 사설 칼럼 등은 사실을 정확하게 파악하고 객관적으로 평가하며 보탬이 없이 표현해야 하는 글인 반면, 문학 작품으로서의 수필은 작가의 상상력과 정서를 더하여 감동적으로 표현하는 글이어야 한다는 차이를 말한 것으로 보인다. 그러나 넓은 의미에서의 수필 영역에는 사설 칼럼 등에도 좋은 수필은 얼마든지 존재한다고 하여야 할 것이다.

흔히 경수필硬隨筆, 연수필軟隨筆로 수필의 종류를 나누어서 설명하고 있는데 사설 칼럼 중에는 경수필에 해당하는 좋은 글들이 얼마든지 있다는 것이다.

좋은 글이란 독자에게 감동적이어야 한다는 데에는 이론의 여지가 없을 것이다. 그런데 감동을 일으키는 요소는 정서적인 것이 주가 되는 경우가 많은 것이 사실이지만 지적인 것으로 감동을 주는 경우도 결코 적지 않다는 것이다. 오히려 이성적이거나 지성적인 설명으로 상대를 감동시키기란 더욱 고도의 노력이 필요하며 그만큼 능력을 요구한다고 볼 수 있다.

가령, '꽃'이라는 소재를 가지고 글을 쓴다고 가정해 보자. 꽃에 얽힌 어떤 정적인 사연을 서정적으로 표현하여 사람을 감동시킬 수도 있지만, 꽃에 대한 해박한 지식을 논리적으로 잘 기술하면 그 또한 사람을 감동시킬 수 있지 않은가.

그런데 언제부터인가 우리 문학계에는 신변잡기와 같은 연문의 성격을 가진 작품이 수필문학의 주류를 이루고 있다. 우리 고전 수필 가운데에는 선비들의 해박한 지식을 중심으로 한 지적인 글들이 좋은 수필문학으로 전해오기도 하는데 오늘 날에는 그러한 작품을 만나기가 쉽지 않아 아쉬움이 많은 것 또한 사실이다.

지적인 수필을 쓰기 위해서는 무엇보다도 해박한 지식과 깊이 있는 사색, 그리고 남다른 경험이 필요하다. 독자를 감동시키기 위해서는 독자들이 미처 알지 못하는 미지의 세계를 이야기해야 하기 때문이다.

이 책의 작가 권오덕 씨야말로 지적인 수필을 쓰기에 최적의 요건을 갖춘 작가라고 할 수 있을 것이다. 그리고 이 책의 작품들에서 그러한 기쁨을 누릴 수 있었다. 그는 기자로 우리 사회의 여러 분야를 속속들이 들여다보고 평가하는 일을 40년 가까이 해 왔으며, 말년에는 이를 논리적으로 설득하는 글을 많이 써왔다. 뿐만 아니라 남달리 학창시절부터 음악에 깊게 빠져 평생을 음악과 함께해 왔다고 할 수 있고, 영화에 대한 열정도 그만 못지않게 전문성을 쌓아왔다. 그리고 남달리 많은 여행을 경험했고 각종 스포츠에도 많은 속내를 알게 되었다. 따라서 그는 연문을 통한 작품 보다는 보다 지적인 글을 통하여 독자를 감동시킬 문학적 여건을 갖추었다고 할 것이다.

이제 실제 작품 속에서 이를 확인해 보자.

3.

먼저 그의 음악에 대한 열정과 그에 따른 지식이다. 이 책의 8부 중 2부가 음악에 대한 글이다. 3부 「애국가 바꾸어선 안 된다」 13편과, 5부 「합창으로 듣는 전원교향곡, 차원 다른 연주」 12편이 음악에 대한 경험과 주장이다.

그는 고등학교 재학시절 점심 시간에 농구 운동을 하고 바로 이어지는 음악수업에 들어갔다고 한다. 선생님이 베토벤 교향곡을 감상시키는데 다른 학생들은 모두 피로하거나 지루해서 졸거나 딴전을 피우는데 본인은 그 곡과 해설에 매료되어 땀을 흘리며 감상을 하니 선생께서 흘리는 땀을 닦도록 손수건을 주시더란 것이다. 그는 이후 학창 생활은 물론, 군 복무 시절이나 직장 생활에도 클래식 음악과 같이 했다는 것이다. 심지어는 글을 쓰면서도 음악을 들어가면서 쓴다니 그의 음악에 대한 애정이 어느 정도인지 미루어 짐작할 수 있을 것이다.

그는 대학 재학 시절 대전 KBS합창단 창립 멤버로 활동하기도 했고, 세계의 유명 연주자나 성악가가 와서 공연을 하면 기를 쓰고 찾아가 관람을 했고, 특히 대전에서 개최되고 있는 음악 행사라면 거의 빠짐없이 참여하여 감상하고 취재했다. 아마도 대전음악 발전사를 이야기 하려면 그를 찾아가는 것이 정확하고 빠를지도 모른다. 그는 중등 학창 생활은 물론 군 생활에서도 얼마나 음악에 빠져 지냈는가 하는 한 단면을 다음 같은 글에서도 확인할 수 있다.

> 시간을 50여년 전으로 되돌려 본다. 1960년대가 저물 무렵으로 대학을 졸업한지 몇 해 안된 시점이다. 필자는 최전방에서 ROTC 장교로 근무하다 운 좋게 고향인 대전으로 발령이 나 한창 제대말년을 즐기고 있었다. －중략－ 나는 친구들과 어울려 매일같이 음악다방을 찾아 클래식 음악을 즐기는 것이 큰 낙이었다. 퇴근하면 군복을 입은 채 곧바로 대전역 인근 S음악다방으로 직행하는게 일상이었다. 2층 다방 문을 밀고 들어서면 언제나 그렇듯 나를 상징하는 내가 좋아하는 시그널뮤직이 흘러나온다.
> ―「옛날 음악다방의 추억」에서

얼마나 자주 드나들었으면 DJ가 알아차리고 그가 좋아하는 음악을 먼저 선물했겠는가. 팍팍한 군대 생활에서도 그의 음악생활은 이처럼 계속한 것이다. 일선 군생활에서도 끊임없이 노래를 부르다 상관에게서 지적을 받기도 했지만 그치지 않고 노래를 불러 200여 곡을 암기했다니 더 말해 무엇 하겠는가.

더욱이 신문사에서 문화체육부에 근무했으니 대전에서 이루어지는 모든 음악 행사에 빠짐 없이 참여했으며 그러다 보니 음악에 대한 전문성을 가지게 되었으리라. 자연스레 음악에 대한 평가를 하게 되었고 이 책에 쓰여진 25편의 글에 감동적으로 표현되고 있는 것이다.

더욱 뜻 깊은 것은 이러한 음악에 대한 관심은 우리 음악 발전에 대한 희망이 담겨지고 있다는 것이다. 외국의 유명 음악을 듣고 감상하고 평가하는데 그치지 않고 우리 음악이 가야할 방향을 나름 제시하고 있다는 것이다.

가령 한국의 유명 가수, 조수미, 한예진, 길경호, 정호윤, 윤병길, 조성순, 풀르트 연주자 최나경 들의 공연에 대한 의미를 평가하고, 교향악단이나 합창단을 격려하면서도 〈천편일률적인 송년. 신년 음악회의 변화 필요〉나 〈민족과 애환 같이 해 온 한국 가곡 살리자〉, 〈지금 애국가를 바꾸어서는 안된다〉, 〈돌아오라 소랜토와 대전부르스 노래비〉 등에서 주장하고 있는 음악 발전을 위한 제언 등이 그렇다.

특히 그의 많은 기행문 가운데에는 세계적인 음악인들의 유적을 조명하면서, 당사국 사람들이 음악인을 얼마나 사랑하고 존경하는지를 소개하여 우리 국민들을 각성시키려 하는 글들은 지적 에세이의 특성을 잘 살리고 있다 하겠다.

4.

코로나가 내게 준 또 하나의 선물은 영화다. 원래 영화광이어서 대학시절엔 1년에 120편 정도 감상했지만 최근 몇 십년간은 영화관에서 연 20-30편 보는게 고작이었다. 그러나 최근엔 1주에 서너 편씩 본다.
주로 왕년에 히트쳤던 고전영화다. 케에불 TV에 내장돼 있는 영화로서 1950-60년대, 1970-80년대 고전이 대부분이다. 1930-40년대와 최근 작품도 가끔 본다. 과거에 내가 봤던 명화와 보지 못했던 작품도 있다. 유명 배우들이 출연했던 작품들을 집중해서 감상하기도 한다. 한국영화도 가끔 본다. 김기영의 '하녀', 신상옥의 '사랑방 손님과 어머니, 유현목의 '오발탄' 등이다.
— 「코로나가 내게 준 선물」에서

이처럼 그는 음악 못지 않게 영화에 대한 열정이 넘쳐난 생활을 했다. 이 책의 4부 「영화를 영화로만 봐야하나」 12편에는 그가 잊지 못할 명품 영화에 대한 감상과 더불어 잊지 못할 체험담이 담겨저 있다. 작품 소개에 그치지 않고 그 주제들이 우리 인생에, 우리 사회에, 정치에 주는 의미를 찾아 평가하고 있고, 더러는 배우나 감독들에 대한 기교도 지적하고 있다. 특히 세계적으로 유명한 배우들이 출연한 작품과 활동을 섬세하게 기억하고 평가한 것은 전문가 수준이다. 영화를 전문으로 하는 사람이 아니고 이처럼 많은 양의 영화를 보고 감상을 기록하는 사람이 있을까 싶다.

그의 또 다른 취미는 여행이다. 2부 「억세게 재수 좋은 여행」 9편과, 7부 「내가 본 세계 최고의 다리」 9편의 작품이 모두 그의 여행기이다. 그는 60개국을 여행했으며, 인류가 평생 꼭 가봐야 할 세계 50대 명소 중 28곳을 다녀왔다고 한다. 기자라는 직업이 가지는 특성상 가능한 여행도 있었지만, 열정적으로 상당부분의 시간과 가계를 여행에 바치고 있는 것이다. 넓은 집을 팔아 작은 집으로 옮기면서 까지 여행비를 충당하고 있다니 이 또한 여행 전문가 수준이다.

> 중요한 것은 여행에 대한 열정이다. 쉽게 말해서 여행을 미치도록 좋아해야 자주 나갈 수 있다. 여행 마니아가 되면 무슨 수를 써서라도 해외에 나간다. 돈이 아까우면 여행을 못 간다. 솔직히 말해 나는 밥먹고 술마시는 데 쓰는 돈은 아까워도 여행에 쓰는 돈은 별로 아깝지 않다
> ―「멀미 떨치고 세계 60개국 여행하다」에서

'독서는 앉아서 하는 여행이요, 여행은 돌아다니면서 하는 독서다.'라는 명언을 평소 생활의 신조로 살아 온 것 같다. 더욱 흥미로운 것은 그는 지독한 멀미 환자라는 것이다. 차멀미, 배벌미가 다른 사람에 비하여 심각한데도 불구하고 이를 극복하면서 여행을 강행하고 있다고 한다. 그는 독서광이기도 하다. 10권 짜리 삼국지를 18번 읽었다고 한다. 지금도 1주일이면 도서관을 찾아 몇 권의 책을 빌려 읽고 있단다. 이러한 여행과 독서는 지적 수필을 쓰는데 더할 수 없는 질료가 된다고 할 것이다.

그의 여행기는 역시 연문이 아니다. 여행에 얽힌 인정의 문제를 다룬 작품은 별로 없다. 그래서 그의 여행기에는 사람들, 특히 자기의 정감이 실린 사람들과의 관계는 찾아보기 힘든다. 그

여행지의 역사적인 의미나 그 여행지에 얽힌 예술적인 사실을 기술하는 것이 대부분이다. 더욱 중요한 것은 언론인의 눈으로 보는 현실적인 문제, 특히 우리 현실을 조명하여 우리가 교훈으로 삼아야 할 문제들을 지적하고 있다. 가령 「발칸 현지에서 한반도를 생각한다」는 글이나 「세계인의 눈높이에 맞춘 관광 개발해야」, 「한국인 해외관광 유감」 등이 그것이다.

> 21세기 들어 관광은 '굴뚝 없는 최고의 산업'으로 각광받고 있는데도 우리는 아직도 관광후진국을 면하지 못하고 있는 것이다. '놀 것 없고' '살 것 없고' '볼 것 없다'는 게 한국 관광의 현주소다. 경주 설악산 제주도 등 명소위주의 하드웨어적 관광에 치중하지 말고 테마와 아이디어를 바탕으로 한 소프트웨어 쪽으로 관광콘텐츠를 개발해야 한다. 중국이나 일본의 광대한 관광자원과는 경쟁이 어려우므로 소프트관광산업으로 활로를 찾아야 한다
> ─「썰렁, 황당한 유럽의 대표적 관광 명소」에서

이런 제언은 경험에서 얻어진 지적 결론으로 보아야 할 것이다.

그의 음악이나 영화, 그리고 여행 등의 글에는 다분히 교훈적인 주장이 짙은 글들이지만 지적 에세이의 영역에서 재고해 볼 수 있을 것으로 보인다.

그가 지적 에세이를 쓰는데 활용할 수 있는 중요한 경험 가운데에는 스포츠 기자로서의 15년 경험을 비롯하여 기자생활에서 그만이 경험할 수 있었던 많은 사연들을 빼놓을 수 없다. 어쩌면 인생살이의 축소판이라 할 수 있는 스포츠 경기, 여기에 얽

힌 수많은 애환은 그의 글 재료로써 남이 가질 수 없는 장점이 될 수 있는 것이다. 운동선수들의 일상에 숨겨진 일화라든지 경기에 담겨져 있는 흥미로운 에피소드, 그리고 특종 취재기들이 그것이다.

그는 기자이었기에 많은 인물들과 만날 수 있었고 그들과의 면담을 통하여 남이 알지 못하는 것들을 알 수 있었다. 정치인은 물론, 유명한 운동선수, 예술인이 있었다. 가령 반기문 유엔 사무총장이라든지, 이에리사, 최은희와 신상옥 감독, 김성근 감독, 특히 사건 형장에서 만날 수 있었던 특수한 사람들, 이들 또한 그의 글 재료로 동원할 수 있지 않은가.

5.

그는 이 책의 머리말에서 밝힌대로 요즈음 연문인 수필을 쓰고자 노력하고 있는 것 같다. 이 책의 1부 「그래도 늙은 현재가 좋다」 16편, 8부 「내가 태어나고 자란 대전에 살리라」 9편 등이 이를 말하고 있다고 할 수 있다. 그의 글쓰기는 더욱 더 왕성해지고 있다. 『한국문학시대』, 『열린 충남』, 『목요언론』, 『문화 한밭』, 『대전예술』 등에 끊임없이 글을 쓰고 있다.

그런데 그 스스로 지적한대로 언론인으로써 왔던 드라이한 글에서 연문으로의 이행에 고민이 있는 듯하다. 많은 작품의 제목에는 여전히 신문 기사의 제목 같은 것이 많고, 신문 논평의 색채가 짙은 글들이 주를 이루고 있는 것이다.

나는 이 글의 첫머리에 지적 에세이에 대한 이야기를 했다. 그리고 그야말로 지적 에세이로 독자를 감동시킬 수 있는 많은 지식과 경험을 가지고 있음을 열거했다. 특히 예체능에 대한 해박한 지식이 축적되어 있음은 다른 사람이 쉽게 따를 수 없는 소중한 자산이라는 것을 강조했다. 따라서 구태여 연문을 추구하기 위하여 고민할 필요가 없다는 생각이다. 그의 머리와 가슴 속에 간직하고 있는 지적 재산을 감동적으로 표현하면 이른바 우리 현대 문학계에 격조 높은 지적 에세이를 출산날 수 있다고 보기 때문이다.

그러기 위해서는 지적 재산을 계몽적인 자세에서, 보다 정서적으로 접근하려는 노력이 필요하다고 하겠다. 그런 의미에서 그의 최근작을 정리한 「코로나가 내게 준 선물」은 앞으로 수준 높은 지적 에세이를 보여주기 위한 빛나는 반석이라고 할 수 있다. 다음을 기대해 보기로 하자.

수필창작의 활발한 여정旅程

박정열의 수필집 『그때 문득』을 읽고

1. 들어가며

내가 수필작가이면서 시인인 박정열 씨를 만난 것은 최근이다. 지난해인가, 우편을 통하여 씨의 수필집 『꽃씨 하나』를 받아들고, 반가운 마음에 축하 편지를 보내고 나서 서로 연락이 되어 만나기 시작했으니 우리 만남은 일천한 편이다. 그러나 칠순을 넘긴 나이이면서 문학에 대한 열정이 뜨거워 우리는 금방 친해질 수 있었다. 그리고 얼마지 않아 그는 시집 『아하』를 손에 쥐어주더니 이번에 두 번째 수필집을 발간한다는 것이다. 그러니 그는 매년 작품집을 간행할 정도로 열심인 셈이다.

우리가 문학 작품을 감상 비평할 때, 지은 작가와 무관하게 그 작가의 작품만으로 이해할 때와 작가의 삶을 참고하면서 이해할 때가 있다. 흔히들 인상비평과 역사주의 비평이라는 것이 그것이다. 이는 오랫동안 그 장단점을 논의해 왔지만 하나의 결론으로 말할 수 없는 것이라 본다.

 가령 한 알 달걀의 품질을 말할 때, 우리들 대부분은 그 달걀 자체만으로 평가하지만, 좀 더 깊은 관심을 가진다면 그 어미닭이 무엇을 먹고 생산한 것인가까지를 살피게 되는 것이다. 말하자면 그 작가가 살아온 시대나 환경적 배경이나 그 작가의 삶의 과정까지를 이해하고 작품을 대할 때 작품을 감상하는 정도가 다를 수 있다는 것이다. 나는 박정열 씨를 모르는 가운데 그의 첫 작품집을 읽었다면 이번엔 그를 여러 번 만나 그의 많은 부분을 이해하는 가운데 작품을 대하게 된 것이다.

 그는 경상도 상주가 고향이다. 유소년기엔 유복한 가정환경이 아니어서 원만한 학교 교육을 받을 수 없었다고 했다. 18세 되던 해에 어머니를 따라 외가 친척이 자리 잡고 있는 대전으로 이주해서 잠시 인쇄소 경험을 쌓은 일이 있다고 했다. 그리고 군 생활을 마친 다음, 주로 유통관계 사업에 진력했다. 그러다가 사업을 마무리 하고 65세가 되었을 때 우연히 서예에 관심을 가지게 되면서 이른바 예술의 세계에 들어섰다는 것이다. 향교의 서예교실에 나가면서 글쓰기에 관심을 가지고 여러 창작 교실을 찾아 문학 수업을 했다. 문학 이론은 물론 창작의 방법까지 처음 경험하는 새로운 세계이어서 정말 열성적으로 참여했다고 한다. 마치 메마른 스펀지가 물을 흡수하듯 아동문학을 비롯하여 시와 수필에 이르기까지 장르를 가리지 않고 빨아드렸다고 한다. 그러니까 그의 문학 수업은 늦은 나이의 만학이었고 대학에서 전공한 사람들과는 달리 실제를 경험하면서 체득한 셈이다.

나는 씨를 만나면서 기분 좋은 운동경기를 보는 듯한 감회에 젖는다. 우리는 이따금 달리기 경기의 출발선에서 다른 선수에 비하여 다소 늦게 출발한 선수가 뛰어난 경기력으로 앞장 서 달릴 때 환호하면서 박수를 보낸다. 바로 박정열 작가가 문학수업의 출발은 늦었지만 다른 선수를 앞질러 달려가는 형세가 아닌가 하는 생각을 한다. 그래서 나는 박씨의 문학활동에 박수를 먼저 보내지 않을 수 없다. 그러나 다소 앞장 설 정도로 진도를 나가고 있지만, 아직 종착점은 많이 남아 있으며, 성공적인 작품을 창작하기에는 여전히 많은 과제를 안고 있는 것, 또한 사실이다.

이번 작품들에서도 그러한 모습을 어렵지 않게 발견하게 되는 것이다.

2. 다양한 글의 소재들

먼저 그의 부지런함을 말하지 않을 수 없다. 그는 아직도 각종 문학 강좌에 부지런히 쫓아다닌다. 글 쓰는 일은 물론 컴퓨터의 페북 활동도 쉴 새 없이 참여하고, 서예활동도 멈추지 않고 계속하고 있다. 문학을 수련하는 동료들과의 교류도 많다고 한다. 그렇기 때문에 여러 문학 장르에 걸쳐 폭 넓은 상식을 가지고 있다.

작품집의 첫 작품 「봄날에는」은 봄날에 피어나는 여러 꽃들을 의인화 해서 아동문학의 느낌을 강하게 풍기고 있다. 매화, 개나리, 벚꽃 등 꽃들과의 대화를 통하여 계절의 순환을 표현하면서 70대의 여인을 등장시켜 삶의 의미를 느끼게 하는 기법을 쓰고 있다. 그가 언젠가 아동문학을 하고 싶다고 말했던 기억이 떠오른다. 그의 작품 가운데 이런 감성을 통한 표현의 작품은 많지 않은데 이 작품집을 통하여, 나름 새로운 시도를 한 것으로 보인다. 이렇게 부지런히 새로운 시도를 하는 것 자체가 그의 문학 수련의 부지런함의 일면이라 하겠다.

그의 작품 소재는 다양하다. 인간관계를 말한 「50년 지기지우」, 「돈도 팔자에 타고 난다」, 「제례풍속도」, 「여자 나이 쉰한 살」, 「작은 배려」 같은 작품이 있는가 하면, 나이 들어감에 따라 혼자 살 수밖에 없는 환경을 극복하려는 「혼자 사는 연습」의 여러 작품들, 즉 「식사에 대한 소고」라든지 「궁하면 통한다더니」, 「인생조리법」들을 만날 수 있고, 컴퓨터 시대를 살아가기 위한 지식을 알리려는 「상식인가 정보인가」, 「음지 인생」, 「정보의 바다」, 「집 콕 문화」 같은 작품이 있다.

그런가 하면 선인들의 삶과 작품을 통한 배움을 소재로 한 「둘레 길에서 만난시편」이나 「친구가 되고싶다」, 「빛나는 시가 되다」 같은 작품이 있고, 역사의 현장을 찾아 교훈을 새기는 「뿌리공원에서」, 「아물지 않은 통증」, 「골령골」, 「삼척통일공원」, 같은 작품과 함께 「시간여행」, 「뒷모습」, 「지금이 바로 그 때」, 「공주 풀꽃 문학관」, '혼불' 작가 최명희를 찾아서」 같은 기행문도 있다.

작가의 주변에는 수많은 글감이 산재되어 있다. 그것을 찾아서 작품으로 형상화한다는 것이 그렇게 쉬운 일이 아니다. 어떤 사람에게는 그냥 지나칠 일이지만 그 일이 유능한 수필가에게는 더할 수 없이 좋은 소재가 될 수 있다. 위에 열거한 것처럼 박씨에게는 더러는 자연현상이, 사회적인 문제가, 작은 경험들이 글의 소재가 되고 있다. 작품 「내 친구의 어처구니」는 자기 친구의 삶에서 인생의 교훈을 찾는 작품이다.
　첫 문장은 "나는 가끔 삶에 대한 의문이 든다. 왜 사는가? 무엇을 위해 사는가? 무엇이 나를 살게 하는가 하는 물음이다"로 시작한다. 무거운 화두이다. 철학자는 이론적으로 설명하려 들 것이다. 그러나 작가는 친구 이야기에서 그 답을 찾으려 한다.
　고등학교 때의 친구, 학교성적은 중상이고 미술에 소질이 있고, 대학 진학에 대한 열성도 있었던 친구인데 고3에 방황이 시작되었다. 학원비도 떼어 먹고 알바 한다고 치킨집, 피자집, 짜장면집을 맴돌았다. 그러다 입대, 제대하고 육가공업에 취직해서 생활을 시작했으나 희망이 보이지 않는다고 그만 두었다. 그러다 중소기업으로 성공한 매형회사에서 일을 하게 되었다. 매형은 부유하게 생활하는데 자기는 그렇지 못한 것에 불만이 쌓인다. 더욱이 회사에 어려운 일이 있으면 자기에만 시켜서 불만은 더욱 커진다. 결국 그만 두고 빈둘거리면서 여인을 만나 결혼을 한다. 그런 생각을 가진 친구가 잘 살 수가 없다. 결국 빚에 쪼들리는 신세가 된다. 친구의 아버지는 매형집에 계속 일하지 않은 것을 나무란다.

"너나 네 누나는 네 매형이 짠돌이라고 하지만 나는 안다. 적은 돈에 인색해도 큰 돈에는 후하다. 내가 아는 네 매형은 돈 쓸 줄 아는 사람이다."

그렇지만 친구는 매형을 잘 이해하지 못했다. 뒷날, 매형 회사에 계속 다닌 친구는 주택 지원등 회사의 지원으로 생활의 안정을 찾는 것을 보면서 자기가 매형을 잘못 인식했다고 후회한다는 이야기이다. 사람의 속 마음을 제대로 안다는 것, 그것의 어려움을 이야기 하고 있다. 무엇이 나를 살게 하는가의 답을 이렇게 서술하고 있는 것이다.

박씨는 사업으로 인생의 대부분을 살아왔다. 따라서 그의 경험은 이 글에서처럼 사람을 보는 혜안이 중요하다고 생각한 것은 아닐까. 그의 모든 작품은 이러한 인생의 경험이 많이 녹아 있다고 할 것이다.

3. 섬세한 묘사의 기교

이번 작품집에 수록된 50여 편의 수필을 읽으면서 제일 먼저 느끼는 것은 섬세하고 치밀한 대상의 묘사이다. 어쩌면 과학적 사실의 기록처럼 자세히 설명하는 작품이 많다는 것이다. 그것은 씨의 문장 수련에 기인하는 듯한데 사실을 정확하게 표현하려는 노력이라 할 수 있다. 더러는 현미경으로 사물을 보듯 섬세하게 설명하기도 하고, 적절한 비유를 통한 개성을 들어내기도 하여 그의 튼튼한 문학기초를 확인시켜주기도 한다. 그렇지만 또 다른 한편으로는 이것이 그가 극복해야 할 표현방법의 과제가 될 수 있겠다는 느낌을 받기도 한다.

> 여린 꽃망울은 단잠에 취해 게슴츠레한 눈을 반쯤 떴다가 도로 스르르 감는다. 하늘색은 옅고 푸르다. 햇볕은 밝고 따스해도 봄이라고 하기에는 이른지, 4월인데도 몸에 와 닿는 바람은 아직도 차다. 햇빛이 드리치는 양지쪽에 앉으면 금방이라도 나른한 졸음에 빠질 것 같다. 따듯한 양지쪽이 그립다. 놀이터에서 들려오는 아이들 재재거리며 노는 소리가 내 귓가에 꿈속처럼 아련하다. 아이들 소리를 실어 오는 봄바람이 낯선 내 볼을 감싸 안으며 마치 파도처럼 쏴 하니 밀려온다. 바람이 청량감을 한결 더 상쾌하게 몰아다 준다.
> ―「봄날에는」에서

봄날을 묘사한 이 글은 얼마나 감각적이며 섬세한가. 푸로베르의 이른바 일물일어一物一語설, 즉 '하나의 사물을 설명하는 데에는 하나의 명사와 하나의 형용사, 하나의 동사만 있을 뿐이다.'라는 적확한 언어의 선택을 상기시키는 표현이라 할 수 있다.

이러한 표현력은 글을 부드럽게 하고 서정적이게 하는 데에 큰 장점으로 볼 수 있으며, 씨가 가지는 장점이라 할 수 있다. 그러나 다음과 같은 표현은 대상을 설명하는 데는 장점이 되지만 문학적 수사로서는 의문을 가지지 않을 수 없다 하겠다.

> 현재 군의 계급을 보면 수관首官 급은 대원수. 원수 차수가 있다. 장관將官 급에는 상급대장.대장.중장.소장.준장으로 나뉜다. 영관領官

급은 대령/대좌.대령/상좌.중령/중좌.소령/소좌로 구분한다. 위관尉官에는 상급 대위.대위.상위.중위.소위로 나눈다. 준사관準士官에는 주임준위.상급준위.준위가 있다. 부사관副士官에는 최고주임원사.주임원사.원사/조장.상사/군조.중사/오장.하사로 나뉜다. 병사들 계급에는 병장.상등병.일등병.이등병.훈련병이 있다.

— 「삼척통일공원」에서

통일공원 방문기이기는 하지만 글의 내용으로 봐서 이처럼 군의 계급을 상세히 설명할 필요까지는 없을 듯하다.

춤이 낮은 냄비에 마른 표고를 바닥에 적당히 깐다. 북어포의 배가 위로 오게 펼쳐 놓는다. 명태포에 미리 만든 양념을 숟가락으로 골고루 펴서 바른다. 북어가 물에 잠길 정도로 물을 붓고 자자자작할 때까지 열을 가하면 아주 맛있는 북어찜이 된다. 북어국 맛은 시원하고 구수하다. 다만 손이 많이 가서 탈이다.
......
재래된장 한 큰술, 고추장 반 큰술, 들기름 한 큰술, 양파 반쪽과 대파 한 줄기를 다지듯 쓴다. 다진 마늘 한 큰술, 다시마 한 차술, 표고버섯 분말 한 큰술에 물을 대적하게 붓고 섞는다.

— 「답은 하나인가」에서

제례 후 남은 음식을 처리하는 아이디어를 설명하는데 이처럼 요리 교과서처럼 기술하고 있다. 이는 요리교재의 서술에 알맞은 설명서 같은 느낌이다.

버스는 공주시 중학동주민센터를 지나 국립공주대학교 사범대학부

속고등학교 옆길로 들어섰다. 잠시 후, 이차선 도로에 차가 멈췄다. 길을 아는 사람이 '안에 주차장이 있다' 하며 안내한다. 좌회전하여 골목을 들어서자 바로 주차장이다.

－「공주 풀꽃문학관」에서

  이런 예는 거의 모든 작품에서 찾을 수 있다. 이처럼 씨는 대상을 묘사하고 설명하는데 있어 독자에게 친절하고 있다. 그러나 이러한 친절은 오히려 작가가 말하고자 하는 주제를 표현하는데 있어 효과적이지 못한 경우가 많다. 묘사는 주제를 표현하는데 적절할 필요가 있다.
  이러한 현상이 더욱 심화된 표현은 넷째 묶음인 〈알고 지나가기에〉에서 찾을 수 있다.

4. 설명위주의 문장들

  씨는 늦게 문학을 수업하면서도 컴퓨터 활용능력이 뛰어나다. 아마 동년배들이 모두 부러워할 정도이다. 이런 컴퓨터의 활용을 통한 글쓰기는 자연스럽게 컴퓨터에 대한 지식이 모자라는 독자를 생각하면서 더욱 더 설명적인 글을 자주 쓰게 되는 것 같다.

> 민원서류는 인터넷으로 발급받으면 편리를 더한다. 전자민원 신청 전에 먼저 내 컴퓨터에서 전자민원을 발급받을 수 있게 환경설정을 해야 한다. 우선 웹(WWW)페이지 왼쪽 위 끝에 [파일] 옆줄 [도구]가 있다. 이를 클릭하여 [검색기록삭제]에 들어가 [즐겨찾기 웹사이

트 데이터 보존]부터 [양식데이터]까지 √표를 하고 맨 아래 [삭제] 버튼을 클릭한다. 또 [파일] 옆줄 [도움말] 아래 [도구]를 클릭하면 새 저장이 뜬다. 맨 아래 [인터넷 옵션]을 클릭하고 첫 번째 [홈 페이지] 막대창에 http://www.daum.net/ 같은 방문했던 사이트를 지우고 efamily.scourt.go.kr 을 입력한다. 그리고 창 아래 [확인]을 누른다

— 「상식인가 정보인가」에서

　은행 대출을 받기 위하여 서류를 만드는 과정에서 컴퓨터를 활용하는 방법을 나열하고 있는데 이 아래로도 더 많은 설명이 이어지고 있다.

　이 수필집 4장의 대부분은 이러한 인터넷 활용의 이야기가 주를 이루고 있는데 인터넷 활용 교재가 아니고서야 이런 설명이 수필로서의 가치를 지닐 수 있을 것인가 하는 의문을 가지지 않을 수 없다 하겠다. 소설 같은 경우에는 이런 설명이 필요할 수도 있다. 그러나 비교적 짧은 형식의 수필일 경우, 주제에서 멀어질 수 있는 약점이 되지 않을까.

　이러한 작가의 심리는 다른 서정적인 글을 쓸 때에도 다소 가르치려는 자세로 나타난다. 앞에서도 언급한 바 있지만, 명절 후에 남은 음식물의 처리 이야기만 하더라도 작가의 의도는 요리법을 알리려는 것이기 보다는 명절이 가지는 애환을 표현하려고 한 것일 텐데 그러한 본래의 생각은 옅어지고 있는 것이 아닌가. 이렇게 독자보다 자신이 우위에 있다고 생각하면 독자를 감동의 세계로 이끌기보다는 설교적인 글이 될 수 있는 것이다.

　가령, 씨의 〈나의 글쓰기〉 같은 글에서도 다분히 글쓰기를 교

육하는 것 같은, 그래서 글쓰기 교재 같은 글이 되고 있다.

> 글은 구상이 부실하면 실패에 가깝다. 구상에 공을 들일수록 구상은 쉬어진다. '글거리(주제)를 부각시키려면 글감(소재)은 처음부터 끝까지 한눈이 들어오게 가야 한다. 기. 승. 전. 결 즉 발단. 전개. 위기. 결말이 글거리'와 연관을 짓고 연결되어야 한다. 그렇게 하지 않으면 주제는 삼천포(?)로 빠진다. 문단의 첫 문장은 제시어이다 제시어를 강조하며 문단을 종결한다.
> ─「나의 글쓰기」에서

자신이 글을 쓰면서 경험했던 애환을 이야기해서 공감을 얻으려 했던 것이 본래의 의도였을 듯한데, 그렇지 않고 독자를 교육하려는 결과를 낳은 것이 아닐까.

5. 나가면서

흔히 수필은 자기 고백의 문학이라고 말한다. 그렇다면 작가가 보다 다양하고 풍부한 경험을 가질수록 좋은 작품을 쓸 수 있다는 이야기가 된다. 박정열씨는 그 누구 보다도 많은 사람을 만나면서 여러 가지 경험을 했을 것이다. 그의 성장과정에서도 남다른 경험을 했을 것 같고, 유통업이라는 사업이야말로 이해가 다양한 사람과의 관계를 통하여 희비를 경험할 수 밖에 없는 숙명을 가진 것이 아닌가. 더러는 따뜻한 인간애를 경험하기도 했을 것이며, 감당하기 어려운 배신감 같은 체험도 했을 것이다. 한때는 흥하기도 했을 것이고 실패의 쓴 맛도 맛보았을 것이다. 더욱이 늦은 나이에 글씨를 쓰고 글을 쓰면서 경험한 애환도 많을 것이다. 뿐만 아니라 소설 같은 다른 사람들의 운명도 보고 들었을 것이다.

지금까지의 글에서도 그러한 면모를 볼 수 있었지만 앞으로 더 많은 작품 소재가 그를 기다리고 있을 것이다. 단지 앞에서 지적했듯이 표현의 묘수를 갈고 닦는다면 더 많은 감동을 우리에게 줄 것으로 확신한다. 씨는 연세에 비하여 아주 열정적으로 글을 쓰고 있다. 다양한 장르에 도전하면서 실험을 계속하고 있는 것으로 보인다. 그런 의미에서 그는 좋은 수필을 쓰기 위하여 의미 있는 여정을 계속하고 있다고 할 것이다.

기억 되살려내기와 글쓰기

이한배의 『이젠 비워내도 괜찮아』를 읽고

1. 놀라운 늦바람

우리 한국인의 수명이 놀랄 만큼 길어졌다. 80이 넘은 필자의 기억을 되돌아 볼 때, 우리가 어렸을 때는, 마을에 70 노인이 계시면 모두 감탄을 했었다. 아니 50살만 되어도 담뱃대를 물고 어른 행세를 할 정도였다. 그런데 이제는 평균 수명이 80을 훨씬 넘고 있으니 급격히 노령화 시대로 들어선 것이다. 그러니 중년을 넘어서면 제 2의 인생을 설계하지 않을 수 없는 형편이 되었다.

직장에서 정년을 한 후로도 상당기간 생활해야하기 때문에 그 기간을 어떻게 보낼 것이냐 하는 문제가 개인은 물론 사회적으로도 큰 과제가 아닐 수 없다. 그래서 새로운 직업을 찾기도 하고 취미를 살려 제 2의 인생을 설계해 실천에 옮기기도 한다. 어떤 의미에서는 인생의 행, 불행이 여기에서 결정된다고 해도 지나친 말이 아닐 수도 있다. 여성의 경우에도 자녀를 교육시켜 떠나보낸 다음, 어떻게 살아야 행복할 것이냐 하는 것이 최대의 과제가 아닐 수 없게 되었다.

그런 가운데 청소년기나 젊은 시절, 어느 분야에 대하여 꿈을 가지었었지만 여러 가지 형편으로 그 꿈을 접어야 했던 분들이 새롭게 그 꿈의 실현을 위해 새 출발을 해서 자기만족은 물론, 그 분야에서 크게 성취하는 분들을 자주 보게 된다. 이는 개인의 행복을 위해서도, 사회적인 문제를 해결한다는 면에서도 크게 환영할 일이라 하지 않을 수 없다.

특히 젊은 시절의 꿈을 접어야 했던 분야에는 예술계가 많다. 경제적으로 어려웠던 시절, 예술을 해서 생계를 해결하기가 지극히 어려웠기 때문이다. 가령 음악이나 미술, 연극, 문학 분야에 상당한 소질이 있음에도 불구하고 이를 전공하여 생계를 해결하기가 쉽지 않기 때문에 부모의 반대에 부닥치는 경우가 많았고, 또 그 분야를 전공하기에는 경제적인 여건이 허락하지 않았던 경우도 많았다. 이런 분들이 젊었을 때 가지었던 꿈을 실현하기 위해 늦게 새 출발을 하는 분들이 있는 것이다. 물론 그 결단이 결코 쉽지 않고 때로는 용기가 필요한 일이지만 과감하게 도전하는 분들을 보면 박수를 보내지 않을 수 없는 것이다.

오늘, 수필집을 발간하여 우리에게 소박한 기쁨을 주는 소흔素欣 이한배 선생. 이 분이야 말로 인생 후반기인 제2의 인생을 열정적으로 살아가면서 사진과 문학에 매진하여 일정부분 성공을 거두고 있음으로 많은 분들의 선망의 대상이 되고 있다. 그 결실의 하나로 이 작품집을 보여주고 있는 것이다.
　그는 경기도 여주 생. 초등학교를 마치고 부친을 따라 서울에서 중등학교를 다닐 때, 성악을 하고 싶었지만, 집안 어른들의 반대로 꿈을 접고 인쇄기술의 길에 들어섰다가 대전의 국방과학 연구소에서 사보발간 일을 정년 때까지 종사했다고 한다. 정년 후, 그는 묻어두었던 꿈을 펼치고자 용기를 낸 것이다. 성악을 하기에는 너무 늦었다고 판단한 그는 직장생활에서 사진인쇄, 글쓰기를 경험했던 것을 참고하여, 사진예술과 문학의 문을 두드렸다고 한다.
　그는 먼저 사진 촬영에 열정을 쏟았다. 주변은 물론, 전국의 산하를 누비면서 셔터를 눌렀다. 자연히 연륜과 함께 사진예술에 대한 기교와 더불어 안목이 넓어지고 마침내 주변에서 사진예술인으로 인정을 받으면서 이제는 사진기자로 활동하기에 이른 것이다. 기자 활동을 하다 보니 자연히 글쓰기에 대한 아쉬움이 컸던 것이 아니었을까. 그는 젊은 시절, 『현대문학』 등 문학 잡지를 열심히 읽으면서 문학 소년으로 살았던 경험을 되살려 본격적으로 문학 수업을 시작했다고 한다. 시민 교육 기관의 문학 창작반에 열심히 드나들면서 늦은 나이에 문학을 공부하는 분들과 어울리고 부지런히 글쓰기에 매진하여 급기야는 수필가로 등단하기에 이른 것이다.
　나는 지난 해, 시인이며 수필가인 박정렬 선생을 만나 그의 소개로 이선생과 인사하게 되었다. 박선생 역시 사업을 접고 늦은 나이에 서예와 문학에 열정을 바쳐 이제는 상당한 수준에 이르러 많은 분들로부터 인정을 받는 명실상부한 문인이 되어 있는 분이다. 두 분은 연세도 비슷하고 문학에 대한 열정도 비슷하여 좋은 문우의 길을 같이 걸어가는 동반자가 되어 있는 것이다.

"늦바람이 무섭다."라는 말이 있다. 늦게 시작했지만 어느 젊은 문학도가 따라가기 어려울 정도로 열심이다. 근래 박선생이 매년 작품집을 발간하는 놀라운 열정을 보여주고 있는데 아마도 이선생 역시 그런 결실을 보여주지 않을까 기대되기도 한다.

70을 훌쩍 넘어선 이 선생이 『한국문학시대』에 작품을 투고하여 신인문학상을 받고 축하의 인사를 나눌 때 1년 이내에 작품집을 발간하는 것이 좋겠다는 의견을 말했는데 이렇게 1년이 채 되지 않은 기간에 글을 써서 이 작품집을 발간하게 되었고 나에게 소감을 쓰도록 요청하고 있으니 그 노력이 얼마나 대단한가. 감탄하지 않을 수 없다.

2. 나이 든 작가의 기억 살려내기

그는 이 작품집의 머리말에서

나의 글쓰기는 그런 자유를 얻기 위한 비움의 작업인지도 모른다. 내 마음 깊은 곳에 누룽지같이 잔뜩 늘어 붙어있는 고단하고 아팠던 기억들, 기뻤던 기억을 하나씩 꺼내는 일이다. 마치 원석을 캐내어 잘 갈고 다듬어서 보석을 만드는 일과 같다고나 할까? 막상 꺼내어 정성을 다해 갈고 다듬어 보니 별로 얘깃거리가 될 만한 게 없는 소소한 것 들 뿐이다. 나의 마음을 남에게 내보인다는 게 쉬운 일이 아님을 실감한다. 그래도 나에게는 마음을 비워내는 소중한 일이기에 공을 많이 드리고자 노력하였다.

라고 쓰고 있다. 어떤 의미에서 위의 글 가운데에 이 작품집의 성격과 문학적 노력, 그리고 결실까지 모두 설명되고 있다고 할 수 있을 것이다.

그는 지난 세월에 자기가 경험한 일들 가운데 글의 원석이 될 만한 이야기들을 꺼내는 일에서부터 글쓰기가 시작된다는 것이다. 이는 수필 문학이 가지는 특성이기도 하다. 왜냐하면 수필은 원천적으로 자기고백의 문학이기 때문이다. 소설이 허구를 통한 진실을 말하고 시가 상상력을 통한 진실을 말한다면 수필은 자신이 직접 체험한 사실을 통하여 진실을 말하기 때문이다. 물론 체험 가운데에는 독서를 통한 체험이나 다른 사람의 이야기를 통한 체험 등도 포함된다. 이른바 간접체험이다. 그래서 좋은 수필을 쓰기 위해서는 많은 독서를 필요로 한다고 할 수 있다.

그는 지난 시절 고단하고 아팠던 일, 슬프고 우울했던 일, 그리고 기뻤던 일들이 누룽지처럼 쌓여 있다는 것이고 그 일 중에 글의 원석이 될 만한 기억들을 더듬어 꺼내어 글의 소재로 한다는 것이다. 그렇다면 그런 기억들을 다른 사람들 보다 풍성하게 가지고 있을 때 그의 글 또한 풍성하게 될 것이다. 그리고 기억들 중에 원석이 될 만한 기억이 많을수록 좋은 글이 될 것이다. 그런 의미에서 그는 시골에서 어린 시절을 보냈고, 할아버지로부터 한문공부를 했으며, 중등 교육을 서울에서 받았고, 특수한 기술을 가지고 특수 직종에 종사했으며, 정년 후에는 사진을 찍기 위하여 많은 여행을 한 남다른 기억들을 가지었다고 할 수 있다.

그런데 문제는 원석이 될 만한 체험, 즉 기억을 잘 찾아내고 있었느냐 하는 점이다. 말하자면 자신의 체험 가운데 원석이 될 만한 기억을 제대로 꺼내느냐 하는 능력의 문제와 만난다. 그는 "막상 꺼내어 정성을 다해 갈고 다듬어 보니 별로 얘깃거리가 될 만한 게 없는 소소한 것들 뿐이다."라고 겸손해 한다. 그러면서 "마음을 비워내는 소중한 일이기에 공을 많이 들였다."고 말한다.

그는 기억의 첫 페이지를 늙음에서 찾아내고 있다. 인생은 늙는 것이 아니라 익어간다는 어느 가요의 가사처럼 그 역시 늙음을 의식하지 않을 수 없었으리라. 이 작품집의 첫 작품이 「47년생」이다. 65세를 넘어서면서 문화재 관광료가 무료요, 전철요금이 무료, 이처럼 노인이기 때문에 받는 노인의 혜택을 글의 소재로 소환한다. 64세에 백제문화단지 촬영을 위해 찾아갔을 때, 1년 후엔 노인으로 인정해서 무료로 입장하게 된대서 되돌아 온 경험, 그런가 하면 전철요금이 무료가 되었지만 미안한 생각에 한동안 유료로 타고 이용하다가 자주 이용하게 되면서 돈 아까운 생각에 무료 혜택을 누리게 된 경험, 이렇게 늙음을 수용할 수밖에 없는 심리. 그래서 그는 "늙으면 늙어가는 대로, 쇠약해져 가면 쇠약해져 가는 대로 강물이 흘러가다가 바다가 되듯이 그렇게 나도 모든 것을 포용할 수 있는 바다가 되자."한다.

　이처럼 이 작품집에 담겨있는 60여 편의 작품을 읽다 보면 작가의 체험들이 결코 묘사나 나열이 아니라 70 노년의 생각의 결실이 표현되고 있음을 느낄 수 있다. 즉 지난 체험을 비워내는, 그래서 다분히 늙음이 가지는 삶의 지혜를 표현하고 있음을 보게 되는 것이다.

　말하자면, 이들 작품들은 늙은 나이의 앵글로 지난 날의 추억을 꺼내오고, 자연의 현상을 천착하고 있음을 특징으로 하고 있다하겠다.

　가령, 「건강검진 받던 날」이란 작품에서 수면 내시경을 사양하고 검사를 받는데 상당히 고통을 당했다고 한다. 장이 늘어져서 어렵다면서 4-50분 동안 내장을 휘저어 많은 불편을 주더라는 것이다. 내심 속이 상하고 불편했지만 의사에게 "잠 재워 놓고 내 속 다 뒤져서 훔쳐 가면 어떻게 해요. 덕분에 나도 모르는 내 속을 들여다 볼 수 있어 좋은 구경을 했습니다."라고 말해 의사의 긴장을 풀어 주었다는 것이다. 늙음의 여유를 느끼게 된다. 젊은 패기로 이런 일을 당했더라면 화를 내고 듣기 싫은 말을 했겠지만 역시 연륜은 이렇게 인내심을 가질 수 있어서 그렇게 표현할 수 있었을 것이다. 이래서 수필은 중년을 넘어선 사람들의 글이라고 했는지도 모른다.

3. 사진 촬영을 통한 소재 찾기

 이 작가의 남다른 체험이라면 사진촬영 활동을 들 수 있다. 물론 요즈음은 손전화가 일반화 되면서 웬만하면 사진을 찍는 체험을 하지만 특별히 사진작가 소리를 들을 정도면 다른 작가와 달리 사진 촬영에 따른 특수한 체험을 많이 했을 것이다. 그는 지난날의 기억을 꺼내오는 데에서부터 글쓰기를 한다고 밝힌 바 있다. 자연히 그의 사진촬영 체험은 중요한 글의 소재가 되지 않을 수 없었을 것이다.

 비단 카메라의 앵글 만이 아니라 작가가 어디에 눈길을 두느냐에 따라 각자의 개성이 특화된다고 본다. 즉, 우리가 생존하고 있는 자연, 사회, 아니 우주 만상 가운데 어디에 더 많은 관심을 가지느냐에 따라 작가의 작품 세계가 형성된다고 할 것이며, 그 관심은 눈을 통하여 내밀화된다고 할 것이다. 작가가 카메라의 렌즈를 어디에 대고 셔터를 누르느냐에 따라 사진의 성격이 들어나는 것이기 때문이다.

 렌즈의 대상은 무궁하다. 인간일 수도 있고, 자연일 수도 있으며, 사회일 수도 있다. 가령, 사회의 갈등을 향한다면 사회 부조리를 고발하거나, 치열한 삶의 모습을 표현하게 될 것이요, 인물을 향한다면 인간심리를 천착하게 될지도 모른다. 그런데 이 작가는 주로 자연을 대상으로 하고 있다는 것이 특징이라고 볼 수 있다. 그는 전국의 아름다운 자연을 찾아다니거나 꽃이나 동물을 찾아 셔터를 누른다. 이 또한 그의 연륜과 무관하지 않을 것이다. 그리고 자연히 글의 소재도 거기에서 찾아진다.

그는 실제 생활의 주변인 대전천이나, 보문산, 계족산, 옥천이나 금산 등의 산하에서 만나는 경치나 꽃도 따라다니지만, 한탄강 철새 도래지, 영월 동강, 삼척의 이끼폭포, 동해안 바다부채길, 예산 황새공원, 서천 마량, 서산 산두리, 전라도 선암사, 경주 석굴암, 그의 고향 여주, 강원도 홍천, 서산 선두리 사구, 얼핏 책장을 넘기면서 눈에 들어오는 지역만 해도 전국에 걸쳐 있다. 더욱 이들 지역을 찾아간다거나 같이 가는 사람들 사이에 일어나는 일화는 거의 없고 그곳의 자연 경치를 중심으로 글이 전개되고 있다. 몇 편에는 다양한 꽃 이야기, 그리고 새나 고양이 같은 동물이 소재가 되기도 한다. 고향의 향수, 네 계절을 살면서 느낀 서정적인 이야기가 소재로 기억되기도 한다. 결국 그가 불러오는 기억은 대부분이 이처럼 자연이거나, 계절의 서정이 되고 있는 것이다.

그러니까 그의 글은 촬영지에 나타난 아름다운 자연의 묘사가 주를 이루고 있다. 말하자면 그의 글은 산하에 펼쳐진 자연을 어떻게 하면 잘 묘사할 것인가를 염두에 두고 있는 듯하다.

> 마치 아름다운 여인이 초록색 치마를 연상시키는 폭포는 화려하지 않으면서도 우아하다. 치마골을 타고 흐르는 듯한 물줄기들의 하모니는 관중을 황홀하게 만든다. 산신령이 만드셨을까? 아니면 천사가 내려와 만들었을까? 태곳적 신비가 이런 것일까? 한참 황홀경에 빠져 바라만 본다. 그리고 그 황홀경을 카메라에 담기 시작한다.
> ―「이끼 폭포 촬영기」에서

부소담악을 더욱 아름답게 하는 것은 바위 틈새로 갖가지 나무들이 자라고 있기 때문이 아닌가 한다. 바위와 소나무를 비롯한 여러 가지 나무들이 어울어져 있어 더욱 눈길을 끈다. 게다가 지금은 물도 나무도 햇볕도 모두 연초록이니 더욱 아름답다. 이 아름다움을 어찌 다 표현할 수 있을까마는 표정 하나하나 모두 놓치지 않아 애꿎은 카메라 셔터만 바쁘다.
―「4월의 부소담악」에서

동해의 파도는 올 때마다 느끼는 것이 내가 감당하기에는 너무 벅차다는 것이다. 억겁을 밀려와 부서지는 처절한 아픔을 내가 어찌 감당하겠는가? 저렇게 가슴 저미는 한 많은 아우성을 내가 어찌 감당하겠는가? 하염없이 밀려와 통곡하는 저 울부짖음, 나더러 어찌 하라고.
―「아! 파도」에서

이처럼 촬영지의 자연을 묘사한 글들은 여러 작품에서 만나게 된다. 어떤 의미에서는 그가 글을 쓰기 위하여 사진 촬영을 다니는 것은 아닐까 하는 생각이 들 지경이다. 사진촬영을 위해서 그는 보다 세밀한 주의력으로 자연을 바라보기도 한다. 가령 봄의 정경을 찍기 위해서 들꽃을 찾는데 개별꽃, 알록제비꽃, 매화말발돌이, 남산제비꽃, 귀룽나무꽃, 동강할미꽃, 산자고, 양지꽃 등 희귀종의 꽃까지 관찰하고 있는 것이다.

또 한가지 그가 지난날의 기억에서 꺼내오는 소재 중에 관심을 끄는 것은 동물을 통한 자연사랑이다. 매미의 일생이 주는 신비함, 자기집 광에 몰래 들어와 새끼를 낳은 고양이 이야기, 한탄강에서 만난 철새들, 예산의 황새, 텃밭에서의 지렁이와 개미, 아파트에 날아드는 초파리, 동물의 왕국에서의 코끼리, 이런 동물들이 그의 작품 소재가 되고 있음을 발견하게 된다.

> 아! 빗방울아. 제발 개미 위에는 떨어지지 마라. 그러면 작은 개미가 죽을 지도 모른다. 어렸을 때 비 오는 날 빗속에서 개미가 부지런히 기어가는 것을 보았다. 그때 개미가 저 세찬 빗방울에 맞으면 죽을 지도 모른다는 생각에 안타깝게 바라보았다. 그 뒤로 한동안 비만 오면 그게 걱정이 되었다.
>
> ―「비오는 날의 상념」에서

> 한 삽 파 엎을 때마다 흙덩이 속에서 지렁이가 놀라서 꿈틀대며 난리를 친다. 오늘은 완전히 지렁이들 수난의 날이다. 그러나 어쩔 수가 없다. 햇볕을 받으면 금방 죽으니까 미안한 마음에 밖으로 나온 지렁이들은 이내 흙을 덮어준다. 삽에 잘리는 놈도 있다. 잘린 지렁이는 따로따로 하나의 개체가 되어 산다고 하니 다행이다 싶어 덜 미안해 한다.
>
> ―「김장밭 파 엎기」에서

이처럼 생명을 사랑하는 인간성, 이 또한 자연사랑의 한 면모라 하지 않을 수 없다 하겠다.

4. 다음의 기대

우리는 사진을 감상할 때, 아름다운 풍경에서 감탄을 하기도 하지만, 풍경에 담겨져 있는 사연을 이해할 때 더욱 감동을 받을 수 있다. 글에서의 자연 묘사라는 것도 마찬가지라고 본다.

그가 사진을 촬영하기 위하여 찾은 수 많은 자연, 그 자연의 모습 자체를 묘사하는 하는 것도 중요하지만 그 자연에 얽힌 사연을 찾아 의미를 더 한다면 글의 맛이 한결 높아지지 않을까 하는 생각을 해 본다. 그리고 그 사연이야말로 문학의 중요한 기능인 감동을 보다 더 불러일으킬 수 있을 것이라고 본다.

미술 작품 속에는 이야기가 있는 작품과 그렇지 않은 작품이 있다고 말한다. 역사성이나 사회성을 표현한 작품이 있는가 하면, 자연 등 대상물 자체 만을 표현한 작품이 있다고 한다. 그리고 많은 명작의 경우, 이야기를 담은 작품이 더 많은 생명력을 가진다고 한다. 이씨의 작품은 대체로 자연 자체를 담고 있다고 할 수 있을 것이다.

아마도 사진촬영을 위한 그 많은 여행 속에는 다른 사람이 체험하지 못한 여러 경험을 했을 것이다. 뿐만 아니라 그 자연을 바라 보면서 보다 깊은 사색을 통하여 삶의 의미 같은 것도 느꼈을 것이다. 따라서 촬영의 대상이 되는 자연을 아름답게 묘사하는 글을 넘어서서 그 과정이나 대상 속을 더 깊이 천착하는 글이 되었으면 하는 욕심이 생긴다.

그는 이제 첫 작품집을 상재했다. 흔히 집을 한 채 지으면 미쳐 생각지 못했던 점을 보완해서 다시 집을 짓고 싶어 한다고 한다. 그 또한 이번 작품집에서 아쉬웠던 점을 보완하여 더 좋은 작품집을 계획할 것으로 본다. 인생 2모작을 성실히 성공적으로 경작하고 있는 그에게 문운이 함께 하길 기원한다.

작가와 소설의 作中話者 이야기

權重榮의 추리소설들을 읽고

1. 이야기의 시작

 신문에서 책 광고를 보다가, 우리 고장 대신고등학교 출신으로 검사 일을 하다가 지금은 변호사로 활동하는 분이 추리 소설 3권을 동시에 출간했다는 소식이 눈길을 끌었다. 비교적 소설가가 드문 대전에서 이런 작가를 만난다는 것은 참으로 반가운 일이었다. 나는 즉시 그 출판사에 연락하여 세 권의 추리소설 타임시리즈 『침묵의 시간』, 『완벽한 시간』, 『타인의 시간』 세 권을 구입하여 읽었다. 작가 권중영은 우리 문단에서 전혀 알려지지 않은 분이어서 더욱 관심이 가지 않을 수 없었다.
 우선 작가가 궁금했다. 작가 권중영權重榮은 1964년 논산 출생, 강경 산양초등학교와 강경중학교를 졸업하고 대전 대신고등학교를 나와 서울대를 졸업, 1922년 사법시험에 합격, 대전지방검찰청 등 전국 12개 검찰청에서 검사로 근무하다가 2012

년 부장검사에서 퇴직, 지금은 법률사무소 「내일」에서 변호사로 활동한다고 했다.

　책의 뒷표지에는 중학교 재학시절 추리소설을 탐독하여 생활기록부의 장래 희망 난에 탐험이라고 썼는데 선생님이 탐험이라는 직업은 없으니 검사나 경찰로 나가보라는 소리를 듣고 사법시험에 도전, 검사의 길에 들어섰었다는 것이었다.

　그는 20여 년 간 현장에서 검사로서 자신의 꿈을 펼쳐오면서 추리소설을 써 타임시리즈를 완성하게 되었다고 했다.

> 작가의 버킷리스트 산물인 타임시리즈는 작가 자신이 실제 수사하고 경험한 사건을 모티브로 하여 그동안 읽어왔던 수천 권의 추리소설 속 상상력을 더해, 단지 추리만을 위한 비현실적인 추리소설이 아닌 현실에서 일어날 법한 사실파 추리소설의 기조를 유지하고 있다.

고 책 후면에 적고 있다.

　우선 책에 소개된 약력만으로는 그의 문학 수업의 과정을 알 수가 없다. 분명한 것은 어린 학창 시절의 꿈을 이루기 위해 범죄 수사나 재판을 주업으로 하는 법조인으로 활동하면서 추리소설을 써 왔다는 것이고 그의 경험을 토대로 하여 작품을 썼다는 것이다. 그리고 문학지의 추천이나 신인문학상 등의 과정을 거치지 않고 3권의 장편 소설을 출간하여 문단에 도전했다는 점이다. 사실 이런 경우는 그리 흔한 일은 아니다.

　오늘날 대부분의 작가들은 그 분야의 대학을 다니었거나 문학 동인활동 등을 통하여 공개된 문학 수업을 거쳐 등단하는데 이처럼 혜성같이 작품집을 출판함으로서 독자를 대상으로 선보이는 일은 대단한 용기를 가지지 않고는 어려운 일이다. 우선 그 용기에 박수를 보내지 않을 수 없다. 그리고 소설 작가가 드문 우리 고장에서 만나게 되다니. 더욱이 검사로서 현장에서 실제 경험한 일들을 모티브로 사실파 추리 소설을 지향한다는 점에서 기대되는 바가 크다고 할 것이다. 체험을 통한 소재나 주제는 그 현실감에 있어 상상력을 뛰어 넘을 수 있기 때문이다.

2. 소설의 재미와 추리력

소설은 먼저 재미가 있어야 하고 무엇인가 가르침이 있어야 한다. 흔히 말하는 쾌락적 기능과 교시적 기능을 가지어야 한다는 점이다. 소설에서 재미의 요소는 다양하다. 줄거리일 수도 있고 구성일 수도 있으며, 작중 인물의 성격이나 문체일 수도 있다. 그 중에서도 작가의 추리력이나 작중인물의 추리력은 독자로 하여금 한층 흥미를 자아내게 된다. 어떤 의미에서는 소설의 재미는 작가의 추리력에서 극대화된다고 할 것이다. 그리고 흥미 내지는 재미의 극대화를 노린 것이 추리소설일 것이다.

추리소설의 특징은 놀라운 반전이다. 독자의 상상을 뛰어 넘는 사건의 전개나 작중 인물의 예지 내지는 행동이다. 독자들이 당연히 그렇게 되리라고 예견했던 사건이 과학적인 실증에 의하여 의외의 방향으로 전환될 때나 작가나 작중인물의 놀라운 사고의 전환으로 사건 해결의 실마리가 풀릴 때 독자들은 상상을 뛰어 넘는 재미를 느끼게 되는 것이다. 그런 의미에서 추리소설의 특징은 재미의 극대화를 추리로 이루어 내는 기교라고 할 것이다.

권씨는 근 20년 간 검사로서 사건의 수사를 전문으로 해 왔다. 그동안 일반인들의 상식을 벗어난 여러 가지 사건을 경험했을 것이다. 그 가운데에서 추리력을 통한 범죄 수사로 성공한 경험도 있었을 것이다. 그는 이런 경험에 그가 체득한 소설의 기교를 더하여 창작에 활용했을 것이다.

범죄 수사의 현장 체험을 추리소설에 활용할 때 다음과 같은 장단점이 있을 것이다.

먼저 장점으로는 현실감 있는 사건의 선택과 진행과 묘사를 들 수 있을 것이다. 사건의 수사를 통하여 상식을 넘어서는 경우를 많이 체험할 수 있어서 추리소설의 제재를 접할 기회를 많이 가질 수 있고, 실제 그런 사건을 현장에서 체험함으로 사실성 있는 사건의 전개나 묘사를 하는데 도움이 되기도 할 것이다. 범죄를 은폐하려는 범인과의 다툼은 작가로 하여금 상상 이상의 추리를 경험할 수가 있을 것임에서이다. 말하자면 직접 체험을 통하여 얻어진 소재를 사실적으로 구상하고 묘사할 수 있으므로 독자에게 실감을 더할 수 있을 것이라는 점이다.

반면에 기상천외의 상상력을 필요로 하는 추리 소설에 있어, 경험 중심의 틀에 매어 지나치게 소극적인 추리에 머무를 수도 있지 않을까 하는 점이다. 잘 아는 바와 같이 실제 보다는 있을 수 있는 가능의 세계를 통하여 주제를 들어내는 것이 소설의 특징이라고 할 때 지나치게 현장의 실제만을 중시하다 보면 자칫 사건 기록에 머무를 수도 있지 않을까 하는 우려이다. 즉, 있을 수 있는 가능의 세계, 허구의 세계를 통하여 실제 있었던 일보다 더 진실을 전할 수 있어서 소설의 의미가 있다고 할 때, 추리력 역시 실제 보다는 상상의 추리력이 훨씬 감동적일 수 있기 때문이다. 그런 의미에서 검사의 경험은 작품 창작에 장점이기도 하지만 경우에 따라서는 역기능일 수도 있겠다는 생각이다. 그만큼 권씨의 추리소설을 우리의 관심을 끌기에 충분하다 할 것이다.

먼저 그의 첫 출판 소설이 단편이 아니고 장편, 그것도 시리즈로 3권의 연작 장편이라는 점에서 의미를 찾지 않을 수 있다. 그만큼 이 작가는 창작의 역량을 가지었음을 말해 주고 있기 때문이다. 우리는 이미 장편 응모를 통하여 진출한 작가들이 역량을 발휘한 사례를 많이 보아왔기 때문이기도 하다.

3. 작중 화자의 비전문성

권씨의 세 장편은 모두 살인사건으로 범죄자를 찾아가는 과정으로 되어 있다. 첫째 권인 『침묵의 시간』은 2014년 1월 초 충북 제천시 고암동의 허름한 단칸 방에서 발견된 시신의 살인자를 추적해 나가는 과정이고, 둘째 권인 『완벽한 시간』은 충남 예산의 예당호 물속에서 목이 잘린 머리로 발견된 시신의 범인을 추적하는 과정으로 되어 있으며 셋째 권인 『타인의 시간』은 2016년 아산 곡교천에서 발견된 신원 불상의 청년인 시신의 범인을 추적하는 과정으로 되어 있다.

이처럼 세 장편이 모두 살인 사건의 범인 추적으로 되었음은 일반적인 추리 소설의 패턴과 닮아 있다. 그런데 특징은 범인을 추적하는 인물이 전문적인 탐정가나 검찰이나 경찰이 아니고 한의원 의사이면서 인터넷에 추리 소설을 발표하는 비전문 탐정가라는 점이다. 즉 대전에서 개업을 하고 있는 길석한의원 원장인데 그는 본업은 병자를 치료하는 의사이면서 추리소설에 관심을 가지고 인터넷에 작품을 발표하여 어느 정도 일려진 아마추어 작가로 되어 있다. 따라서 세 작품 모두 살인피해자와 인연이 있는 인물들의 요청에 의하여 사건에 개입되고 있는 것이다.

작가는 어째서 탐정 전문가나 형사 등 수사 전문가를 사건 해결의 주인물로 설정하지 않고 의사이면서 추리소설을 쓰는 비전문가로 하였을까. 이는 사건을 직접 해결하는 방법이 아니고 제 3자가 수사 전문가와의 동조를 통하여 해결하는 과정을 거치기 때문에 추리의 과정이 복잡하고 느슨해지는 효과를 가지게 된다. 어떤 의미에서 복잡한 사건 해결의 과정은 독자들의 긴장을 길게 이끌 수 있는 효과를 노릴 수 있는 반면에 추리 소설의 특징인 긴장감은 오히려 감소할 수 있는 단점이 되기도 할 것이다.

『침묵의 시간』은 사건 해결사 한의원 원장이 자신의 병원에 근무하는 간호사의 부탁으로 사건에 관여하기 시작한다. 즉 간호사의 고모부가 자실한 사실을 이야기함으로 간호사의 고모를 만나 사건의 실마리를 찾기 시작한다. 즉 간호사 고모의 부탁으로 범인 수사를 시작한 것이다. 『완벽한 시간』의 경우도 소일대학 이사장의 부탁으로 그의 사위가 살해된 사건을 맡아 사건 수사에 관여하게 되며, 『타인의 시간』의 경우도 청주여자교도에 근무하는 한 직원의 부탁으로 곡교천 살인 사건의 가해자를 찾아달라는 의뢰에서 시작되고 있다.

　이처럼 탐정을 전업으로 하는 전문가가 아닌 아마추어 추리소설가인 한의사가 사건을 부탁 받아 범인을 추구해 가는 과정으로 짜여져 있는 것이다. 범인을 추적하는 한원장은 서른한 살에 개원하여 서른아홉이 된 개업의이다. 주된 수입원이 의업이기 때문에 새로운 활로를 찾기 위하여 인근 대학의 한방자원학과와 업무협약을 맺기도 하고 대학 강의도 나가기로 하는 등 자기 본연의 업무에 충실하려는 한의사이다. 그는 한눈팔 사이도 없이 계속적으로 밀려오는 환자를 진찰하느라 저녁 5시가 된 지도 모르고 일을 하는 한의사로 묘사되어 있다.

　실제 작품을 일별해 보면 그는 한의사가 본업이기 때문에 이처럼 범죄 수사에 매달릴 수 있을 것인가 하는 의심을 가지지 않을 수 없다. 즉 아마추어 수사자에 의하여 작품이 이어지고 있는 것이다. 수사가 본업이며, 그것이 자신의 운명을 좌우한다는 신념과 사명감으로 범인을 추적해 가는 작중 화자이어야 독자는 더욱 신뢰하는 것은 아닐지. 더욱이 한의업과 사건의 수사와는 동떨어진 사건 진행으로 되어 있다.

  가령 범죄를 감식해 나가는 데 있어 의학의 도움이 되는 사건이라든지 작중 인물이 의학과 관계되는 일이 아닌 그냥 한의사가 단지 추리소설에 취미를 가지고 작품을 창작하는 정도의 주인공이 사건을 담당해 나가는 것으로 되어 있다. 물론 수사기관의 형사들이 이 한의사의 추리력에 감탄을 하는 경우가 더러 있기는 하지만 독자의 입장에서 한의사는 아마추어일 뿐이다. 따라서 작품을 진행해 감에 있어 수사의 주체인 한의사는 끊임없이 형사나 검사와의 인연을 통해서 도움을 받아나가는 방법을 취할 수 밖에 없는 것이다.

4. 앞으로의 기대

  권씨의 이 세 작품에서 관심을 끄는 것은 사건의 규모가 커지고 있다는 점이다. 첫 권인 『침묵의 시간』은 한 개인의 살인 사건을 다루고 있다면 둘째 권인 『완벽한 시간』에는 대학 재단의 가족에 얽힌 살인 사건이고, 셋째 권인 『타인의 시간』은 유사 종교인들의 집단적인 범죄를 다루고 있다는 점이다. 이는 그가 개인의 문제에서 사회의 문제로 추리의 영역을 넓혀가고 있다는 뜻이 될 것이다.

  그는 버킷리스트로 소설을 썼다고 했다. 버킷리스트란 무엇인가. 생을 마감하기 전에 기어코 한 번 해보고 싶은 것의 리스트가 아닌가. 그런 의미에서 그의 세 권 추리소설의 출간은 성공적이라 할 것이다. 흔히 자서전을 써보고 싶다는 정도의 이욕을 말하는 사람은 만날 수 있지만 소설을 써 보고 싶다는 사람을 만나기는 쉽지 않다. 더욱이 장편 추리소설을 써보고 싶다는 사람은 극히 드문 일일 것이다. 그런데 권씨는 추리 장편 소설은 한 권이 하니라 세 작품을 발표했다. 박수를 보내지 않을 수 없다.

그는 한 번 써보고 싶다는, 다소 아마추어적인 생각에서 창작했는지는 모르지만 이미 문단의 관심을 끄는 정도의 작업을 한 셈이다. 그래서 사건 추적자를 비전문가인 한의사로 설정해서 창작한 듯 한데 우리들의 욕심은 그가 이제는 전문적인 탐정인을 내세워 본격적인 작품활동을 했으면 하는 것이다. 말하자면 사건 추적인 전문가인 경찰이나, 검찰 아니면 흥신사 운영자 같은 사건 추적의 전문가를 작중 화자로 한 작품을 기대한다는 뜻이다. 더욱이 세 권의 장편에서 범인 추적의 영역을 사회적인 문제로 까지 발전하고 있음은 앞으로의 가능성을 더욱 기대하게 하기도 하다.

검사 출신 추리 소설가. 얼마나 대중들의 관심을 모으기에 충분한 여건인가. 본격적으로 창작에 진력하여 한국 추리소설계의 한 축을 세워주었으면 하는 희망을 가져본다.

남계南溪의 묵향여정墨香旅程 살펴보기

그의 산수문집傘壽文集 발간을 축하하며

1. 노년이 유복有福한 남계

 서예가 남계南溪 조종국趙鍾國 화백, 정치가 조종국 의장, 예술단체 조종국 회장, 수필가 조종국 선생, 각종 위원회의 고문, 혹은 자문위원, 80 평생을 살아 온 그에게 부치어야 할 호칭은 참으로 많다. 그만큼 그는 다양한 일을 하면서 삶을 살았다. 범인들은 평생 한 가지 호칭을 가지고 살기에도 벅찬데 그는 이렇게 여러 호칭을 들으면서 부지런히 살아 온 것이다. 뿐만 아니라 이들 각 분야에서 일정 부분 성공을 하였으니 팔순을 맞는 그의 감회는 남다르리라.
 아마도 1980년대부터 오늘에 이르기 까지 우리 대전에서 문화활동을 한 사람이라면 남계 조종국을 모르는 사람은 없을 것이다. 그만큼 문화 예술계의 여러 분야에서 활발한 활동을 해왔기 때문이다.

그는 국가적으로 고난의 시기였던 광복 2년 전에 태어나 삶을 시작했으니 결코 여유로운 유소년기를 보내지는 못했겠지만 부친께서 부여의 면장이셨다니 다른 또래들에 비한다면 비교적 유복한 소년기를 보냈을 것이다. 그러다가 그가 고교재학 중 부친이 작고하시면서 어려운 삶이 시작된 것이다. 고등학교를 졸업하기 전, 명망이 있으셨던 부친의 친지들이 농지개량조합에 일자리를 마련해 줌으로 그의 사회생활은 시작되었다.

5.16으로 부여에는 김종필金鍾泌 바람이 크게 일었다. 당연히 JP는 그의 고향인 부여에서 정치 기반을 닦게 되는데 청년 조종국이 발탁되었다. 민주공화당 부여지구 사무국 총무담당 일을 하게 되었고 이어서 전매청 부여엽연초생산조합 주사로 보내져 JP가 과제로 준 프로젝트를 성공적으로 추진함으로 인정을 받았다. 그는 이런 인연으로 오랫동안 JP와 교류를 하였다. 아마도 이때부터 그의 의식 속에 정치에 대한 꿈같은 것이 생성되었을 것이고, 다음날 대전시의원에 당선되고 의장에 오르는 정치적 행보를 하게 된 것이 아닐까 유추해 볼 수 있을 것이다. 특히 1970년 초에 서울신문 기자 공채에 합격하여 사회부 기자로 활동하다가 잠깐 옥고를 치룬 경력을 가지게 되는데 이를 통하여 사회나 정치에 대한 참여의식이 더해졌을 수도 있을 것이다.

그는 유소년 시절에 조부에게서 받은 한문과 서예교육이 그가 서예인으로 평생을 살아가는 데 있어 삶의 기초가 되었다면, 청년기에 JP를 만나 정치에 대한 관심을 가지게 되어 다음날 예술단체를 이끈다거나 시정에 참여하는 정치인으로서 활동하게 된 계기가 된 것이 아닌가 보여진다. 그러니까 그는 서예를 삶의 기초요 기둥으로 세우고, 그에 따르는 부수적 결실로 예술단체의 장이나 시의회 의장 등을 맡게 되었다고 할 수 있다.

사실, 수 많은 사람들이 서예의 길에 들어섰지만, 열심히 연마하여 국전에 입선 특선을 거쳐 초대작가, 심사위원, 운영위원에 이르기까지 성공한 사람은 흔치 않다. 또 예술단체의 일을 맡은 사람이 수없이 많지만, 대전 충남 예총 회장, 전국 예총 부회장, 한.중 문화교류회장 등 예술계의 리더로 성공한 사람 역시 그가 유일하다. 또 많은 정치 지망생들이 선거에 출마하여 도전했지만, 그처럼 시의원에 당선하고 의장에 이르고 역대 대통령과 교류한 경력을 가진 인물이 몇이나 되는가. 이는 무엇보다도 그가 지닌 실력과 인품, 그리고 리더로서의 역량을 가졌기 때문이 아닌가. 결국 그의 80 인생은 크게 성취하고 성공한 삶이었다고 할 것이다.

청년기에 들어 어려워졌던 가정환경에서 각고의 노력 끝에 이처럼 성공에 이르기까지에는 아마도 수많은 우여곡절을 거쳤을 것이다. 더러는 참기 어려운 시련도 있었을 것이며, 더러는 뜻하지 않은 모략도 경험했을 것이다. 그러나 그가 쌓은 업적들은 생생히 살아서 후배들에게 큰 자양분이 되고 있을 것이다.

그는 부인의 따뜻한 애정과 성원 속에 부자는 아니어도 경제적인 어려움은 없으며 자녀 교육도 성공했을 뿐만 아니라 여전히 그의 본업인 서예를 계속하고 있고, 국제 교류 등 사회활동도 끊임없이 이끌고 있으니 행복한 말년이 아닌가.

2. 서예가로 예술단체 리더로

남계 조종국의 삶에 있어 원동력은 아무래도 서예를 들지 않을 수 없다. 각고의 노력으로 명실 공히 서예작가로 인정을 받고, 빛나는 활동을 하여 그 분야에서 많은 실적과 업적을 남기었다. 수 많은 작품이 전시회 등을 통하여 애호가들의 사랑을 받았고, 많은 금석문, 도자기 등으로, 그리고 많은 기관의 간판으로 세상에 남겨져 있다.

그런데도 그는 자기의 서예 인생에 미련을 말한다. 오로지 서예의 길에만 전력을 하였으면 더 나은 업적을 남기었을 텐데 다른 일에 시간을 빼앗기어 그렇질 못했다는 것이다. 말하자면 예술단체 일이나 정치나 사업, 또는 봉사활동 등으로 전력 정진하지 못했다는 것이다.

그는 어려서 조부로부터 한문과 서예를 배워 그 분야에 눈을 떴었는데 한동안 관심 밖에 있다가 1972년, 국가비상사태로 잠간 옥고를 체험한 다음, 복잡한 마음을 달래려 본격적으로 글씨 쓰기에 매달렸다고 한다. 마침 부여를 찾아온 정향 조병호선생을 만나 서예에 대한 마음을 가다듬고, 학남鶴南 정환섭鄭桓燮 선생 문하에 들어 열공했다고 한다. 여건이 만만치 않은 환경에서 최선을 다하여 노력을 경주함으로 점차 실력을 인정받기 시작했고, 여기저기 대회에서 입상을 하고 전시회를 하고 급기야 국전에서 특선을 함으로 작가의 반열에 올랐다는 것이다.

그러나 그의 이러한 설명과는 달리 이미 20대 초반에 부여에서 개인전을 가질 정도로 청소년기부터 열심이었던 것 같다.

1965년에 1회 개인전을 가진 이후, 68년에 부여에서 제2회, 69년에 대전에서 제3회, 70년에 4회, 71년에 부여에서 제5회, 이렇듯 5회에 걸친 개인전을 가진 이후, 옥고를 경험했으니 아마도 본인으로서는 서예에 대하여 확고한 철학을 가지고 본격적으로 연마하기 시작한 것이 이때부터라고 생각하는 것 같다. 그는 고향인 부여에서 도청 소재지인 대전으로 이주하여 서예에 더욱 열심이었다. 40대인 1984년대에 이르러 국전 초대작가, 심사위원, 미술대전 운영위원의 일을 맡을 정도로 서예활동의 영역을 넓혔다. 뿐만 아니라 예술단체에도 관심을 가지게 되었고 지지부진한 단체 운영에 대하여 바른말을 하게 된다. 마침내 주변에서 젊은 당신이 나서달라는 권유를 받게 되어 1986년 한국예총 충남지회장을 수임하게 된다.

여기에서부터 그의 예술단체 활동이 본격화 되고, 쉴 새 없이 여러 문화사업을 추진하면서 새로운 인생의 장이 펼쳐지게 된다. 충남예총 회장 3년, 대전.충남예총회장 3년, 대전예총회장 13년 6개월, 예총중앙회 부회장 17년, 감사 4년, 이사 2년, 도합 23년 동안 예총 일에 전력하게 된다. 수많은 사업을 추진하면서 파란곡절도 많았지만, 보람 또한 컸으며, 그의 빛나는 삶의 장을 펼쳤던 것이다.

서예에 대하여 문외한인 필자로서 그의 서예예술에 대하여 말할 형편은 아니지만, 그의 서예는 글씨를 쓴다는 개념보다는 글씨를 예술화 한다는 쪽에 무게를 두어 온 것이 아닌가 한다. 전통적인 해서楷書나 행서行書가 아니라, 예서隸書나 전서篆書에 열심이었던 것 같고, 특히 한글예서화隸書化라고 할 수 있는 특이한 서체를 보여주었다. 글씨의 회화화繪畵化라고 할 수 있는 작품을 꾸준히 보여주었고, 도자기에 글씨를 올려 감상자들의 관심을 모으기도 했다. 바쁜 일과 중에도 꾸준히 작업을 하여 무려 수십회의 개인전을 가지었고, 수많은 전시회에 출품하여 창조의 노력을 계속하였다.

그는 특히 대전으로 이주해 오면서 이 고장이 예술불모지라는 소리 듣는 것을 몹시 안타까워 했다고 한다. 젊은 그는 이의 해소를 위하여 노력할 것을 다짐하고 여러 일을 하게 된다. 먼저 당시 대전에는 예술작품 전시나 모임을 가지는 공간이 없어서 주로 다방 같은 공간을 이용하는 형편이었기에 화랑을 계획하고 이를 추진하여 남계화랑南溪畵廊을 개소했다. 많은 화가 서예가들이 이 화랑에서 전시회를 가질 수 있게 했다. 한편 서실을 열어 후학 지도에 힘쓰기도 한다. 이 서실을 통하여 자신의 실력을 쌓는 한편 많은 공직자들이 이곳에서 서예에 대한 눈을 뜨게 되었다고 한다.

충남예총이 출범하면서 〈충남예총〉이라는 회지를 격월간으로 발간하고 있었는데 조회장이 취임하면서 예술문화진흥회를 설립하고 〈충남예술〉로 이름을 바꾸어 월간으로 발간하였다. 이는 대전 충남 분리에 따라 〈대전예술〉로 지금까지 발간을 계속하고 있는데 이는 대전. 충남 예술사를 정리함에 있어 유일한 자료가 되고 있다. 필자는 1912년, 대전예총의 부탁으로 〈대전예총50년사〉를 출간한 일이 있었는데 예총산하 10개 단체에 기록물이 전혀 없어 많은 고충을 격었었다. 그런 가운데 오로지 남계에 의하여 매달 발간된 이 잡지에 의하여 많은 자료를 얻어 사업을 끝낼 수 있었다. 어려운 경제 여건 속에서도 이 사업을 계속한 것은 이처럼 대전 충남 예술사를 정리하는데 크게 기여한 업적으로 평가할 만한 사업이었다.

그는 이 회지에 많은 글을 발표하는데 그때그때 이 고장의 예술계가 안고 있는 문제를 지적하고 해결 방법을 제시하고 있다. "예술공간의 확보" "직할시 승격과 문화의식" "서실양산 유감" "한밭미술관의 건립" "지자체 실시와 문화예술" "향토문화의 긍지 드높힐 때" 등 열거할 수 없을 만큼 많은 글을 발표했다.

눈에 보이는 대로 한 편을 소개한다.

> 게다가 대전은 운명적으로 충청, 전라, 경상의 3도가 인접해 있어 시민들도 3도의 출신이 대부분이고, 6.25이후 남하한 이북동포까지 많이 살고 있어 가위 다층다색의 시민구조를 가진 도시다. 이렇게 도시형성의 역사가 짧은데다가 다양한 시민층으로 구성된 한밭이고 보니 그 인간적 정신적 토양이 아직은 박토에 가까운 정도로 거칠고 삭막한 면이 있다. 그러니 시민정신이랄까 시민의식도 서로가 배타적인 경향이 짙고 불신과 반목이 강한 경우도 있다. 따라서 이러한 토양을 가진 한밭에서는 '인재'라는 나무가 자랄 수가 없는 것이다.
> 누가 좀 큰 나무로 자라보려고 하면 가지를 꺾거나 송두리째 흔들거나 심하면 뿌리까지 뽑아내려는 심사가 예사로 나온다. 서로가 배타적이고 서로가 이기적인 이 풍토에서는 어느 정치가도 행정가

도 경제인도 문화 예술인까지도 성장하는데 한계가 있다. 나무는 백년을 가꾸고 사람은 삼십년을 키워야 한다는 말도 있다.

– 중략 –

한밭이야말로 넓고 큰 들에 오곡백과가 풍성한 고장이 아닌가. 제발 앞으로만이라도 우리는 소아와 집착을 버리고 좋은 인재가 누구든 무럭무럭 자라날 수 있는 비옥하고 아름다운 한밭을 만들기 위하여 한마음, 한뜻이 되었으면 하는 마음 간절하다.

– 〈한밭의 토양〉 중에서 –대전일보 90년 6월 25일

이때는 이미 대전 예총 회장으로 여러 해 일을 해 오던 때이다. 각종 전시회는 물론, 청소년 교향악단을 창단하고, 대전시 문화예술진흥회 일 등을 추진하면서 느낀 절실한 생각일 것이다. 그는 이런 풍토 개선을 위하여 나름 정성을 다했다고 할 수 있다.

이런 의욕은 대전일보, 중도일보 등 지역신문에도 꾸준히 집필하여 급기야는 수필가로 등단하기에 이른다.

그는 재임 중, 기왕의 지역미술대전 이외에 충청남도산업미술대전, 백제사진대전, 대전광역시서예대전, 전국연극제, 대전광역시디자인전, 등 예술분야 전시회를 창립하고 대전청소년교향악단을 창당하였는가 하면 한국카톨릭미술가회를 창설하기도 한다.

3. 대전시 의회 의장으로, 수필가로

오랫동안 예총활동을 계속하면서 예술계는 물론, 정치계나 행

정계, 경제계 인사 등 각계각층의 사람들을 만나면서 활동영역을 넓혀왔고, 드디어는 지방의회에 진출, 대전시 의회 의장을 맡아 정치활동도 하게 되었다. 그러니까 그는 서예활동과 예술단체 운영, 그리고 정치활동을 겸하면서 서로 시너지 효과를 내면서 오늘에 이르렀다고 할 것이다. 각계각층의 사람들은 그가 서예 예술인이기에 그의 작품을 여러 분야의 사람들에게 각인시키는 계기가 되었을 것이며, 이들 작품을 통하여 사회활동의 영역을 넓히는 데에도 도움이 되었을 것이다.

예술인으로 시의원에 출마하여 당선한다는 것도 결코 쉬운 일이 아니지만, 의장으로 선출되기도 결코 만만한 일이 아니다. 그 길을 열어가는데 있어 서예활동이나 예술단체 경험이 큰 도움이 되었을 것이며, 예술계 발전에도 적지 않은 도움이 되었을 것이다. 이러저러한 연고로 그는 지역사회의 여러 사업에 관여하게 된다. 93'엑스포 조직위원회 문화예술 전문위원, 한화이글스후원회 회장, 대전광역시 야구협회 회장, 2002월드컵성공국민운동본부 명예총재, 평화통일정책자문회 운영위원 등의 일을 맡기도 했고, 중앙 예총에서 부회장, 감사 등으로 활동하게 된다.

특히 그는 장기간 우리 고장에서 예총활동을 하면서 자연히 중앙의 예총과도 교류를 가지게 되었고 한국예총 부회장으로 감사로 일을 하면서 전국 단위의 예술인, 그리고 정치 문화 인사들과의 인맥을 쌓아 왔다. 이러한 인맥은 지역 문화 발전을 위한 사업추진에도 도움을 받았다고 할 것이며, 그의 의정활동에도 적지 않은 도움이 되었을 것이다. 그는 이 기간에 전국 127개 예총과 지방 문화원을 정부정액보조단체로 만들어 서울과 지방의 예술문화의 균형발전에 기여하도록 했음을 보람으로 생각한다고 소회를 밝힌 바가 있다.

급기야 1995년 한중문화교류회 회장을 맡으면서 그의 활동 범위는 국제적으로 발전하게 된다. 특히 중국의 유명 서예가, 화가들과 만나면서 교류전을 활발히 추진해 상호 신뢰를 쌓아 옴으로, 중국 남경시문련 고문에 위촉되기도 했고, 강소성 정부에서는 〈중국강소성을 빛낸 인물〉로 추대되기에 이른다. 그는 여러 가지 역경을 이겨내면서 한국과 중국에서 번갈아 작품전을 계속해 오면서 이 고장의 많은 서예가 화가들의 작품을 중국에, 중국의 유명 작가들의 작품을 한국에 소개하는 일을 계속해 왔다. 이는 양국의 국제교류 문화 발전에도 크게 기여한 것으로 평가할 수 있을 것이며 이 고장 예술인들의 중국 진출에도 괄목할만한 업적이 아닐 수 없다.

그의 정치 활동에 대해서는 필자가 아는 바가 없다. 단지 그의 시의회 의장을 무난히 마치었고 근래에도 그 동우회의 모임을 주도하고 있다는 것으로 미루어 성공적인 활동이었다고 미루어 생각하게 된다.

그는 1989년, 계간 『수필문학』으로 문단에 데뷔하여 1991년, 첫 수필집 『별을 바라보는 마음으로』를 발간한 이후, 『계룡로의 아침』『내 마음의 꽃신』『남계조종국예술혼 50년』 등 수필집을 발간하고 지금도 이 고장의 여러 잡지에 끊임없이 작품을 발표하고 있다. 서예인으로 글을 쓰는 경우가 그리 흔치 않은 현실에서 그의 글쓰기는 이채롭다. 신변잡기라기 보다는 경세의 글을 많이 쓰는 편이며, 예술발전, 특히 서예발전에 대한 제언들이 많았던 것으로 기억한다. 그는 문단에서도 그 지도력을 발휘하여 한국수필가협회 이사, 국제펜 한국본부 문예정책지원장, 이사 등을 맡기도 했다.

그의 책에 대한 인식은 뿌리가 깊다 하겠다. 예총 회장 재임기간에 『대전예술』을 월간으로 꾸준히 발간하였고, 『충남의 풍속』『충남의 구비전승』『충남의 민요집』『충남문학사』등을 출간하면서 끊임없이 문학에 관심을 기울여 왔다고 할 수 있고 지금도 각종 문학잡지에 글을 발표하는가 하면 요즈음은 인터넷 문화인 페이스 북에 글을 올리는 열정을 보이고 있다.

그는 온후한 성품의 소유자이다. 예총 일을 마친 후에도 예술인들과의 교류를 계속하고 있다. 젊은이들의 각종 예술행사에 참여하여 위로 격려를 아끼지 않고 있으며, 매년 국악인들을 불러 잔치를 베풀고 있고, 문인들과의 친목에도 게을리하지 않고 있다. 물론 자신의 서예활동은 갈수록 익어간다고 할 수 있으며, 한중 미술교류 활동도 늙음이 없다.

요즈음 가발을 쓰면서 젊게 살려고 노력하는 모습은 그가 얼마나 인생을 열정적으로 살려 노력하는 한 면목을 보여준다고 할 것이다. 그 열정으로 백수 이상의 건강을 기원한다.

매체환경의 변화와 문학의 자리매김

I. 들어가는 말

　문학에서의 매체를 논의하기 위해서는 먼저 작가가 창작하는 이른바 표현도구로서의 매체에 대한 것과 작품을 독자에게 전달하는 전달도구로서의 매체를 생각해야 할 것이다. 표현도구로의 매체는 언어를 심층적으로 연구하는 작업이 될 것이고 전달 도구로서의 매체는 책, 신문 잡지, 전자통신 등 생산자와 소비자 간의 경로에 대한 연구가 될 것이다.

　미술이 색과 선, 그리고 조형을 통한 작품의 창작 행위라면 음악은 소리를 통한 창작행위이며 문학은 언어를 통한 창작 행위가 된다. 그리고 이들 매체는 각기 다른 특질을 가지고 있다. 색이나, 선, 소리는 분명한 사회적 약속이 수반되지 않기 때문에 그 매체를 통한 전달이 다분히 추상적일 수 밖에 없다. 그런데 언어는 단어가 가지는 의미가 분명한 사회적 약속이 전제되어 있다는 특성을 가진다.

  물론 음악의 경우에도 노래에서의 가사歌詞는 그 의미가 분명한 문학과 연결되어 있지만 음의 조화로 이루어지는 선율은 다분히 추상적일 수 밖에 없다. 더욱이 관악이나 현악 같은 선율 위주의 음악에서는 그 의미의 전달이 추상적이라는 이야기이다. 미술의 조형은 어느 정도 사회적 약속이 되어 있다고 볼 수 있지만 색과 선은 추상적이다. 따라서 음악이나 미술은 작품의 의미 파악이 다분히 수요자의 느낌에 따라서 천차 만별로 달라질 수 밖에 없다.

  그런데 문학의 경우, 언어는 사회적 약속에 따라 소통되고 있기 때문에 음악이나 미술에 비하면 훨씬 정확한 의미로 소통할 수 있다. 말하자면 문학의 매체인 언어는 다른 예술의 매체에 비하여 의미가 분명하다는 특질을 가진다는 것이다. 인간의 감정 정서를 표현하고 전달함에 있어 음악은 음의 높낮이 속도, 강약 등 음의 조화를 통하여 추상적으로 인식해야 하기 때문에 의미 파악이 모호하지만 문학의 매체인 언어는 단어마다 의미가 분명하게 약속되어 있기 때문에 음악이나 미술에 비하여 구체적으로 전달된다는 특성을 가진다는 것이다.

  여기에서 문학창작의 구체적인 특성을 인식하고 매체에 대한 설명이 시작되어야 할 것이다.

  물론 오늘 이 심포지엄에서 말하는 매체는 문학의 본질적인 의미에서의 언어를 이야기 하기 보다는 생산자인 작가와 소비자인 독자와의 연결 고리로서의 매체를 이야기 하고 있지만 매체의 근본적인 문제에서부터 논의를 시작해야 할 필요가 있어서 화두를 언어가 가지는 특성으로 시작한 것이다.

즉, 언어를 매체로 하는 문학은 음악이나 미술 여타의 다른 예술에 비하여 표현하는 공간이 자유롭다는 점이다. 가령 미술은 표현의 도구가 색이나 선이기 때문에 물감이라는 재료와 캔버스나 특수한 재질을 가진 종이난 천, 그리고 붓이나 칼 등이 있어야하고 음악 역시 소리를 내는 악기나 전자 음악의 경우에도 그에 따른 시설이 필요한데 문학의 경우 종이와 펜, 전자 매체의 경우에도 키 보드만 운영할 수 있는 능력이면 얼마든지 창작이 가능하다는 점이다. 이는 언어를 표현매체로 가지는 문학의 특성이라 할 수 있다.

그러나 문학의 매체가 되는 언어가 사회적 약속을 가진 단어들이지만 그 언어의 기능은 다른 예술의 매체인 색이나 소리 보다도 훨씬 복잡한 속성을 가진다는 점에서 끊임 없는 논의가 따르게 되는 것이다. 오늘 이야기하는 매체환경의 변화에 따른 문학의 과제 또한 이런 의미를 가진다고 볼 수 있다.

문학의 표현매체인 언어가 사회적 약속이기는 하지만 작가는 그 약속을 넘어서는 작업을 지속적으로 노력하고 있다고 볼 수 있다. 흔히 언어의 외연적 기능을 넘어서서 내포적 기능의 확대를 위하여 노력하고 있다는 점이다. 예를 들어 시어에서의 단어적 의미는 일상 언어의 의미를 넘어서서 상징성을 가지지는 경우가 많고, 작가들은 그 새로움을 창조하기 위하여 작업을 한다는 것이다. 가령 유치환의 시 "깃발"은 실제 깃대 위에 매달려

바람에 펄럭이는 깃발 이상의 의미를 가진다는 것이다. 그래서 소리 없는 아우성이 가능하다 할 것이다. 이는 비유를 통하기도 하고, 상징의 기법을 활용하기도 하며 구성을 통하기도 한다. 어떤 의미에서는 미술이나 음악이 가지는 표현의 기능을 융합하려는 노력도 찾을 수 있다. 시에서 행의 배열이나 기호의 활용 같은 데에서 그러한 일면을 읽을 수 있다. 어떤 의미에서는 문학이 음악이나 미술의 형상체계를 언어를 통해서 실현해 보고자 하는 의욕을 찾을 수도 있을 것이다. 그리고 이러한 표현 매체로서의 언어의 활용은 전달 매체에서도 영향을 받을 수 있을 것이다. 문학의 전달매체로서의 언어는 미술이나 음악 등 다른 장르의 매체에 비하여 그 사용이 용이하다. 여기에서 오늘날 과학의 발달로 새롭게 등장하는 인터넷이나 스마트 폰 같은 전자매체의 활용이 활발해질 수 있는 것이다.

II. 표현 매체인 언어

결국 예술은 작가의 사상과 감정을 표현하는 작업이다. 단지 매체를 달리하고 있다는 것이 각 예술 장르의 상이성을 결정하는 것이다. 중복되는 이야기이지만 문학은 언어를 매체로 한다는 특성을 가질 뿐이다. 따라서 언어의 특성이 다른 예술의 매체에 비하여 전달 매체에 어떤 편의성을 가지느냐 하는 문제가 오늘의 과제가 될 것이다.

주지하는 바와 같이 언어는 음성언어에서 문자언어로 발전되어 왔다 할 수 있지만 어느 주장에 따르면 음성언어 이전에 이미 기호로서의 의사 소통 방법으로 문자가 먼저였을 수도 있다는 설도 있다. 어찌되었던 언어의 필요성은 의사소통의 방편임에는 이의가 없을 것이다. 그러나 언어생활이 복잡하게 발전하면서 의사 소통의 방법이 고도화되고 사상과 감정의 표현 단계에 이르면서 문학이라는 예술 장르를 탄생시켰다고 할 것이다. 구전 설화나 민요의 단계를 거쳐서 이들의 기록을 통하여 음성언어가 가지는 시간과 공간의 제약을 넘어설 수 있었고 문자를 활용한 문학이 이루어져 오늘의 문학으로 발전되어 왔다. 이것이 이제는 문자를 통한 문학이 인간의 의식과 감정까지를 재생산하는 단계에 이르고 있는 것이다.

이제 언어는 의사 소통의 도구가 아니라 말하는 이의 의사 자체가 되고, 수용자에게는 그 자체를 대상으로 받아들이게 됨으로 언어의 기능이 아주 고도화 되었다고 볼 수 있다. 가령, A라는 사람을 잘 아는 B가 A를 잘 모르는 C에게 "저 사람은 사기성이 있는 사람이야."라고 설명하면 C는 A를 사기꾼으로 인식하게 된다는 것이다. 이처럼 언어의 기능이 고도화 되었고 이 언어의 연금술사들이 문인인 것이다. 그래서 문학 작품은 이 세상의 사건과 사물들에 이름표를 달아준다는 사르트르의 이야기가 실감으로 다가온다. 이렇게 언어는 화자의 표현 도구가 되는 단계를 넘어서 대상의 의식까지를 지배하는 기능까지 가지게 된다.

이같은 기능을 가진 언어를 매체로 하는 예술이 문학이다. 그런데 언어는 우리들의 생활 그 자체라고 할 수 있다. 다른 예술의 매체인 색이나 소리와는 달리 언어는 우리들의 삶 그 자체라고 할 수 있는 것이다. 말하자면 문학의 매체인 언어를 떠나서는 우리는 생활이 거의 불가능한 것이다. 여기에 문학이 가지는 예술로서의 중요성이 있는 것이다. 바꾸어 말하면 문학의 매체로서의 언어는 우리들의 숨결처럼 우리들 안에 있다고 할 수 있다.

그런데 언어는 생활의 필요에 의하여 끊임 없이 진화하고 발전하고 변화하고 탄생한다는 점이다. 즉 언어는 사회적 문화적 환경에 따라 새로운 단어가 창조되고 변화되고 있다. 심한 경우에는 사회 계층이나 세대 차이로 언어의 일차적 기능인 소통이 불가능할 정도로 변화하는 것을 체험하게 된다. 청소년 사회에서 유통되고 있는 그들의 은어나 요즈음 스마트폰에서의 문자 메시지 같은 것에서 쉽게 이해할 수 있을 것이다. 이는 언어의 연금술 내지는 언어미의 창조를 담당하고 있는 문학의 과제가 되고 있다.

문학의 매체는 작가들이 아주 쉽게 어느 곳 어느 시간에도 만날 수 있는 이점이 있어 그것을 활용해서 작업을 하는 시공의 제약을 받지 않는다고 할 수 있지만 그에 상응하는 어려움을 동반한다고 할 수 있다.

문학 작가에게는 작업공간이 별도로 있어야 한다는 조건이 필요 없다. 작가의 취향에 따라 그런 공간을 찾는 사람도 있지만 대부분의 작가는 종이와 필기 도구만 있으면 어느 때 어느 장소에서도 창작이 가능하다. 이러한 문학 표현매체의 수월성이 전달매체의 경우에도 다양한 방법과 수단이 활용될 수 있으나 전달매체의 활용에는 더 큰 문제를 동반한다고 볼 수 있다. 여기에 오늘의 과제인 매체환경의 변화에 따른 문학의 문제가 제기되고 있는 것이다.

III. 전달 매체의 변화

문학사회학에서는 생산자인 작가와 소비자인 독자 사이의 전달 매체는 작품이된다. 그러나 이 작품이 소비자에게 전달되는 과정이 더욱 중요하게 된다. 좋은 작품을 생산하는 것은 작가의 역량이지만 아무리 좋은 작품을 생산해 놓았다고 하더라도 독자에게 전달되는 과정이 없으면 작품으로서의 실효성을 찾기가 어렵게 된다. 이 전달되는 과정이 과학의 발달에 따라 날로 다양해지고 있다는 것이 매체 변경으로 나타나고 있다고 할 수 있다.

문자가 상용화되기 이전에는 음성언어로 전달되었을 것이다. 이른바 구전문학이라는 것이 이 범주에 속한다. 문자가 상용화되면서 종이 이전에는 벽이나 나무나 죽간이나 물고기 껍질, 돌 등에 표기했을 것이고 종이가 개발되면서 필사의 과정을 거쳐 인쇄에 이르른 것으로 추정할 수 있다. 목판에 이어 활판, 타자와 공타, 컴퓨터로 이어진 것은 우리가 체험 바이다. 문학작품의 전달 매체에 혁명을 이룬 것은 두말할 것도 없이 활판인쇄일 것이다. 이로서 서적 발간이 용이해지고 다량화되어 오늘까지 이어지는 전달매체의 주를 이루어 왔다고 할 수 있다. 단행본, 신문, 잡지가 발간되면서 작가들에 의해 생산된 작품들이 많은 사람들에게 전달되고 평가되고 전승되는 문학사회의 확장이 획기적으로 이루어졌다고 할 수 있다.

이 활자체계의 문학작품 전달매체는 과학의 발달에 따라 활판인쇄의 단계를 훌적 뛰어 넘어 타자로 넘어왔다.

활자를 뽑는 채자와 이를 배열하는 식자의 과정을 거쳐 조판을 하고 교정과정을 거쳐 납을 부어 판을 만들어 인쇄를 하고 이를 다시 접어서 책을 만들어서 독자의 손에 들어가는 매체 환경이 얼마나 복잡했었나. 그리고 작가는 펜으로 원고지에 글을 써서 출판사나 신문사 잡지사를 통하여 독자에게 전달하는 과정도 만만치 않았다. 물론 지금도 이 과정이 주를 이루고 있다.

그렇지만 이제는 컴퓨터 자판을 두들기거나 클릭을 해서 원고를 작성하고 전자메일을 통하여 전송하므로 작가의 일은 거의 끝나게 되고, 출판 또한 전에 비하여 비교할 수 없을 만큼 간편해졌다. 문학의 매체환경이 활판시대에서 전자시대로 급전하였다. 물론 지금도 원고지에 펜으로 작품을 쓰는 작가가 있고 활판을 고집하는 작가가 있지만 이제는 거의 모든 작가들이 전자에 의존하고 있다. 이는 문학 매체환경에 획기적인 변화를 가져왔다. 뿐만 아니라 종이 위의 활자가 아니라 컴퓨터나 스마트폰의 자판에서 작품을 읽는 시대가 되었다.

이런 환경의 변화에 문학사회가 어떻게 자리매김하여야 할 것인가 하는 것이 오늘의 과제이다. 앞에서도 지적했드시 문학 사회는 생산자인 작가와 소비자인 독자, 이 사이를 연결하는 매체환경을 나누어 고찰할 필요가 있다.

Ⅳ. 전자 매체의 기능 변화

먼저 작가에게 있어서 전달매체가 전자 환경으로 변화하는데 따른 문제는 무엇인가. 순기능부터 알아본다.

원고 작성의 편의성이다. 타자의 기능만 익히면 원고지에 글씨를 써서 원고를 작성하는 것보다 훨씬 빠른 속도로 작업을 진행할 수 있다. 원고의 수정, 교정, 편집, 중간 삽입 같은 것이 편리하게 진행할 수 있기 때문에 능률적일 수 있다. 노트 북을 소지하고 있다면 어느 장소 어느 시간에도 원고를 작성할 수 있다는 이점도 있다. 더욱 편리한 것은 작성한 원고를 전자매체를 통하여 쉽게 독자와 공유하면서 수시로 원고를 수정할 수 있다는 이점이 있다. 또한 작성된 원고를 출판사나 잡지사 신문 등에 보내는 일도 상상을 초월할 정도로 편리하다.

뿐만 아니라 원고를 쓰기위한 자료의 수집도 이들 전자매체를 통하면 초고속으로 얻을 수 있다. 역사 사회적인 사실은 물론 과학적인 데이터들도 이를 활용할 수 있는 기능만 익히면 수월하게 찾아 정보를 얻을 수 있다. 심지어는 사전이나 자전을 뒤지지 않고서도 키보드 하나로 해결할 수 있다. 이 얼마나 편리한가.

그러나 역기능도 만만치 않다는 것을 알아야 한다.

먼저 신중성의 결여를 들 수 있다. 펜을 들어 원고지에 글을 쓰는 경우에는 단어 하나하나에 신경을 쓰게 된다. 그러나 타자의 경우 수기에 비해 보다 즉흥적이라 할 수 있다. 특히 시의 창작 같은 경우에는 어떤 이미지나 수사를 메모로 남기고 오랫동안 숙성하면서 작품을 완성해 가는 과정을 거치는데 컴퓨터 원고에는 그런 면에서 신중성이 부족하다 할 것이다.

요즈음 아주 즉흥적인 작품들이 전자매체를 통하여 활발하게 교류되고 있는 것을 볼 수 있는데 우리는 거기에서 아주 거칠고 정제되지 못한 점들을 느끼게 된다. 단어의 선정, 이미지의 진행, 정서적 리듬들이 숨가쁘게 표현되고 있는 작품들을 만나면서 안타까울 때도 있다.

물론 즉흥적인 창작이 역기능만 있는 것은 아니다. 많은 사람들의 사랑을 받는 가요들도 반드시 긴 시간을 두고 만들어진 것만은 아니요, 순간적인 창조로도 가능한 것처럼 시의 경우에도 생각지 않은 순간에 지어진 작품이 명작으로 남는 경우가 있다. 그런 면에서 생각나는 대로 그때그때 자판을 두들겨 만든 작품이 오히려 신선한 느낌을 줄 수도 있기 때문이다. 그러나 대부분의 작품은 피나는 노력과 숙고 속에서 이루어지고 있음이 중요하다.

또 하나 매체변경에 따른 과제는 독자의 계층 문제이다. 전자매체를 이용하는 층은 비교적 젊은 층이다. 이제는 노년 층에도 상당히 확장 추세에 있지만 아직고 전자매체에 익숙한 독자층은 젊은 층이다. 그리고 엄밀한 의미에서 독자를 인식하지 않은 창작은 없다고 볼 수 있다. 물론 좋은 작품은 독자의 세대를 뛰어 넘는 전형성을 가지는 것이지만 그래도 작가는 독자의 계층을 염두에 두지 않을 수 없다. 따라서 전자매체에 의존하는 작가는 작품의 구성이나 단어의 선택에 독자를 의식하지 않을 수 없다하겠다. 이 문제는 결국 독자의 계층을 한정하는 단점에 이어지지 않을 수 없다.

건자매체의 발전은 초고속으로 이루어지고 있다. 그에 대한 활용능력도 날로 달라지고 있다. 매체활용의 기능은 세대별이 아니라 년도별로 달라질 지경이다. 손전화의 활용능력을 보면 아버지와 아들세대의 구분이 아니라 몇 년 차이인 형제간에도 비교할 수 없을 정도로 변한다. 이런 환경은 문학작품의 전달체계에도 영향을 미치지 않는다고 할 수 없다. 물론 작품 창작에도 무관할 수 없을 것이다.

또한 언어사회학적인 측면에서 생각해도 언중들은 끊임 없이 언어경제의 원리에서 음절을 단축해서 의사소통을 하려든다. 특히 사회의 계층이나 생활의 계층에 따른 그들만의 언어 소통을 위한 언어변형은 날이 갈수록 심화되고 있는 중이다. 청소년 그룹의 은어는 이제 상상을 초월하고 있다. 이들에 대한 문학에서의 표현매체와 전달매체의 과제는 이제 심상하게 지나칠 수 없다.

전달매체의 변화는 독자 쪽에도 큰 변화를 가져온다. 전자매체를 사용하지 못하는 세대에게는 작품전달의 사각지대에 놓일 수밖에 없다. 심한 경우에는 작품에 대한 수용에 소통의 벽을 만나게 될 수 있다. 요즈음 텔레비전 프로의 시청자 층이 확연히 갈라지는 것처럼 문학 작품의 독자층이 그렇게 갈라질 수 있다. 이는 문화수용의 계층화를 가속화 할 수 있다. 어떤 의미에서는 문학창작의 또 다른 영역이 형성된다는 긍정적인 의미도 있을 수 있지만 작품 소통의 분열이라는 부정적 요소도 무시할 수 없다. 이를 극복하기 위한 노력이 절실하게 된다.

V. 나가면서

문학의 표현매체인 언어는 다른 예술의 매체에 비하여 시공의 제한을 적게 받는 관계로 전자 매체의 발전에 쉽게 적응된다. 따라서 전달매체인 전자매체활용에 급속도로 다가가게 되었다. 이는 문학매체의 변화에 빠르고 크게 작용하고 있다고 할 수 있다.

이는 종래의 창작과 발표의 단계를 편리하게 하는 긍정적인 효과도 있었지만 생각의 깊이를 잃는 역기능도 가져왔다. 언어를 생명으로 하는 문학의 질적인 면에 우려를 가져 온 것이다. 특히 전자매체에 빠르게 적응하고 편리 위주의 사고로 언어사용까지 난삽해지고 있는 젊은 세대의 수준에 맞추는 작품까지 양산되고 있는 실정이다.

이는 문학이 난삽해지는 언어를 정화해서 아름답고 고아한 언어생활로 이끌어 갈 것이냐 아니면 거기에 영합해서 오히려 언중들의 언어를 저급화하는 데 가담하느냐의 문제와 만난다고 할 수 있다.

일반 사회생활에서의 도덕성과 문학에서의 도덕성이 꼭 일치한다고 말할 수는 없다. 어떤 의미에서는 문학 작품 가운데 등장하는 인물이나 사건에서는 비도덕적인 것을 내세움으로 오히려 도덕적인 감성을 찾아 내려는 경우도 있기 때문이다. 표현하는 언어에 있어서도 비속어를 통하여 역설적으로 아름다운 언어를 인식하게 하는 기능도 찾을 수 있다.

그러나 근본적으로 문학은 사람을 악의 세계로 인도하거나 사회질서를 파괴하려는 길에 서지 않는다. 인간애라든지 선의라든지 순수 감정의 정화 같은 인간사회의 순기능을 찾아가는 작업이다. 따라서 사람이 사용하는 언어는 문학의 기능을 결정한다고 해도 과언이 아니다. 그래서 문인에게는 모국어를 지키고 정화하고 발전시키며, 그렇게 함으로 문학의 쾌락적 기능과 함께 교시적 기능을 실현하는 것이다.

그런 의미에서 전자매체 등 매체 환경의 변화에 있어서도 문학은 언어의 정화에 사명감을 가질 필요가 있다. 아니 절실하다 할 것이다. 사회적 약속으로 만들어진 언어를 표현매체로 하는 문인에게는 다른 어떤 예술보다도 언어에 대한 책임의식이 요구되는 것이다. 어느 수필의 한 구절을 인용함으로 언어의 중요성을 강조하고자 한다.

"말은 천의 얼굴을 지녔다. 형체도 냄새도 없는 것이 오미五味

의 설도舌刀를 품고 시공을 넘나들며 사람의 마음을 휘젓고 다니는 마술사다. 말은 편리한 도구이지만 양날의 검이기도 하다. 듣기 좋은 말, 듣기 거북한 말, 기살리는 말, 부아지르는 말, ……, 갖가지 조화를 부리며 사람이 사는 곳이면 천방백계千方百計를 품고 어느 곳에나 나타나 병을 주기도 하고, 약을 주기도 한다." - 김익희 「말은 인품이다」

『호서문학 세미나』

跋文

선비의 길 스승의 길

전 대전문학관장 박 진 용

좋은 스승을 만난다는 것은 인생에서 큰 복이 아닐 수 없다. 초등학교부터 대학원까지 학창 시절을 거치면서 좋은 스승을 많이 만났다. 많은 은사님 중 나의 인생에 가장 크게 선한 영향력을 주신 분이 고3 때 담임이셨던 일송 송하섭 선생님이다. 진로지도는 물론이고 결혼식 주례를 기꺼이 맡아 주셨다. 그리고 문학과 교육에 대한 길을 열어주셨고 교직에서 정년하자 고등학교 총동창회에 재능 기부를 하라며 편찬위원으로 봉사할 수 있도록 이끌어 주셨다. 지금도 한 달에 한 번씩 모임을 갖고 사제의 정을 나누며 배움을 이어가고 있다.

극한 폭염이 연일 계속되던 지난여름, 선생님께서 그동안 써놓은 글을 묶어서 인생을 마무리, 갈무리한다는 생각으로 수필집을 내겠다고 하셨다. 일주일에 두 번씩 투석을 하시면서도 늘 책을 직접 사다 읽으시고 글을 쓰시고 붓을 잡으시는 선비다운 모습이 너무 존경스러웠는데 책을 내신다 하니 놀랍고 반가웠다. 그래서 책을 만드는데 도와드리기로 마음먹고 원고 정리에서 교정까지 살펴보고 편집에 관여했다.

그동안 선생님께서 베풀어 주신 은혜를 생각하며 정성을 다해 원고를 읽고 나름대로 내용을 소화하면서 교정을 했다. 워낙 꼼꼼하게 쓰신 글이라 문장이나 구절과 단어에 손댈 것이 없었고, 다만 오자나 탈자를 가려내고 띄어쓰기 몇 군데 손을 보았다. 며칠을 두고 읽고 또 읽으면서 참으로 많은 것을 깨달았고 감동을 받았다. 나도 선생님처럼 살 수 있도록 노력하겠다는 평소의 신념이 잘못되지 않았음을 확인할 수 있었다.

원고는 모두 여섯 개의 챕터로 구분했는데 선생님께서 성장하면서 배우고 가르치신 일대기와 삶에 대한 깊은 사색, 그리고 예리한 문학 평론 등이 주를 이루고 있다.

1부는 인생을 마무리하는 언덕에서 일주일에 두 번씩 투석해야하는 절망적인 상황에서도 희망을, 부모님을 비롯한 가족들에게 소홀한 것에 대한 때늦은 후회, 선친의 아름다운 마무리를 본받아 삶의 흔적을 사진첩으로 갈무리한 내용이 감동적이었다. 그리고 정년을 하고 나서 열정을 다해 이룩한 일에 대한 보람, 그동안 인연을 맺은 가족과 동료, 동창과 인사들에 대한 고마운 마음을 진솔하게 드러내고 있다. 주변의 모든 분들과 원만한 관계를 맺으며 살아오셨는데, 그것은 상대방의 입장을 헤아리고 배려하는 선생님의 공감능력이 빛을 발하면서 작동한 결과가 아닌가 싶다.

  2부는 유·소년기부터 초·중학교를 거쳐 고등학교에 들어가서 문학의 꿈을 키우면서 상록수 정신을 실천하기 위해 귀향한 이야기와 대학을 들어가게 된 사연이 극적이고 흥미롭게 전개된다. 중학교 교사로 처음 교직에 들어가서 도교육회 연구사, 충대신문 편집국장, 고등학교 교사, 충남교육 편집장 등으로 근무하다가 이후 대학 교수로 임용되어 모교의 인문대 학장과 부총장까지 지낸 일대기가 그려진 자전적 수필이다. 정년퇴임까지의 드라마틱한 인생이 신묘한 인연의 끈으로 이어졌다고 회고하셨다. 불교의 업과 연기의 윤회사상이 그대로 드러나고 있다.

  3부는 교직에 들어서서 열정을 쏟으며 보람을 느꼈던 에피소드를 모았다. 특히 고등학교에서 근무한 3년간이 교직에서 가장 열정적인 시기였다고 하셨다. 그 시기에 나도 선생님과 사제지간의 연을 맺게 되었다. 3학년1반 담임을 하셨는데 현재 대전시 설동호 교육감도 같은 반이었다. 수업시간에는 늘 열강을 하셨고 생활지도도 엄격하셨지만 상담이나 진로지도를 하실 때는 자상한 선배님이었다. 간호전문대, 배재대 교수를 거쳐 모교인 단국대학교 천안캠퍼스로 옮긴 후, 인문대 학장을 지내고 부총장으로 퇴임할 때까지의 보람찬 교직 생활이 구체적이고 생생하게 전개된다. 교직 생활은 온갖 우여곡절이 있었지만 보람이었고 행운이었다고 회상하셨다. 진정한 지도자는 강압적인 폭력보다는 덕과 예로 사람을 이끌어야 한다는 공자의 말씀을 환기시켜 주는 대목이다.

4부는 '세상만사 유감'이라는 제목으로 일상생활에서 겪은 이야기를 엮은 것인데, 깊은 사유를 통해서 얻은 깨달음에 관한 것과 좀 더 나은 사회를 위한 비판과 소망이 담겨져 있다. 「정성이 주는 감동」, 「~답게 살자」, 「감사함을 아는 사회」 등의 글을 통하여 이 시대의 어른으로서 어떻게 사는 것이 바람직한가에 대한 가르침을 잔잔한 감동으로 전해 주고 있다. 그리고 오염된 언어생활에 대한 우려와 자기중심적으로 억지를 부리며 사는 사람들의 삶에 대한 비판이 공감대를 형성해 준다.

5부는 '우리 고장의 문학 담론'이다. 주로 우리 지방 문학에 대한 논평이나 시집의 발문과 해설을 모아서 엮었다. 「호서문학」, 「한국문학시대」, 「충남문학」, 「대전예술」 등에 실은 문학 담론인데 문학의 기능에 대한 탐구도 있고 지방 문단의 문제점을 분석하고 문단 활성화를 위한 여러 가지 방안도 제시하고 있다. 작고하신 안영진, 송백헌, 김용호 선생에 대한 추모의 글도 가슴에 깊은 울림을 준다.

6부는 작가와 작품, 그리고 평론을 묶었는데 시, 소설, 수필, 아동문학 등 다양한 장르의 문학작품에 대한 해설과 평론으로 짜여졌다. 시는 최송석, 김준호, 안치호 시인의 시집에 대한 해설이고 수필은 박경석, 오민석, 권오덕, 박정열, 이한배, 조종국 수필가의 수필집 해설이다. 그리고 권중영의 추리소설, 김영훈과 박진용의 동화에 대한 평론으로 편집했다. 마지막으로 2015년 2월 월간문학에 발표했던 「매체환경의 변화와 문학의 자리매김」을 넣었다.

수필은 삶의 문학이고 자아성찰의 문학이며 해학과 비평의 문학이다. 자신의 삶에 새로운 의미를 부여하는 창조의 문학이다. 세상을 밝혀주는 선지자의 등불이기도 하다. 선생님 수필을 편집하고 나서 "타인을 이기는 사람은 힘 있는 사람이지만, 자신을 이기는 사람은 위대한 사람이다."라는 명언이 떠올랐다.

선생님은 평생 투사처럼 남과 다투면서 사신 것이 아니라 공자의 중심 사상인 인仁, 의義, 예禮, 지知, 신信을 몸소 실천하며 선비답게 살아오신 분이다. 그리고 불교의 중심 사상 중 하나인 인연의 끈을 소중하게 여겨왔다.

모임의 기회가 있을 때마다 유교나 불교 사상이 담긴 명언을 붓글씨로 써오셔서 그 뜻을 풀이해 주셨는데 그때마다 새로운 것을 배우고 깨달음을 얻을 때가 많았다. 한번은 '欲知前生事 今生受者是 欲知來生事 今生作者是'라는 법화경에서 인용한 글을 써 오셨다. 전생의 일을 알고자 하면 지금 살고 있는 자신의 모습을 보고 내생의 일을 알고자 하면 지금 자신이 짓고 있는 행위를 보라는 뜻이라며 삶의 지표를 일깨워 주셨다.

이렇듯 선생님은 현재의 삶을 통하여 전생과 내세를 관통하는 통찰력으로 세상을 살아오셨다. 그래서 오욕에 사로잡히지 않고 자신과의 싸움에서 이겨내고 문단에서는 존경받는 선비다운 어른으로, 교단에는 커다란 족적을 남기며 위대한 스승의 길을 걸어오신 것이 아닐까.

일주일에 두 번씩 투석의 고통을 겪으면서도 묵향 속에서 독서와 글쓰기를 멈추지 않는 한 선생님은 언제나 청춘이다. 훌륭한 따님 혜린의 효와 심성 고우신 사모님의 사랑을 받으면서 행복한 노년을 지내시고, 구순이 넘었을 때 세상을 밝히는 수상록 한 권 더 내시기를 소망하면서 짧은 글을 마친다.

송하섭 수필집

내 삶의 마무리 갈무리

발 행 일 2025년 9월 30일
지 은 이 송하섭
펴 낸 이 이영옥
편   집 송은주
펴 낸 곳 도서출판 이든북
출판등록 제2001-000003호
주   소 (34625) 대전광역시 동구 중앙로 193번길 73
전   화 042 · 222 · 2536
팩   스 042 · 222 · 2530
이 메 일 eden-book@daum.net

ⓒ 송하섭, 2025

ISBN 979-11-6701-369-9(03810)

값 20,000원

· 잘못된 책은 바꾸어 드립니다.
· 이 책 내용 전부 또는 일부를 재사용하려면 반드시 저작권자와
  이든북 양측의 동의를 받아야 합니다.